W0283691

Aus dem Programm Huber: Psychologie Forschung

Eva Bänninger-Huber

Mimik – Übertragung – Interaktion

Die Untersuchung affektiver Prozesse in der Psychotherapie

Verlag Hans Huber
Bern · Göttingen · Toronto · Seattle

Publiziert mit Unterstützung des Schweizerischen Nationalfonds zur Förderung der wissenschaftlichen Forschung

Umschlagbild: Ausschnitt aus «Keep smiling» von Urs Bänninger. Privatbesitz Christoph Zürcher, Locarno.

Adresse der Autorin:
PD Dr. Eva Bänninger-Huber
Psychologisches Institut der Universität Zürich
Zürichbergstr. 43
CH-8044 Zürich

Die Deutsche Bibliothek – CIP-Einheitsaufnahme

Bänninger-Huber, Eva:
Mimik – Übertragung – Interaktion : die Untersuchung affektiver Prozesse in der Psychotherapie / Eva Bänninger-Huber. – 1. Aufl. – Bern ; Göttingen ; Toronto ; Seattle : Huber, 1996
(Aus dem Programm Huber: Psychologie-Forschung)
ISBN 3-456-82802-0

1. Auflage 1996

Druck: AZ Druckhaus, Kempten
Printed in Germany

Inhalt

Dank

Eine Arbeit wie die vorliegende, die auf mehreren Forschungsprojekten basiert, ist nicht ohne die Zusammenarbeit und Mithilfe zahlreicher Kolleginnen und Kollegen möglich. Mein spezieller Dank geht deshalb an jene Kolleginnen und Kollegen, mit denen ich im Rahmen dieser Forschungsprojekte zusammengearbeitet habe. Als erstes möchte ich mich bei Prof. Ulrich Moser bedanken. Unsere Diskussionen im Rahmen des Paar-Projekts waren für mich äusserst lehrreich; seine originelle Art und Weise, psychoanalytisches Wissen und emotionspsychologische Modellvorstellungen miteinander zu verknüpfen, haben mein eigenes (theoretisches) Denken stark geprägt. Herzlich danken möchte ich auch Felix Steiner, dessen methodisches und technisches „Know-how“ viel zur Entwicklung des methodischen Ansatzes beigetragen hat, der eine wichtige Grundlage für die vorliegende Arbeit bildet.

Speziell möchte ich Henri Schneider danken, der für mich immer ein wichtiger Arbeitskollege und Diskussionspartner war; auch unter Zeitdruck war er bereit, diverse Manuskripte durchzulesen und sorgfältig zu kommentieren. Unsere Zusammenarbeit war sehr interessant und anregend und führte auch zu gemeinsamen Vorträgen (und somit auch zu Reisen mit mehr oder weniger sophistizierten Transportmitteln). Mein besonders herzlicher Dank gilt Christine Widmer für ihre aussergewöhnlich kompetente, produktive und freundschaftliche Mitarbeit im Schuldgefühl-Projekt. Mit ihr habe ich erlebt, dass Forschung nicht nur interessant ist, sondern auch Spass machen kann. (Besonders natürlich auch bei Kongressbesuchen im In- und Ausland.) Weiter danke ich Maria v. Salisch. Unsere Zusammenarbeit, die sich trotz der zu überwindenden Distanzen als sehr fruchtbar erwies, hat mir zu einen „besseren Überblick“ verholfen, der dieser Arbeit zugute gekommen ist.

Eine wichtige (und notwendige) Voraussetzung für die Realisierung der vorliegenden Arbeit bildet auch die langjährige, grosszügige „Gastfreundschaft“, welche mir von den Professorinnen des Psychologischen Instituts der Universität Zürich, Abteilung Klinische Psychologie, Prof. Brigitte Boothe und Prof. Inge Strauch gewährt wurde. Sie haben mir nicht nur einen (schönen) Arbeitsplatz zur Verfügung gestellt, sondern auch die Benützung der Infrastruktur der Abteilung, insbesondere des Videostudios ermöglicht. Dafür bedanke ich mich an dieser Stelle ganz herzlich.

Danken möchte ich auch dem Schweizerischen Nationalfonds für die finanzielle Unterstützung der Forschungsprojekte, die in der vorliegenden Arbeit dargestellt sind, sowie dem Kanton Zürich für einen Beitrag aus dem Kredit zur Förderung des akademischen Nachwuchses, der mir das Schreiben dieser Arbeit erlaubte. Weiter danke ich Prof. Rainer Krause, Marie-Jane Monney, Rosmarie Barwinski und Markus Fäh, welche bereit waren, sich mit meinem Datenmaterial konkret auseinanderzusetzen und dieses aus einer wissenschaftlichen und psychoanalytischen Perspektive zu diskutieren. Nicht zuletzt danke ich auch den Klienten und den (weiteren)

Versuchspersonen für ihre Bereitschaft, ihre Therapien bzw. Interaktionen auf Video aufnehmen zu lassen. Ohne dieses grosse Entgegenkommen wäre diese Art von Forschung nicht möglich gewesen.

Für ihre wertvollen Kommentare zum Manuskript der vorliegenden Arbeit danke ich Christine Widmer, Henri Schneider, Marion Steiner und Susanne Kaiser. Ihr danke ich zudem für die Erlaubnis, ihr charmantes, vielgestaltiges Lächeln einem weiteren Personenkreis zugänglich zu machen. Mein Dank geht auch an Christine Flühler, die mir anhand „der Tabelle“ geholfen hat, die Grenzen von Word 5.0 auszutesten. Zum Schluss möchte ich mich bei all denjenigen Personen, die meine Arbeit auf irgendeine Art unterstützt haben, und hier nicht namentlich aufgeführt sind, herzlich bedanken.

I. Voraussetzungen für die empirischen Untersuchungen: Theorien, Konzepte, Methoden, empirische Ergebnisse

1. Einleitung

1.1 Die Untersuchung von Emotionen als Grundlage für das Verständnis der psychotherapeutischen Beziehung

Im Bereich der Psychotherapieforschung vollzieht sich seit einiger Zeit ein Wandel von der Erfolgsforschung hin zur Untersuchung des therapeutischen Prozesses. Es wird davon ausgegangen, dass die Wirksamkeit bestimmter Interventionsformen und therapeutischer Techniken erst evaluiert werden kann, wenn die dadurch induzierten Veränderungsprozesse besser verstanden werden. Während bis vor kurzem die Gesprächsinhalte einer Therapie im Vordergrund standen, werden heute vermehrt auch affektive Prozesse untersucht, die sich in der direkten Interaktion, also auch im nonverbalen Verhalten von Klient und Therapeut manifestieren. Diese Entwicklung hängt in erster Linie damit zusammen, dass die Bedeutung von Emotionen und der dazugehörenden mimischen Ausdrucksmuster in der psychologischen Forschung zunehmend erkannt wird. Emotionen werden nicht mehr ausschliesslich als subjektive, interne Prozesse betrachtet, sondern als Grössen, die für die Regulierung von Beziehungen von grosser Wichtigkeit sind. Insbesondere die neuere Säuglingsforschung hat gezeigt, dass der nonverbale Austausch von Emotionen in der frühkindlichen Kommunikation eine zentrale Rolle spielt; dies sowohl für den Aufbau und die Stärkung der Beziehung zwischen Eltern und Säugling als auch für die Persönlichkeitsentwicklung des Kindes (z.B. Stern, 1985; Grossmann, 1987, Emde, 1988; Osofsky, 1992; Dornes, 1993). Begreift man psychische Störungen gleichzeitig als Störungen in der Regulierung von Beziehungen (Krause, 1988, 1990), wird deutlich, welche Bedeutung der Untersuchung der affektiven Interaktion in der psychotherapeutischen Beziehung zukommt.

Dass Affekte für die therapeutische Beziehung und Arbeit relevant sind, ist der Psychoanalyse schon lange bekannt. So bildet das Wahrnehmen von Affekten des Klienten durch den Therapeuten eine wichtige Grundlage für das Generieren von Interventionen, und positive Emotionen spielen eine zentrale Rolle bei der Etablierung und Aufrechterhaltung der therapeutischen Beziehung. Diese komplexen affektiven Prozesse sind in Konzepten wie Gegenübertragung und Arbeitsbündnis enthalten. Solche Konzepte sind sehr abstrakt und werden von verschiedenen Autoren unterschiedlich verwendet. Die Verständigung zwischen Psychoanalytikern im Hinblick auf diese vielbenützten Begriffe ist deshalb oft schwierig. Psychoanalytiker verfügen zwar über ein beträchtliches klinisches Erfahrungswissen über interaktive Prozesse, welches in den Therapiestunden umgesetzt und in der Supervision anderen Therapeuten vermittelt wird. Nach wie vor ist jedoch noch wenig bekannt darüber, welche Prozesse auf der Ebene der direkten emotionalen Interaktion abstrakten Konzepten wie Übertragung usw. entsprechen.

Die Schwierigkeit, die Rolle affektiver Regulierungsprozesse in der therapeutischen Interaktion zu beschreiben, hängt u.a. damit zusammen, dass bis vor kurzem nur retrospektive Beschreibungen von Therapiestunden als Untersuchungsmaterial zugänglich waren. Da mimische Signale in der Regel sehr subtil sind und blitzschnell ablaufen (um einem Interaktionspartner zu zeigen, dass man sich über ihn ärgert, genügt es, die Oberlippe 4 Zehntelssekunden lang einseitig leicht anzuheben), ist es natürlich schwierig, zu explizieren, woran man zum Beispiel Affekte erkennt. In den letzten Jahren ist es jedoch dank der Videotechnik möglich geworden, Therapien aufzuzeichnen; dadurch wird das mimische Verhalten sozusagen konserviert und kann nachträglich ("off-line") im Detail analysiert werden.

Durch die präzise Beschreibung kognitiv-affektiver Prozesse in Klient-Therapeut Interaktionen auf einer Mikroebene (anhand ausgewählter Interaktionssequenzen in der Grössenordnung von Sekunden bis Minuten und deren Kontext) soll die Grundlage für die Bearbeitung der Frage geschaffen werden, welche Bedeutung die unterschiedlichen Affektregulierungsprozesse für therapeutische Veränderungen haben. Bis heute existiert zwar ein beträchtliches klinisches Wissen über Veränderungsprozesse auf einer Makroebene, nicht aber darüber, was auf einer Mikroebene der affektiven Prozesse in einer Therapie geschieht. Dies ist nicht nur davon abhängig, dass komplexere Methoden zur Auswertung von therapeutischen Interaktionen erst entwickelt werden müssen, sondern auch davon, dass anhin über die Prozesse, welche auf dieser Mikroebene ablaufen, noch keine entsprechenden Modelle existieren. Ausserdem ist trotz beträchtlichem Forschungsaufwand die Bedeutung mimischer Verhaltensweisen als regulative Phänomene, die eine Interaktion steuern, noch zuwenig herausgearbeitet worden. Dies gilt besonders für die therapeutisch relevanten strukturellen Emotionen (Moser, 1983) wie Schuldgefühle oder das Gefühl einer narzisstischen Kränkung. Für ein besseres Verständnis der therapeutischen Interaktion ist es also notwendig, ausgehend von einer therapeutischen Perspektive die relevanten affektiven Regulierungsprozesse und ihren mimischen Ausdruck mikroanalytisch zu untersuchen.

Im vorliegenden Ansatz werden Erkenntnisse und Methoden aus verschiedenen, traditionellerweise getrennten Forschungsbereichen miteinander verknüpft. Damit wird versucht, der Komplexität des Untersuchungsgegenstandes Rechnung zu tragen. Aus der Tradition der Interaktions- und Emotionsforschung stammen wesentliche Modellvorstellungen über die Funktion mimischer Verhaltensweisen bei der Regulierung von Interaktionen sowie wichtige Verfahren zur systematischen Beobachtung interaktiver Verhaltensweisen. Im therapeutischen Bereich finden sich differenzierte Modellvorstellungen über intrapsychische Prozesse. Eine Kombination dieser Ansätze hat den Vorteil, dass therapeutische Interaktionen mit Hilfe von Konzepten aus der Emotionsforschung besser verstanden werden können. Andererseits kann therapeutisches Wissen über intrapsychische Vorgänge wiederum zu einem besseren Verständnis von emotionalen Reaktionen beitragen, wie sie auch in Alltagsinteraktionen vorkommen.

1.2 Die Entwicklung eines Ansatzes zur mikroanalytischen Untersuchung psychotherapeutischer Interaktionen

In der vorliegenden Arbeit soll ein Ansatz zur mikroanalytischen Untersuchung des kognitiv-affektiven Regulierungsgeschehens in Therapeut-Klient-Interaktionen vorgestellt werden. Durch die Anwendung einer Methode, die objektiv erfasste Beobachtungsdaten (hauptsächlich Mimik-Daten) mit Modellvorstellungen über emotionale Prozesse in Beziehung setzt, soll expliziert werden, welche Funktion spezifische affektive Interaktionsprozesse zwischen Klient und Therapeut für die therapeutische Arbeit und für Veränderungen beim Klienten haben. Diese Methode ermöglicht es, im emotionstheoretischen Kontext beschriebene interaktive Prozesse mikroanalytisch zu untersuchen und mit wichtigen klinischen Konzepten in einen Zusammenhang zu stellen.

Die Arbeit basiert hauptsächlich auf Erkenntnissen aus drei aufeinander aufbauenden Forschungsprojekten, die vom Schweizerischen Nationalfonds finanziert wurden. Die Methode zur mikroanalytischen Beschreibung kognitiv-affektiver Prozesse wurde im Rahmen des NF-Projekts "*Mikroananalytische Untersuchung von Affektverläufen in interaktiven Situationen*" (unter der Leitung von Prof. Dr. U. Moser und in Zusammenarbeit mit lic. phil. Felix Steiner) - im Hinblick auf die (spätere) Untersuchung therapeutischer Interaktionen - entwickelt. Aus methodischen Gründen wurden vorerst spontane Interaktionen langjähriger Paare untersucht, die vor Video ärgerauslösende Gespräche zu führen hatten[1]. Das mimische Verhalten wurde mit dem Facial Action Coding System (FACS) von Ekman & Friesen (1978) codiert. Diese Daten wurden computerunterstützt graphisch aufbereitet und mit Modellvorstellungen über affektive Regulierungsprozesse in Beziehung gesetzt. Dieses Vorgehen ermöglicht es, das affektive Regulierungsgeschehen in einer Dyade in einem bestimmten zeitlichen Abschnitt in Form eines Prozessmodells im Detail zu beschreiben. Unter Anwendung dieses Verfahrens ist es gelungen, bei Paaren prototypische affektive Mikrosequenzen zu identifizieren, die jeweils für die Beziehungsregulierung dieser Paare typisch sind.

Dieses erste Projekt lieferte wichtige Erkenntnisse über affektive Regulierungsprozesse in dyadischen Interaktionssituationen. Das Ziel des daran anschliessenden *Projekts "Identifizierung und Beschreibung affektiver Mikrosequenzen"* (Projektleiterin E. Bänninger-Huber) war, die in der vergangenen Studie entwickelten Methoden und Erkenntnisse auf die Therapiesituation zu übertragen. Es wurde der Frage nachgegangen, ob prototypische affektive Mikrosequenzen auch in Therapien

[1] Dieses Projekt wird im folgenden als "Paar-Projekt" bezeichnet.

beobachtet werden können und welche Rolle diese für die Affektregulierung in bestimmten Situationen einer Therapie spielen.

Im dritten *Projekt "Mikrosequenzen affektiver Regulierung in Therapeut-Klient-Interaktionen und ihre Bedeutung für psychotherapeutische Veränderungen"* (Projektleiterin E. Bänninger-Huber) sollte erstens das Verständnis prototypischer affektiver Mikrosequenzen im Hinblick auf ihre Bedeutung für die Affektregulierung in therapeutischen Interaktionen vertieft werden. Ein zweites Ziel war die Differenzierung der Funktion ausgewählter mimischer Phänomene - insbesondere des Lächelns und Lachens - für die Affektregulierung in Therapien. Drittens sollten mit Hilfe verschiedener modellgeleiteter Heuristiken mögliche veränderungsrelevante Sequenzen in Therapien identifiziert und beschrieben werden. Dieser letztgenannten Frage wurde ausgehend von im Verlauf ausgewählter Therapiestunden berichteten und auftretenden Schuldgefühlen nachgegangen. Dieser Projektteil wurde in Zusammenarbeit mit lic. phil. Christine Widmer, Assistentin am Psychologischen Institut der Universität Zürich, durchgeführt.

Der Schwerpunkt der vorliegenden Arbeit liegt auf der Darstellung von Erkenntnissen und Methoden aus den beiden neuesten Projekten, die sich mit der Untersuchung affektiver Prozesse in therapeutischen Interaktionen beschäftigen.

1.3 Überblick

Entsprechend der oben skizzierten Fragestellung werden in der vorliegenden Arbeit Erkenntnisse und Methoden aus verschiedenen Bereichen der Psychologie referiert. Als erstes wird begründet, weshalb die empirische Untersuchung der psychotherapeutischen Beziehung eine wichtige Grundlage für das Verständnis psychotherapeutischer Veränderungen bildet (Kap. 2). Weiter werden die wichtigsten Fragestellungen und methodischen Ansätze im Bereich der Psychotherapieprozessforschung vorgestellt, wobei die Methoden zur Untersuchung der therapeutischen Beziehung im Zentrum stehen (Kap. 3 und 4). Anhand dieser Bestandesaufnahme wird gezeigt, dass es wichtig ist, Methoden zu entwickeln, die eine mikroanalytische Untersuchung affektiver Prozesse in psychotherapeutischen Interaktionen ermöglichen. Ein eigener solcher Ansatz wird im fünften Kapitel beschrieben.

Kapitel 6 gibt einen Literaturüberblick über die aktuellen Fragestellungen und Untersuchungsansätze in der Emotionspsychologie. Der Schwerpunkt liegt auf der Beschreibung der (komplexen) Zusammenhänge zwischen Emotion und Gesichtsausdruck.

In Kapitel 7 wird das in dieser Arbeit verwendete System zur Erfassung des mimischen Ausdrucksverhaltens, das Facial Action Coding System (FACS) von Ekman & Friesen (1978) präsentiert und die damit zusammenhängenden aktuellen methodischen Probleme und Lösungsmöglichkeiten werden diskutiert. Es wird argumentiert, dass die affektive Bedeutung der objektiv erfassten Mimik-Daten besser herausgearbeitet werden kann, wenn bei der Interpretation der Daten der interaktive und zeitliche Kontext mimischer Ereignisse berücksichtigt wird. Einen Überblick über Studien, welche den mimischen Affektausdruck in face-to-face Interaktionen mit objektiven Erfassungssystemen untersuchen, gibt Kapitel 8.

Ein weiteres, umfangreicheres Kapitel (Kap. 9) befasst sich mit der Frage, welche Bedeutung die nonverbalen Phänomene Lächeln und Lachen für die Affektregulierung in Alltags- und speziell in psychotherapeutischen Interaktionen haben. Weiter erfolgt eine umfassende Beschreibung verschiedener Arten von Lächeln, sog. Lächeltypen. Das zehnte Kapitel referiert wichtige Befunde zum mimischen Ausdrucksverhalten aus dem Paar-Projekt als weitere wichtige Grundlagen für das Verständnis affektiver Regulierungsprozesse in dyadischen Interaktionen.

In Kapitel 11 wird die von uns entwickelte Methode zur Beschreibung kognitiv-affektiver Regulierungsprozesse in dyadischen Interaktionen sowie die verwendeten Auswertungsstrategien und -prozeduren dargestellt. Präsentiert wird eine vier Stufen umfassende "epistemologische Systematik" der Untersuchungen von affektiven Prozessen in dyadischen Interaktionen (vgl. Bänninger-Huber & v. Salisch, 1994). Anschliessend wird der (emotions-)theoretische Forschungshintergrund, welcher für den vorliegenden Ansatz von unmittelbarer Relevanz ist, skizziert (Kap. 12). Von Bedeutung ist hier hauptsächlich ein Modell über die Affektregulierung in Beziehungssituationen von Moser, v. Zeppelin & Schneider (1987, 1991).

Der Hauptteil der Arbeit stellt die eigenen empirischen Untersuchungen affektiver Prozesse in Therapeut-Klient Interaktionen dar. Nach einer Einleitung und der Beschreibung der untersuchten Therapien wird das Konzept der prototypischen affektiven Mikrosequenzen (PAMS) erläutert (Kap. 13 und 14). Die Differenzierung verschiedener Typen von PAMS wird anhand vier verschiedener Prozessmodelle prototypischer affektiver Mikrosequenzen verdeutlicht und ihre Bedeutung für die Affektregulierung in der therapeutischen Interaktion wird aufgezeigt (Kap. 14). Im fünfzehnten Kapitel wird eine Untersuchung dargestellt, in der ansatzweise versucht wurde, die psychoanalytischen Konzepte von Übertragung und Gegenübertragung mit affektiven Prozessen auf der Mikroebene in Beziehung zu setzen. Auch hier wird das methodische Vorgehen anhand der Darstellung der Prozessmodelle einzelner prototypischer affektiver Mikrosequenzen illustriert. Im folgenden Kapitel (Kap. 16) schliesslich wird eine Studie dargestellt, in welcher die Rolle von Schuldgefühlen in der psychotherapeutischen Interaktion untersucht wird. Die Funktion spezifischer interaktiver Beziehungsmuster von Klientin und Therapeutin wird anhand eines Beispiels (eines sog. "nicht-gelingenden chicken-traps") herausgearbeitet. Abschliessend (Kap. 17) wird diskutiert, welchen Beitrag die Untersuchung affektiver Mikrosequenzen wie PAMS oder traps für das Verständnis psychotherapeutischer Veränderungsprozesse leisten kann.

2. Gründe für die empirische Untersuchung von Psychotherapien

2.1 Begründung der Wirksamkeit psychotherapeutischen Handelns

Die klinische Erfahrung zeigt, dass Psychotherapie bei Menschen mit unterschiedlichen Problemen wirksame Hilfe leisten kann, und die Ergebnisse der Psychotherapieforschung bestätigen diese Erfahrung (siehe z.B. Lambert & Bergin, 1992, S. 384). Wie sie wirkt, ist jedoch nach wie vor wenig erforscht. Es bestehen zwar theoretische Annahmen darüber, wie psychotherapeutische Veränderungen zustande kommen, empirische Untersuchungen hingegen, welche die Wirkungsweise von Psychotherapien systematisch erfassen und beschreiben, sind nach wie vor selten.

Die Frage nach der Wirkungsweise ist inzwischen eine der Hauptfragen der *Psychotherapieforschung* (vgl. z.B. Shapiro, 1989; Grawe, 1992; Norcross, 1993; Meyer, 1993; Grawe, Donati & Bernauer, 1994). Die Psychotherapieforschung hat im Verlauf ihrer Entwicklung verschiedene Forschungsparadigmen hervorgebracht (vgl. dazu die Überblicksarbeiten von Greenberg, 1991; Lambert, 1991; Garfield, 1992; Grawe, 1992; Kächele, 1992; Bergin & Garfield, 1994; Grawe et al. 1994; u.v.a.). In einer ersten Phase ging es v.a. darum, den Nachweis zu erbringen, dass Psychotherapie überhaupt "wirkt". Diese Problematik wird von der sog. Erfolgs- oder Outcome-Forschung untersucht. In einem zweiten Abschnitt stand die Frage im Mittelpunkt, welche der unterschiedlichen Therapieformen für welche Art von Patienten die besten Wirkungen erzielt. Schliesslich erfolgte ein Wechsel hin zur Untersuchung von Mechanismen, die im Rahmen des therapeutischen Prozesses zu Veränderungen führen. Welche Interventionsformen und therapeutischen Techniken sind in welcher therapeutischen Situation günstig für therapeutische Veränderungsprozesse? Dieser Fragestellung wird im Rahmen der Psychotherapieprozessforschung nachgegangen. Heute wird sowohl Outcome- als auch Prozessforschung betrieben. Sehr oft werden beide Aspekte kombiniert untersucht (siehe Beutler, Crago & Machado, 1991).

Gegenwärtig hat die Diskussion "Outcome- vs. Prozessforschung" durch neuere Arbeiten von Grawe und Mitarbeiterinnen (Grawe, 1992; Grawe, Donati & Bernauer, 1994) eine "Wiederbelebung" erfahren. Grawe bezieht vehement dafür Stellung, der Frage nach der Wirksamkeit von Psychotherapien Priorität einzuräumen. Dabei spielen gesundheitspolitische Überlegungen, wie etwa die Übernahme der Kosten von Psychotherapien durch Krankenkassen, eine wichtige Rolle, aber auch standespolitische Gründe. Die Frage der staatlichen Kontrolle und deren Kriterien wird heute in Fachzeitschriften und -gremien und in den Medien eingehend diskutiert. Der wissenschaftlichen Untersuchung von Psychotherapien kommt in diesem Zusammenhang unmittelbare praktische und ökonomische Relevanz für den "psychotherapeutischen Alltag" zu.

2.2 Beobachtung und Beschreibung der therapeutischen Beziehung als Grundlage für die therapeutische Arbeit

Die Auffassung, dass die Beziehung zwischen Therapeut und Klient ein wichtiger Wirkfaktor im psychotherapeutischen Prozess darstellt, wird von Autoren mit den unterschiedlichsten therapeutischen und theoretischen Ausrichtungen geteilt, so zum Beispiel von Vertretern der *experiential psychotherapy* (Rice & Greenberg, 1984; Elliott, 1984; Pinsof, 1986; Greenberg & Safran, 1987, 1989; Clarke, 1990; Iberg, 1990), der Plananalyse (Grawe, 1987; Caspar, 1989; Caspar & Grawe, 1989), des kognitiv-interpersonalen Ansatzes (Safran, Vallis, Segal & Shaw, 1986; Safran, McMain, Crocker & Murray, 1990; Safran, 1990ab, 1993ab) sowie - traditionellerweise - von psychoanalytisch orientierten empirischen Forschern und Theoretikern (Sullivan, 1953; Horowitz, 1979; Gill & Hoffman 1982; Krause, 1982, 1984; Stern, 1985; Moser, 1985; Thomä & Kächele, 1985, 1988; Weiss, Sampson et al., 1986; Strupp, 1987; Rohde-Dachser, 1993). Dass die therapeutischen Beziehung ein zentraler Wirkfaktor darstellt, konnte in verschiedenen neueren Studie zudem empirisch belegt werden (z.B. Horvath & Greenberg, 1986; Marmar, Horowitz, Weiss & Marziali, 1986; Suh, Strupp & O'Malley, 1986; Lambert, 1993).

So gross die Übereinstimmung darüber ist, dass eine gute therapeutische Beziehung für Veränderungen grundlegend ist, so unterschiedlich ist die Art und Weise, wie die therapeutische Beziehung im Hinblick auf konkrete Interventionen des Therapeuten konzeptualisiert wird. Ein wichtiges Argument, das von vielen Autoren vorgebracht wird, besteht darin, dass eine strikte konzeptuelle Trennung zwischen therapeutischer Beziehung und Technik nicht sinnvoll ist. Die Wirkung einer Intervention hängt vielmehr davon ab, wie der Klient die aktuelle Beziehung zum Therapeuten wahrnimmt, und diese Wahrnehmung ist bei jedem Klienten durch dessen persönlichen, lebensgeschichtlichen Erfahrungshintergrund geprägt (z.B. Bordin, 1979; Greenberg & Pinsof, 1986; Orlinsky & Howard, 1988; Safran, McMain, Crocker & Murray, 1990).

Die Untersuchung der therapeutischen Beziehung ist dann wichtig, wenn psychische Störungen als Störungen in der Regulierung von Beziehungen verstanden werden. Wichtige Hinweise darauf, dass Lernprozesse auf einer affektiv-interaktiven Mikroebene für die Ausbildung von Objektbeziehungsstrukturen von grosser Bedeutung sind, stammen aus empirischen Untersuchungen im Bereich der Entwicklungspsychologie (u.a. Oster, 1978; Emde & Sorce, 1983; Klinnert, Campos, Sorce, Emde & Svejda, 1983; Stern, 1985; Izard & Malatesta, 1987; Malatesta, Culver, Rich Tesman & Shepard, 1989; Köhler, 1990). Affekte werden gemäss dieser Konzeptualisierung als zentrale Elemente der therapeutischen Beziehung aufgefasst, die sich u.a. auf eine spezifische Weise auf der Mikroebene des nonverbalen Verhaltens in der psychotherapeutischen Interaktion manifestieren (z.B. Krause, 1990, 1992; Krause, Steimer-Krause & Ullrich, 1992).

Ein weiterer Grund für die detaillierte Untersuchung der therapeutischen Interaktion ist die grosse Kluft zwischen abstrakten theoretischen Konzepten zur Beschreibung von Aspekten der therapeutischen Beziehung (zum Beispiel

Übertragung und Gegenübertragung) und den einem Therapeuten zur Verfügung stehenden konkreten Handlungsanweisungen in der aktuellen therapeutischen Situation. Diese Diskrepanz ist u.a. darauf zurückzuführen, dass es zum Beispiel kaum eine "geschriebene" Theorie der psychoanalytischen Technik gibt. Dies wird u.a. von Binder, Strupp & Rock (1992) ausgeführt: Wenn Therapiestrategien überhaupt schriftlich festgehalten werden, geschieht dies meist in Form sehr abstrakter Beschreibungen des therapeutischen Handelns. Sehr oft werden nur kurze Vignetten vorgelegt, in welchen Interventionen sehr allgemein beschrieben oder Zusammenfassungen mehrerer Interventionen gegeben werden. Die beschriebenen Zeiträume können ganze Analysestunden oder sogar Wochen oder Monate dauernde Analysephasen umfassen. Falls dennoch einmal spezifische Interventionen erwähnt werden, dann geschieht dies sehr oft ohne die Darstellung des interaktiven Kontexts, so dass der Prozess ihrer Generierung sowie ihr unmittelbarer Sinn für das therapeutische Geschehen unklar bleiben. Direkte Handlungsanweisungen für spezifische Interventionen in bestimmten Situationen sind selten. So gibt etwa Brenner (1976, zit. nach Binder, Strupp & Rock, 1992) folgende Anweisung für das richtige *timing* von Übertragungsdeutungen: Diese haben "not long before or long after the patient is *ready*" zu erfolgen.

Diese mangelnde Präzision von Beschreibungen therapeutischen Handelns hat zur Folge, dass für Aussenstehende nicht nachvollziehbar ist, wie die therapeutische Interaktion verlief, auf die in den Vignetten Bezug genommen wird. So formulieren Binder, Strupp & Rock (1992, S. 610): "what the therapist actually *did* was typically shrouded in mystery". Nicht klar wird etwa, ob die dargestellte Intervention so wirkte, wie dies vom Autor beschrieben wird oder ob die Wirkung auf Faktoren zurückzuführen ist, die gar nicht erwähnt werden (zum Beispiel dass die Deutung von einem gemeinsamen Lächeln begleitet wurde). Knapp (s. Sandner, 1989) meint zu dieser Problematik: Es sei mittlerweile offenkundig, dass in konkreten Analysen oftmals andere Prozesse ablaufen, als in der psychoanalytischen Theorie vorgesehen seien. Unter dem Stichwort "beobachtete Wirklichkeit" soll deshalb untersucht werden, was in einer konkreten therapeutischen Interaktion *wirklich* geschieht (vgl. auch Grawe, 1988).

Natürlich ist es nicht so, dass Therapeuten in einer konkreten Situation überhaupt nicht wüssten, wie sie reagieren sollen: Therapeuten verfügen im Gegenteil über ein beträchtliches klinisches Erfahrungswissen über interaktive Prozesse. Dieses wird aber in den Therapiestunden umgesetzt und in der Supervision anderen Therapeuten weitergegeben. So bezeichnet Levy (1987, S. 450, zit. nach Binder, Strupp & Rock, 1992) die Supervision als "inoffizielle Theorie der Technik". Dieser Umstand hat wiederum zur Folge, dass die Begriffe, die verwendet werden, um solche Prozesse zu beschreiben, oft - wenn auch intuitiv plausibel und in ihrer Anwendung unbestritten - wenig expliziert und vermutlich in ihrer individuellen Auslegung relativ subjektiv sind (vgl. dazu Greenson, 1967).

Um den therapeutischen Prozess beschreiben und verstehen zu können ist es wichtig, diese komplexen, viel benützten klinischen Konzepte (zum Beispiel Übertragung, Gegenübertragung, Arbeitsbündnis oder Abstinenz), welche die therapeutische Interaktion betreffen, mit beobachtbaren Phänomenen der therapeutischen

Interaktion in Beziehung zu setzen, die detailliert und möglichst objektiv beschrieben werden. Damit wird es möglich zu definieren, welche Prozesse der unmittelbaren Interaktion solchen klinischen Konzepten entsprechen. Solche Beschreibungen erleichtern die Verständigung zwischen den Therapeuten, indem genauer erfasst werden kann, auf welche Verhaltensweisen von Therapeut und Klient sich ein Analytiker bezieht, wenn er zum Beispiel von Übertragungswiderstand spricht. Weiter bilden präzise Beschreibungen der therapeutischen Interaktion eine notwendige Grundlage für die Beurteilung der Wirksamkeit bestimmter Interventionen, indem zum Beispiel herausgearbeitet werden kann, welche Verhaltensweisen eines Therapeuten in welcher Situation zu welchen Reaktionen des Klienten führen.

3. Psychotherapieforschung: Methodische Aspekte

Die Psychotherapieforschung hat im Verlauf ihrer Entwicklung nicht nur ihre inhaltlichen Forschungsschwerpunkte verändert, sondern auch ihre "favorisierten" Untersuchungsmethoden. Während für die Methodologie der früheren Phasen standardisierte Gruppenuntersuchungen mit Vorher-Nachher Messungen ausgewählter Variablen kennzeichnend waren, geht die Entwicklung heute dahin, auf die individuelle Problematik des Klienten zugeschnittene Einzelfalluntersuchungen durchzuführen, dafür präzisere Erfassungsmethoden zu verwenden und die Daten mit verschiedenen Analysemethoden gleichzeitig zu beschreiben (vgl. u.a. Stiles, Shapiro & Elliott, 1986; Strupp, 1990; im deutschen Sprachraum ist die von Grawe und Kächele initiierte Arbeitsgruppe "Psychotherapeutische Einzelfall-Prozessforschung", das PEP-Projekt, ein gutes Beispiel für diesen Ansatz).

3.1 Traditionelle Ratingstudien überwiegen

Trotz dieses Trends sind nach wie vor solche Studien in der Mehrzahl, die eine korrelative Forschungsstrategie (Grawe, 1992, S. 152) verfolgen. Das heisst, experimentell nicht manipulierbare Variablen, die als wichtige Wirkfaktoren betrachtet werden, werden mittels Ratingverfahren erfasst und mit dem Therapierfolg in Beziehung gesetzt (sog. *process-outcome studies*, siehe dazu Orlinsky & Howard, 1986). Betrachtet man etwa den von Beutler & Crago (1991) herausgegebenen Sammelband, welcher die "richtungsweisenden" Psychotherapiestudien von Mitgliedern der Society for Psychotherapy Research (SPR) zusammenfasst, ergibt sich das folgende typische Bild des methodischen Vorgehens: Bei Therapiebeginn werden diverse Instrumente eingesetzt, welche die Problematik eines Klienten sowie bestimmte Aspekte seines psychischen Funktionierens erfassen. Zum Teil werden zu diesem Zweck neuere, von der jeweiligen Forschergruppe oder anderen SPR-Forschern entwickelte Instrumente verwendet, wobei es sich oft um Selbsteinschätzungs-Fragebogen handelt (z.B. das *Life Events Questionnaire* von Horowitz, Schaefer, Hiroto, Wilner & Levin (1977), die *Current Life Functioning Scale* von Howard (1988), die *Interpersonal Symptoms Scale* von Horowitz, Rosenberg, Baer, Ureno & Villasenor (1988)). Vielfach werden zusätzlich etablierte psychodiagnostische Verfahren (*MMPI, Becks Depression Inventory*) oder psychiatrisch-diagnostische Klassifizierungen (*DSM-III, DSM-III-R*) benützt. Zur Beschreibung des therapeutischen Prozesses werden Klienten- und Therapeutenvariablen erhoben sowie Aspekte der therapeutischen Beziehung. Dabei handelt es sich sowohl um von Klient und Therapeut durchgeführte Selbst- und Fremdeinschätzungen als auch Ratings durch aussenstehende Forscher und Forscherinnen. Diese Instrumente werden im Verlauf der zu untersuchenden Therapie wiederholt eingesetzt (zum Beispiel nach jeder Therapiestunde). Zur Erfassung von Klientenvariablen dienen etwa die *Positive States of Mind Scale* von Horowitz, Adler & Kegeles (1988), die *Insight Scale* von Weiss, Sampson and the Mount Zion Psychotherapy Research Group (1986) oder die *Patient Experiencing Scales* von Klein, Mathieu-Coughlan & Kiesler (1986). Beziehungsaspekte werden durch die *California Psychotherapy Alliance Scale* von Marmar, Gaston, Gallagher & Thomson (1987), die *Therapeutic Alliance Scales* von Marmar, Marziali, Horowitz & Weiss (1986) und Marziali, Marmar & Krupnick (1981), die *Global Collaboration Scale* von Allen, Deering, Buskirk & Coyne (1988) u.v.a. erfasst. Kategorisierungen therapeutischer Interventionen können zum Beispiel anhand einer Klassifizierung von *response modes* von Stiles, Shapiro & Elliott (1986) vorgenommen werden, anhand des *Interventions Categories Inventory* von Colson, Horwitz, Frieswyk & Coyne (1989) oder anhand der *Therapist Intervention Rating Scale* von Piper, Azim, McCallum & Joyce (1991). Die so gewonnen *process measures* werden dann in der Regel mit davon unabhängig erfassten *macro-outcomes* (Orlinsky & Howard, 1986) in Beziehung gesetzt, d.h. mit Variablen korreliert, welche die Produktivität eines längeren Therapieausschnitts und/oder der Gesamttherapie erfassen. In einem Grossteil der Studien werden die Therapien auf Video- bzw. Tonband aufgezeichnet. Diese Videoaufnahmen und/oder Verbatimprotokolle bilden die Grundlage für diejenigen Ratings, welche nicht über Selbsteinschätzungen der an der Therapie beteiligten Personen vorgenommen werden.

Eines der Probleme dieser Forschungsstrategie besteht m. E. darin, dass die Selektion der erfassten process measures sehr selten theoriegeleitet erfolgt. Das heisst, es wird zwar beschrieben, welche Untersuchungsinstrumente (Ratingskalen, Fragebogen, Tests usw.) verwendet werden, aber nicht *warum* ein bestimmtes Konzept untersucht wird. Orlinsky & Howard (1986, 1988) haben dieses Problem erkannt, die relevanten Elemente des therapeutischen Prozesses und ihre Verknüpfungen definiert und in Form eines allgemeinen Psychotherapiemodells (dem *generic model of psychotherapy*) dargestellt. Dieser Bezugsrahmen soll es ermöglich, diejenigen Aspekte des therapeutischen Geschehens, welche empirisch untersucht werden sollen, theoriegeleitet auszuwählen und die Forschungsergebnisse im Kontext der anderen Elemente zu interpretieren (vgl. auch Ambühl & Grawe, 1988; Ambühl, 1991, 1993).

3.2 Das "significant event paradigm" und weitere wichtige Weiterentwicklungen

Eine der wesentlichsten Weiterentwicklungen im Rahmen der Psychotherapieprozessforschung besteht im significant event paradigm, d.h. in der Untersuchung ausgewählter interaktiver Sequenzen ("significant events") innerhalb von Therapiestunden (z.B. Elliott, 1984; Rice & Greenberg, 1984; Rice & Saperia, 1984; Mahrer & Nadler, 1986; Greenberg & Pinsof, 1986). Ausgehend von theoretischen Vorstellungen der Veränderungswirkung werden einzelne therapeutische Segmente aus einem längeren Verlauf heraus bestimmt. Diese Sequenzen werden nach theoretischen Gesichtspunkten unterteilt, und die enthaltenen einzelnen Phänomene, die unterschiedlichen Kategorien therapeutischen Geschehens zugeordnet werden können, werden beschrieben. So werden im Modell *resolution of unfinished business* von Greenberg (1991) verschiedene Intensitätsstufen des *experiencing* des Klienten (Gendlin & Tomlinson, 1962) differenziert, seine emotionale Erregung (arousal) sowie Aspekte der therapeutischen Beziehung. Wo dies möglich ist, werden solche Beschreibungen durch - meist mittels Rating gewonnener - Daten abgestützt. In der genannten Arbeit von Greenberg (1991) werden als Messinstrumente beispielsweise die *Depth of Experiencing Scale* von Klein, Mathieu, Kiesler & Gendlin (1969), das System zur *Structural Anaylsis of Social Behavior (SASB)* von Benjamin (1981) sowie die *Emotional Arousal Scale* von Daldrup, Beutler, Engel & Greenberg (1988) verwendet. Über die Beschreibung mehrerer solcher Sequenzen können "Mini-Veränderungsmodelle" für die einzelnen events konstruiert werden. Vergleiche von "erfolgreichen" mit "nicht-erfolgreichen" Ereignissen dienen dazu, die veränderungsrelevanten Mechanismen herauszuarbeiten. Es wird versucht, auf allen Ebenen des Prozesses "genauer hinzusehen", da die Veränderung als ein Ereignis konzipiert wird, das sich multidimensional vollzieht.

Ein weiteres Beispiel für den Event-Ansatz ist eine Arbeit von Czogalik (1990). Der Autor geht der Frage nach, wieweit die "Selbstöffnung des Therapeuten (SE)" als Wirkfaktor aufgefasst werden kann. Verschiedene Aspekte des therapeutischen Geschehens werden mit verschiedenen Methoden und Messinstrumenten erfasst (zum Beispiel Fremd- und Selbstbeurteilung des Kommunikationsverhaltens von Therapeut und Klient sowie dessen objektive Einschätzung anhand von Verbatimprotokollen der Therapiesitzungen) und miteinander in Beziehung gesetzt. Weiter wird untersucht, ob die SE an bestimmten Stellen einer Therapie in direktem oder mittelbarem Zusammenhang mit produktiven Veränderungen steht, indem sie zum Beispiel eine Voraussetzung für eine nachfolgende therapeutische Vertiefung bildet. Andere wichtige und interessante Konzepte, die im Rahmen des significant event paradigm empirisch untersucht werden, sind das von der Mount Zion Psychotherapy Research Group entwickelte "Testmodell" (Weiss & Sampson & et al., 1986; Silberschatz & Curtis, 1986; Silberschatz et al., 1988; Weiss, 1990; Silberschatz & Sampson, 1991), das Konzept der *alliance ruptures* (Safran et al. 1990, Safran, 1993ab) sowie die Konzepte von *completing incomplete experience* (Greenberg & Safran, 1987) und *creation of meaning* (Clarke, 1990).

Wichtige Impulse zur Untersuchung therapeutischer Veränderungsprozesse stammen aus der Cognitive Science (für einen Überblick siehe Schneider, 1993). In diesem Forschungsbereich entwickelte Konzepte und Vorgehensweisen werden zur präziseren Beschreibung komplexer Phänomene verwendet, die wichtig sind für das Verständnis des therapeutischen Prozesses (Pfeifer & Leuzinger-Bohleber, 1986; Teller & Dahl, 1986; Grawe, 1987; Leuzinger-Bohleber 1987, 1989; Dahl, 1988; Lüthy & Widmer, 1992). Für die Beschreibung von Prozessen der Veränderung in Psychotherapien wird auch auf die Theorie Piagets (zum Beispiel Grawe, 1987; Schneider, 1989; Stiles, Elliott, Llewelyn, Firth-Cozens, Margison, Shapiro & Hardy 1990) und auf Theorien selbstorganisierender Prozesse (Schneider, 1990, 1992; Schneider & Wüthrich, 1992) zurückgegriffen. Insbesondere konnektionistische Modelle könnten sich dafür eignen, Veränderungsprozesse in intrapsychischen

Strukturen differenzierter zu konzeptualisieren (Caspar, Rothenfluh & Segal, 1992).

3.3 Die Untersuchung von Einzelfällen

Fast alle neueren mikro- wie makroanalytischen Ansätze zur Untersuchung der Prozessdynamik setzen zunächst auf der Ebene des Einzelfalles an (Grawe, 1992; vgl. auch Hennberg-Mönch, 1990). Dies gilt besonders für die Untersuchung therapierelevanter Ereignisse (im Rahmen des event paradigm), weil bei der Verwendung detaillierter Analyseverfahren auf einer Mikroebene Prozesse untersucht werden, die in einem hohen Ausmass individuen-, bzw. dyadenspezifisch sind. Aus diesem Grund werden heute in erster Linie Aspekte der therapeutischen Veränderung untersucht, die auf die spezifische Problematik eines Klienten zugeschnitten sind. (So werden beispielsweise von Weiss & Sampson & the Mount Zion Psychotherapy Research Group (1986); siehe auch Silberschatz et al., 1991) für einen Klienten spezifische "Pläne" formuliert. Diese beschreiben u.a. dessen bewusste wie unbewusste pathogene Überzeugung sowie die Art und Weise, wie ein Klient seinen Therapeuten daraufhin prüfen wird, ob er mit ihm die gleiche - seiner pathogenen Überzeugung entsprechende - Erfahrung macht wie in früheren Beziehungen.) Erst zu einem späteren Zeitpunkt wird es möglich sein, Modelle zu konstruieren, die einen allgemeineren Gültigkeitsbereich haben (vgl. Greenberg, 1991). Für diese Hinwendung zur Untersuchung von Einzelfällen spielen auch forschungspragmatische Überlegungen eine Rolle: Solange man noch nicht weiss, welche Methoden am effektivsten zu einem differenzierteren Verständnis des therapeutischen Geschehens führen, scheint es wenig sinnvoll, eine Vielzahl von Therapien zu untersuchen (Grawe, 1988).

3.4 Methodische Probleme

3.4.1 Kontextabhängigkeit

Trotz dieser Fortschritte sind verschiedene wissenschaftstheoretische und methodische Probleme ungelöst oder die Art ihrer Lösung ist umstritten. Obwohl die meisten Psychotherapieforscher und -forscherinnen die Ansicht teilen, dass zwischen dem Therapiegeschehen und dem Therapieergebnis komplexe Wechselwirkungen bestehen, die nicht als einfache lineare Kausalrelationen betrachtet werden können (z.B. Elliott, 1991; Stiles, 1991), wird nur in wenigen Untersuchungen der Prozesscharakter von Therapien wirklich einbezogen. So müsste beispielsweise bei der Untersuchung der Wirkung bestimmter Interventionen berücksichtigt werden, dass die gleiche Deutung beim gleichen Klienten zu verschiedenen Zeitpunkten unterschiedliche Effekte haben kann. So ist zum Beispiel aufgrund psychoanalytischer Überlegungen anzunehmen, dass es viele "vorbereitende" Deutungen des gleichen Typs braucht, bis der Inhalt vom Klienten "angenommen" werden kann. Diese komplexen Abläufe lassen sich mittels traditioneller empirischer Methoden, wie etwa dem Rating kurzer randomisierter Transkriptsegmente von Patientenäusserungen (z.B. Fretter, Bucci, Broitman, Silberschatz & Curtis, 1994) nicht erfassen (vgl. auch die Kritik von Greenberg, 1991). Es müssen deshalb neue Methoden entwickelt werden, die es ermöglichen, den unmittelbaren Kontext, in welchem das interessierende Ereignis (zum Beispiel ein bestimmter Interventionstyp) auftritt sowie dessen Auftreten im zeitlichen Verlauf miteinzubeziehen.

3.4.2 Der Einsatz von Rating-Verfahren

Ein zweiter methodischer Problemkreis besteht darin, dass zum heutigen Zeitpunkt zur Erfassung der interessierenden Konzepte nach wie vor hauptsächlich Ratingverfahren eingesetzt werden. Das methodologische Modell, auf dem dieses Vorgehen beruht, ist das der "Operationalisierung": Ausgehend von theoretischem und empirischem Wissen werden die interessierenden Variablen in Form von Skalen, Kategoriensystemen usw. aufbereitet und den Ratern vorgelegt, welche dann "unabhängig" die entsprechenden Einschätzungen vornehmen. Nicht selten scheitern diese Ansätze jedoch an der mangelnden Reliabilität der Beurteilungen, zumal wenn es um die Untersuchung komplexerer Konzepte geht (Moras & Hill, 1991). Die Schwierigkeiten sind natürlich besonders gravierend, wenn die einzuschätzenden Konzepte keine verhaltensnahen Aspekte (zum Beispiel interaktive Verhaltensweisen), sondern das intrapsychische Geschehen (zum Beispiel die Einsicht eines Klienten oder dessen Abwehrmechanismen) betreffen, wie dies ist in der Psychotherapieforschung häufig der Fall ist. Die mangelnde Reliabilität ist v.a. darauf zurückzuführen, dass genaue Definitionen der zu ratenden Konzepte fehlen. Dies bewirkt, dass die konzeptuellen Schwierigkeiten der Forscher in die Köpfe der Rater verlegt werden. Auch bei ausreichender Reliabilität besteht ein Problem der Ratingverfahren darin, dass der Untersucher vielfach nicht weiss, aufgrund welcher Beobachtungsinhalte ein Einschätzer zu seinem Urteil gekommen ist (z.B. Wallbott, 1990). Diese mangelnde Kenntnis der "Daten" hat zur Folge, dass eine Differenzierung und Weiterentwicklung der untersuchten Konzepte nicht im gewünschten Ausmass vorgenommen werden kann. Meines Erachtens ist es zur Erfassung des "tatsächlichen" Geschehens notwendig, das Datenmaterial in einem ersten Schritt möglichst objektiv und systematisch zu erfassen und die Dateninterpretation unabhängig davon in einem zweiten Schritt vorzunehmen.

4. Die Untersuchung der therapeutischen Beziehung

Im Bereich der Psychotherapieprozessforschung besteht heute ein breiter Konsens, dass die therapeutische Beziehung einen wesentlichen Wirkfaktor für therapeutische Veränderungen darstellt (siehe 2.2). Deren Erfassung und Beschreibung bildet deshalb einen zentralen Forschungsinhalt (vgl. Horvath & Symonds, 1990). Der Begriff der "therapeutischen Beziehung" wird jedoch von den verschiedenen Autoren sehr uneinheitlich konzeptualisiert: Je nach theoretischer Perspektive werden unterschiedliche Aspekte der therapeutischen Beziehung als wichtig erachtet und in der Folge auch einer empirischen Untersuchung unterzogen. Aus methodischen Gründen konzentrierten sich bislang die meisten Verfahren auf die Untersuchung des gesprochenen Textes.

Ein wichtiger Untersuchungsansatz bilden die inhaltsanalytischen Verfahren. Ihnen liegt die zentrale Modellvorstellung zugrunde, dass sich auf der Ebene der Sprache Indikatoren für bestimmte intrapsychische Prozesse eines Klienten finden lassen. Die untersuchen Konzepte divergieren stark. Sie umfassen zum Beispiel "emotionale Strukturen" (Bucci, 1988) "emotional bedeutsames Selbst- und Beziehungserleben" (Boothe, 1991, 1992) oder "Veränderungen kognitiver, problemlösender Prozesse" (Leuzinger-Bohleber, 1987, 1989). Ebenfalls vielfältig sind die methodischen Vorgehensweisen, mit denen die Zuordnung bestimmter Textstellen zu relevanten Bedeutungskategorien vorgenommen wird. Verwendet werden verschiedene Arten von Ratingprozeduren (zum Beispiel Skalen, Kategoriensysteme). Schon früh wurde versucht, inhaltsanalytische Methoden zu computerisieren (z.B. Stone et al. (1966) mit der Entwicklung des *general inquirer*, Kächele und Mergenthaler (1984) mit der Entwicklung der Ulmer-Textbank, siehe auch Steiner (1980), Drewek (1983)).

Neben dem skizzierten inhaltsanalytischen Ansatz hat sich im Bereich der Untersuchung der therapeutischen Beziehung eine weitere Forschungslinie etabliert, welche das Ziel verfolgt, für einen Klienten und/oder seine Störung typische repetitive Beziehungsmuster zu erfassen und möglichst objektiv zu beschreiben. Ausgehend von psychoanalytischen Modellvorstellungen wird postuliert, dass sich bestimmte intrapsychische Strukturen eines Klienten in der therapeutischen Situation in Form von Übertragungsprozessen äussern, welche als repetitive Beziehungsmuster einer Beobachtung zugänglich sind. Ausgangsmaterial für die empirischen Untersuchungen bilden in der Regel Verbatimprotokolle der interessierenden Therapien.

Trotz dieser gemeinsamen Basis sind die theoretischen Konzeptualisierungen sowie die von den einzelnen Autoren entwickelten methodischen Verfahren zur Erfassung und Beschreibung der therapeutischen Beziehung sehr heterogen. Prominente Beispiele sind das System zur Erfassung *des Core Conflictual Relationship Theme* (CCRT) von Luborsky (1984), Luborsky & Crits-Christoph

(1988, 1990), die *Negative Interactive Cycles* von Strupp (1980), die *Plan-Formulierungen* und das *Testmodell* von Weiss & Sampson und der Mount Zion Psychotherapy Research Group (1986), das Konzept *der Role-Relationship Models Configuration* (RRMCs) von Horowitz et al., (1991), die Erfassung *der Patient's Experience of the Relationship* with the Therapist (PERT) von Gill & Hoffman (1982), Hoffman & Gill (1988) sowie die *Frame-Methode* von Teller & Dahl (1986).

Obwohl alle diese Ansätze das Ziel verfolgen, Aspekte der therapeutischen Beziehung zu beschreiben, legen die meisten Methoden das Schwergewicht auf die (einseitige) Beschreibung der Beziehungsmuster des Klienten. Den Anteilen des Therapeuten an der Beziehung wird hingegen wenig Beachtung geschenkt, m.a.W., das wechselseitige Zusammenspiel des Interaktionsverhaltens von Klient und Therapeut wird nicht untersucht. Eine Ausnahme bildet das System zur *Structural Analysis of Social Behavior* (SASB) von Benjamin (1974); Grawe-Gerber & Benjamin (1992). Ausgehend von einem interpersonalen Ansatz erlaubt diese Methode die Identifizierung und Codierung von Beziehungsmustern in der psychotherapeutischen Interaktion, wobei die therapeutische Interaktion dyadenbezogen beschrieben wird (für einen Überblick siehe Grawe-Gerber, 1992; vgl. auch Tress, 1993). Ein Vorteil dieses Systems besteht darin, dass zusätzlich zum Gesprächsinhalt auch Aspekte des nonverbalen Geschehens codiert werden. Zudem werden zusätzlich bestimmte intrapsychische Prozesse des Klienten erfasst. Dadurch ist es möglich, interaktive und intrapsychische Prozess aufeinander zu beziehen und in Form von Abfolgen zu beschreiben (Benjamin, 1986).

Die Beschränkung auf die Analyse von Verbatimprotokollen bringt den Nachteil mit sich, dass die Erfassung und Beschreibung wichtiger beziehungsregulierender affektiver Prozesse von vornherein ausgeschlossen wird. Dies ist insofern problematisch, als der nonverbale Kontext für das Verständnis der beziehungsregulierenden Aspekte eines Dialogs von grosser Wichtigkeit ist, wie dies Watzlawick, Beavin & Jackson bereits 1969 postulierten. Umgekehrt ist es aber auch ungünstig, sich nur auf die Untersuchung nonverbaler Verhaltensweisen zu konzentrieren, ohne den Gesprächsinhalt zu berücksichtigen, da anzunehmen ist, dass dem Gesprächsinhalt ebenfalls eine regulative Funktion zukommt (z.B. Edelson, 1992; Streeck, 1994). Die Entwicklung eines Ansatzes, welcher die Untersuchung von sowohl verbalen als auch nonverbalen Aspekte ermöglicht und diese in einen Zusammenhang stellt, ist deshalb von grosser Wichtigkeit.

5. Zum methodischen Ansatz

Untersucht werden affektive Prozesse in Psychotherapien, die auf Video aufgezeichnet wurden. Im Zentrum steht die Untersuchung des Gesichtsausdrucks von Klient und Therapeut. Für die Untersuchung mimischer Verhaltensweisen spricht, dass sich im Bereich der Mimik, im Vergleich zu anderen nonverbalen Kanälen wie Körperhaltungen oder Gestik, am ehesten spezifische Indikatoren für differenzierte emotionale Prozesse finden lassen. Die Untersuchung mimischer Verhaltensweisen ist auch deshalb interessant, weil sie nicht nur Ausdruck eines intrapsychischen Zustandes sind, sondern gleichzeitig eine interaktive Bedeutung aufweisen. Über die expressiv-kommunikative Komponente emotionaler Prozesse wird einem Interaktionspartner signalisiert, welches Verhalten von ihm gewünscht und welches eigene folgen wird (Moser, 1983; Frijda, 1986b, 1993b; Krause, 1990). Die mimischen Verhaltensweisen erfüllen also als interaktionsregulierende Signale eine wichtige Steuerungsfunktion. Obwohl die Mimik - wie auch andere nonverbale Kanäle - infolge der Affektsozialisierung bestimmten Kontrollprozessen unterliegen, wird der Gesichtsausdruck weniger bewusst gestaltet als verbale Äusserungen. So kann davon ausgegangen werden, dass mittels Mikroanalysen mimischer Verhaltensweisen auch Hinweise auf unbewusst ablaufende Affektregulierungsprozesse gewonnen werden können. Diese zeigen sich in der Mimik, werden von einer Person aber nicht erlebt.

Auch pragmatische Gründe sprechen für die Fokussierung auf mimische Verhaltensweisen. Für die Erfassung der Mimik genügen Videoaufnahmen, vorausgesetzt, diese weisen eine Qualität auf, die nachträglich eine differenzierte Analyse der Mimik erlauben. Dafür steht mit dem Facial Action Coding System (FACS) von Ekman & Friesen (1978) eine Methode zur Verfügung, die eine objektive und reliable Codierung des mimischen Verhaltens ermöglicht. Es kann deshalb auf Messmethoden verzichtet werden, die zwar traditionellerweise in der Emotionspsychologie Verwendung finden, aber den emotionalen Austausch und den Ablauf der therapeutischen Interaktion massiv stören würden. Dies gilt zum Beispiel für physiologische Messmethoden und für die Messung von Gesichtsmuskelspannungen (EMG).

Für die Untersuchung werden jeweils einzelne Sequenzen (d.h. Ausschnitte aus Psychotherapien) ausgewählt. Die Beobachtungsdaten, d.h., die mit FACS codierten Ausdrucksmuster, werden computerunterstützt graphisch aufbereitet (zu sog. *micro-plots*, siehe zum Beispiel Abb. 14.4) und mit emotionspsychologischen und komplexeren klinischen Konzepten, welche die therapeutische Interaktion betreffen, in Beziehung gesetzt; emotionspsychologische Modellvorstellungen werden dabei als notwendige Bindeglieder für die Herstellung des Zusammenhangs zwischen den relativ abstrakten klinischen Begriffen und den Beobachtungsdaten aufgefasst, m.a.W. ist es das Ziel der Untersuchung, die verschiedenen Daten- und Konzeptebenen so miteinander in Beziehung zu setzen, dass eine differenzierte Beschreibung ausgewählter Sequenzen der therapeutischen Interaktion auf unterschiedlich abstrakten Konzeptebenen resultiert. Diese Beschreibungen des affektiven und interaktiven Geschehens, in die einerseits top-down theoretische Konzepte eingehen und die andererseits bottom-up durch die Beobachtungsdaten angeregt sind, werden als Prozessmodell bezeichnet. Dieses - weitgehend systematische - Vorgehen ermöglicht auch Vergleiche zwischen Sequenzen.

Wir denken, dass dieses Vorgehen weitgehend auch der psychotherapeutischen Arbeit entspricht, indem der Therapeut aus dem reichhaltigen "Material" die relevanten Informationen fortlaufend auswählt; die entwickelte Methode macht diese Arbeit jedoch nachvollziehbar, indem sowohl die Beobachtungsdaten als auch die Konzepte (i.S. der epistemologischen Systematik (vgl. 11.4) explizit spezifiziert und für eine Überprüfung der Argumentation jederzeit zugänglich sind.

Kennzeichnend für den vorliegenden Ansatz ist die explorative Vorgehensweise (vgl. den sog. *discovery oriented approach*, Rice & Greenberg, 1984; Greenberg, 1991). Eine Grundidee dabei ist, dass erst durch die intensive Beschäftigung mit dem aufgezeichneten Geschehen, d.h. die detaillierte und systematische Beschreibung ausgewählter Phänomene der therapeutischen Interaktion, neue Erkenntnisse für das Verständnis des (komplexen) therapeutischen Prozesses zu gewinnen sind, die wiederum zur Formulierung neuer relevanter Fragestellungen führen. Dabei wird in den Daten nach positiver Evidenz für ein spezifisch formuliertes Arbeitsmodell gesucht und die negative Evidenz dazu benützt, das Modell zu modifizieren. Bei dieser Art von methodischem Vorgehen handelt es sich also um einen iterativen Prozess, indem zwischen den Daten und den vorläufigen Modellvorstellungen hin und her "gependelt" wird. Traditionelle methodische Vorgehensweisen (zum Beispiel die Anwendung entscheidungsstatistischer Verfahren) treten dabei zugunsten deskriptiver Methoden, welche die interessierenden Konzepte mit differenzierten Indikatoren in Beziehung setzen, in den Hintergrund (vgl. u.a. VanLehn, Brown & Greeno, 1984; Safran, Greenberg & Rice, 1988). Die Untersuchungen erfolgen primär an Einzelfällen (siehe 3.3).

Mit dem vorliegenden Ansatz muss die therapeutische Situation nicht direkt manipuliert werden, und das Verhalten kann daher in einer ökologisch validen Situation beobachtet werden. Unserer Erfahrung nach wird diese ökologische Validität im Hinblick auf die bisher bearbeiteten Fragestellungen durch das Vorhandensein von Videokameras im Therapieraum und die Tatsache, dass die Therapie aufgezeichnet wird, nicht beeinträchtigt[1].

Inbesondere erfordert die Methode keinen Einbezug von Klienten in die Studie, so dass die damit verbundenen Nachteile vermieden werden können. So kann zum Beispiel zum einen ausgeschlossen werden, dass der therapeutische Prozess durch mehr oder weniger intensive Nachbefragungen (mit und ohne Video) empfindlich gestört würde; dies gilt speziell für die intrapsychische Verarbeitung der Therapiestunden durch den Klienten. Zum andern ist man bei der Auswahl der veränderungsrelevanten Ereignisse nicht auf die Aussagen des Klienten angewiesen. Es ist nämlich theoretisch unklar, wie die intrapsychische Verarbeitung solcher Ereig-

---

[1] Aus therapeutischer Perspektive geht es nicht darum, die Videokameras einfach zu "vergessen". Vielmehr ist es wichtig, diese als eine Randbedingung des Settings (unter mehreren) in die therapeutische Arbeit miteinzubeziehen.

nisse überhaupt geschieht und welche Bedeutung für den therapeutischen Prozess diejenigen Ereignisse haben, die vom Klienten bewusst wahrgenommen werden.

6. Was sind Emotionen? Zum Zusammenhang von emotionalen Prozessen und mimischen Ausdrucksphänomenen

6.1 Emotion kann als Komplex verschiedener Komponenten definiert werden

Trotz langer Forschungstradition existiert heute noch keine allgemein anerkannte Definition von Emotion[1]. Vielmehr ist die Frage, was überhaupt eine Emotion ist, nach wie vor Gegenstand kontroverser Diskussionen. Weder herrscht in der Literatur Einigkeit über die Funktion von Emotionen, noch ist die Abgrenzung gegenüber anderen psychischen Zuständen wie beispielsweise Stimmungen, Reflexen oder sensorischen Reaktionen geklärt (vgl. z.B. Ekman, 1984; Isen, 1984; Scherer, 1984, 1990; Ortony, Clore & Collins, 1988; Lazarus, 1991; Batson, Shaw & Oleson, 1992; Morris, 1992; Frijda, 1993a). Eine relativ grosse Übereinstimmung besteht jedoch darin, Emotionen als Komplex verschiedener Komponenten aufzufassen, welche bei der Entstehung und dem Ablauf einer Emotion eine Rolle spielen (z.B. Izard, 1977; Averill, 1980; Plutchik, 1980; Schmidt-Atzert, 1981; Lazarus, 1982, 1991; Scherer, 1982, 1984, 1990; Ekman, 1984, 1992a; Frijda, 1986b, 1993b). In den letzten Jahren haben sich insbesondere folgende sechs allgemein anerkannte Komponenten herauskristallisiert, die u.a. auf Definitionsvorschläge von Scherer (1984, 1986, 1990) zurückgehen:

1. Kognitive Komponente
2. Neurophysiologische Komponente
3. Motivationale Komponente (*action readiness*, Frijda, 1986b)
4. Ausdruckskomponente
5. Komponente des subjektiven Erlebens
6. Soziale Bewertung einer Emotion

[1] Die begrifflichen Schwierigkeiten manifestieren sich bereits bei den sprachlichen Bezeichnungen des Gegenstandes. Der Begriff "Affekt" wird in der englischsprachigen Literatur häufig als Synonym für "Emotion" gebraucht. Seltener findet auch der Begriff *feeling* Verwendung, dies vor allem dann, wenn der subjektiv-erlebnismässige Aspekt des emotionalen Geschehens im Vordergrund steht. Analog zum englischen Sprachgebrauch verwende ich die Begriffe "Affekt" und "Emotion" ebenfalls synonym und reserviere die dem englischen feeling entsprechende Bezeichnung "Gefühl" für Fälle, bei denen der Erlebnisaspekt betont werden soll. Dadurch verzichte ich auf die in der deutschen Literatur sowie im Alltag verbreitete Unterscheiduung zwischen Affekt und Emotion, die Affekte als kurzdauernde, intensive Emotionen auffasst.

6.2 Wichtige theoretische Ansätze und Konzepte der Emotionspsychologie

Ausgehend von jeweils einzelner dieser Komponenten haben sich relativ eigenständige theoretische Ansätze etabliert, die mehr oder weniger unabhängig voneinander durch in sich stimmige Theorien abgedeckt sind (für einen Überblick siehe Scherer, 1990). Die Bedeutung, die den einzelnen Komponenten zugemessen wird, variiert stark. Das motorische Ausdrucksverhalten, inklusive Gesichtsausdruck, ist beispielsweise für Vertreter einer differentiellen Emotionstheorie (Plutchik, 1962, 1980; Tomkins, 1962, 1963; Izard, 1977, 1981) von grösster Wichtigkeit. In den Ansätzen kognitiv orientierter Forscher hingegen wird die Ausdruckskomponente meist gar nicht erwähnt (Roseman, 1979; Weiner, 1982, 1985), jedenfalls nicht weiter diskutiert (Lazarus, 1982, 1991; Pfeifer, 1982; Ortony, Clore & Collins, 1988; Parkinson & Manstead, 1992).

6.2.1 Die Rolle kognitiver Bewertungsprozesse bei der Auslösung von Emotionen

Unterschiedlich sind nicht nur die Vorstellungen darüber, welche Komponenten zur Definition des Konstrukts Emotion gehören. Ganz besonders kontrovers sind die Meinungen darüber, wie die Zusammenhänge zwischen den Komponenten aussehen. Von speziellem Interesse ist die Frage nach der Rolle kognitiver Bewertungsprozesse bei der Auslösung von Emotionen (vgl. u.a. Clark, 1982; Weiner, 1985; Smith & Ellsworth, 1985; Scherer, 1990; Smith & Pope, 1992). Besondere Berühmtheit hat in diesem Zusammenhang der in mehreren Zeitschriftenartikeln ausgetragene Disput zwischen Zajonc und Lazarus erlangt (z.B. Zajonc, 1980, 1984; Lazarus, 1982, 1984), in welchem die Frage diskutiert wurde, ob kognitive Bewertungsprozesse eine notwendige Voraussetzung für das Entstehen von Emotionen bilden (vgl. auch Leventhal & Scherer, 1987). In den letzten Jahren ist im Hinblick auf diese Thematik die Tendenz zu beobachten, verschiedene Arten von Bewertungsprozessen entsprechend ihrer kognitiven Elaboriertheit zu differenzieren, wie dies Moser bereits 1983 vorschlug. Gemäss Moser finden kognitive Prozesse auf verschiedenen Integrationsebenen statt. Es gibt sog. *low-level*-Prozesse, die quasi automatisch ablaufen (vgl. Arnold, 1960); Moser (1983, S.5) spricht in diesem Zusammenhang von "präattentiven Prozessen". Diesen stellt er sog. *high-level*-Prozesse gegenüber, durch welche die ablaufenden Emotionen identifiziert und benannt werden. Frijda (1993a) differenziert zwischen zwei Stufen der kognitiven Bewertung, nämlich dem emotion-eliciting appraisal, welche eine Emotion per se auslöst und dem Prozess der cognitive elaboration, welcher die Art der emotionalen Reaktion bestimmt. Kognitive Bewertungsprozesse können minimal komplex sein und müssen nicht bewusst wahrgenommen werden. Frijda (1993a) betont weiter, dass die kognitive Komponente des subjektiven Erlebens als Teil der emotionalen Reaktion nicht den appraisal Prozessen entsprechen muss, die zu einer spezifischen Emotion führen. Eine analoge Unterscheidung wird von Lazarus (1991) getroffen, welcher primäre und sekundäre Bewertungsprozesse differenziert, welche zum Auftreten einer spezifischen Emotion führen (S. 827 ff).

Von einer Reihe von Autoren ist versucht worden, die kognitiven Komponenten zu bestimmen, welche die einzelnen Emotionen differenzieren (z.B. Arnold, 1960; Roseman, 1979, 1991; Lazarus, 1982, 1984; Scherer, 1984, 1988, 1993; Weiner, 1985; Leventhal & Scherer, 1987; Ortony, 1988; Ortony, Clore & Collins, 1988; Lazarus & Smith, 1988; Frijda et al., 1992; Frijda, 1993a). So postuliert zum Beispiel Scherer (1984, 1988, 1993) eine Sequenz von Bewertungsschritten, deren Ergebnismuster die Emotionsdifferenzierung bestimmen (sog. Stimulus Evaluation Checks = SECs). Allerdings ist es schwierig, immer genau zwischen Antezedenz, Essenz und Konsequenz zu differenzieren, da Wechselwirkungen zwischen den Teilprozessen wirksam sind (Scherer, 1990).

6.2.2 Kognitive Bewertungsprozesse und physiologische Prozesse

Eine weitere Gruppe von Theorien beschäftigt sich mit der Frage, wie kognitive Bewertungsprozesse und physiologische Prozesse miteinander interagieren (Arnold, 1960; Lazarus, 1968, 1982, 1984; Mandler, 1975; Plutchik, 1980; Clark, 1982; Izard, 1981; Zajonc, 1980, 1984; Bierbaumer & Öhmann, 1993). Damit verknüpft ist die (offene) Frage, ob emotionsspezifische physiologische Muster existieren, oder ob sich Emotionen nur hinsichtlich der Intensität der physiologischen Erregung *(arousal)* unterscheiden (Schachter & Singer, 1962; Ekman, Levenson & Friesen, 1983; Levenson, 1988; Lazarus, 1991; Levenson, Ekman, Heider & Friesen, 1992).

6.2.3 Zum Konzept der Basisemotionen

Ein weiterer aktueller Diskussionspunkt betrifft das Konzept der sog. basic emotions (auch Basis- oder Grundemotionen genannt). Dieses Konstrukt geht auf die theoretischen Vorstellungen von Darwin (1872) und Tomkins (1962/63) zurück. Es wurde insbesondere von Izard (1971, 1977) und Ekman & Friesen (1969a) bzw. Ekman (1972, 1973, 1977) aufgegriffen und nimmt einen zentralen Stellenwert in ihren Emotionstheorien ein. Gemäss Ekman (1992) impliziert dieses Konzept, dass eine Reihe unterschiedlicher Emotionen existiert, welche sich voneinander hinsichtlich verschiedener wichtiger Aspekte unterscheiden. Die phylogenetische Entwicklung spielt dieser Auffassung gemäss eine wichtige Rolle bei der Ausformung der spezifischen Charakteristika und Gemeinsamkeiten, welche diese Emotionen zeigen (Ausdruck, kognitive Bewertung, auslösende Ereignisse, physiologische Muster usw.) sowie hinsichtlich ihrer Funktion. Dieser Position steht zum Beispiel die Auffassung von Ortony & Turner (1990, vgl. auch Ortony & Clore, 1989) gegenüber, welche postulieren, dass diskrete Emotionen als ein Konglomerat (*assembly*) aus einzelnen, spezifischen (kognitiven) Komponenten definiert werden können. Ein wichtiges Argument gegen die "Basisemotionen" bildet für diese Autoren auch der Umstand, dass grosse Uneinigkeit bei den Anhängern dieses Konzepts v.a. darin besteht, welche Emotionen überhaupt zu dieser Kategorie gehören. Diese Kritik ist insofern verständlich, als zum Beispiel von Ekman (1992) die Anzahl der Basisemotionen erst kürzlich von sechs auf zehn erhöht worden ist und sogar noch weitere mögliche "Kandidaten" erwähnt werden, ohne dass ausreichende empirische Evidenz für diese Behauptungen vorgelegt wird.

6.2.4 Zur motivationalen Komponente

In den letzten Jahren hat auch die Beschreibung der motivationalen Komponente von Emotionen an Bedeutung gewonnen. Es wird davon ausgegangen, dass eine Person durch eine bestimmte Emotion in einen spezifischen Zustand der Handlungsbereitschaft versetzt wird, welche sein Verhalten entsprechend organisiert. Campos, Campos & Barrett (1989) postulieren, dass Emotionen die Funktion haben, Verknüpfungen zwischen der internalen und externalen Umgebung eines Individuums herzustellen, wenn solche Zusammenhänge für eine Person bedeutsam sind. Für Frijda (1986b, 1993a) ist die action readiness die zentrale Komponente von Emotion schlechthin. Lazarus (1991) postuliert, dass jede Emotion, welche durch ihr *core relationship theme* und ein typisches appraisal-Muster definiert ist, eine angeborene action tendency umfasst. Gemäss Moser (1989) bündeln die in Episoden gespeicherten Affekte ähnliche Interaktionsrepräsentanzen. Die handlungsorganisierende Funktion von Emotionen wird auch von Ekman (1989) betont: "Emotion terms can be thought of as a kind of shorthand and abbreviated way to refer to a package of events and processes which comprise the phenomenon" (S. 159). Izard (1993) betrachtet die Emotionen als das primäre Motivationssystem und postuliert, dass jeder diskreten Emotion eine bestimmte organisierende Funktion bezüglich Wahrnehmung, Verhalten, Copingstrategien oder Handlungen zukommt.

6.3 Zum aktuellen Stand der empirischen Emotionsforschung

Die Emotionsforschung ist derzeit einer der aktivsten Forschungszweige in der Psychologie und keineswegs mehr das "vernachlässigte" Forschungsgebiet, wie dies Scherer (1981) zu Recht beklagte. Kennzeichnend für die aktuelle Emotionsforschung ist vielmehr eine Vielfalt an Fragestellungen und Forschungsinhalten, mit denen sich Forscherinnen und Forscher aus unterschiedlichen Gebieten der Psychologie mittels einer breiten Palette von Untersuchungsmethoden beschäftigen[2].

Mit der Erforschung von Emotionen befasst sich nicht nur die Allgemeine Psychologie, sondern verschiedene Teilgebiete der Psychologie, etwa die Entwicklungspsychologie, die Klinische Psychologie, die Sozialpsychologie sowie verwandte Disziplinen wie die Psychoanalyse, die Philosophie, die Neuropsychophysiologie, die Psychiatrie oder die Cognitive Science. Diese Forscherinnen und Forscher sind nicht etwa nur "Anwender" des Wissens aus der "klassischen" Emotionsforschung, sondern geben durch ihre spezifischen Untersuchungsmethoden und Erkenntnisse wiederum wichtige Impulse für das Gebiet der Allgemeinen Psychologie. So tragen etwa entwicklungspsychologische Studien dazu bei, besser zu verstehen, welche Rolle Emotionen bei der Persönlichkeitsentwicklung und dem Aufbau von Bezie-

[2] Dieser Trend manifestiert sich u.a. darin, dass an der diesjährigen Jahreskonferenz (1994) der International Society for Research on emotions (ISRE) mehr als 100 Personen teilnehmen, eine Zahl die bisher noch nicht erreicht worden ist.

hungsstrukturen spielen. Durch die Untersuchungen von Affektstörungen in der Klinischen Psychologie konnten u.a. neue Erkenntnisse über den Ablauf emotionaler Regulierungsprozesse in Alltagsinteraktionen gewonnen werden. Umgekehrt können Fortschritte in der Untersuchung normaler Emotionen auch zum besseren Verständnis von Emotionsstörungen und in der Entwicklung neuer Ansätze zu ihrer Therapie genutzt werden (Scherer, 1990).

6.3.1 Forschungsmethoden

Entsprechend der unterschiedlichen Forschungsinteressen sind auch die Untersuchungsmethoden sehr vielfältig. Zur experimentellen Emotionsgenerierung werden zum Beispiel Dias, Videoausschnitte, Roboter oder Computerspiele eingesetzt. In den letzten Jahren werden Emotionen vermehrt auch in sozialen Interaktionsituationen untersucht (zum Beispiel während Interviews, in Streitgesprächen, wenn Mütter mit ihren Kindern spielen usw.), d.h., es wird versucht, der ökologischen Validität der Untersuchungssituation vermehrt Beachtung zu schenken (s. Scherer, 1990; Bänninger-Huber & v. Salisch, 1994). Die Methoden zur Beschreibung emotionaler Reaktionen variieren je nach Emotionskomponente, welche erfasst werden soll. Zur Erfassung der kognitiven Komponente von Emotionen sowie dem subjektiven Erleben werden meist Fragebogen eingesetzt. Neben dem Einsatz in experimentellen Designs werden Fragebogen in den letzten Jahren auch häufiger zur nachträglichen Erfassung von Emotionen verwendet, die in sozialen Situationen aufgetreten sind (z.B. Rimé et al., 1991, 1992; Scherer, Wallbott & Summerfield, 1986; Bänninger-Huber, 1986a). Verschiedene Methoden wie EMG, Messung der Herzfrequenz oder des elektrischen Hautwiderstandes dienen der Erfassung der physiologischen Komponente. Zur Erfassung des (nonverbalen) Ausdrucksverhaltens werden in der Regel Videoaufnahmen hergestellt, welche nachträglich mit entsprechenden Codiersystemen ausgewertet werden (siehe Kap. 8).

Für die Emotionspsychologie an Bedeutung gewonnen haben auch ausgewählte Methoden der Cognitive Science (vgl. dazu auch Schneider, 1993). So werden etwa neuronale Netzwerke konstruiert, welche unterschiedliche Emotionsausdrücke im Gesicht von Robotern differenzieren können (z.B. Kobayashi & Hara, 1993; Kobayashi, Hara, Ikeda & Yamada, 1993). Anhand eines Expertensystems versucht Scherer (1993) seine theoretisch postulierten Schritte der Emotionsgenerierung (SECs) zu modellieren. Teller & Dahl (1986) gehen vom Konzept des Frame (Minsky, 1975) aus, um in von Patienten geschilderten Episoden immer wiederkehrende Ereignisabfolgen erkennbar zu machen. Eine spezifische Frame-Struktur wurde von Lüthy & Widmer (1992) entwickelt, welche Schuldgefühle als Konsequenz von Über-Ich-Konflikten erfasst (vgl. Kap. 17).

6.3.2 Forschungsinhalte

Betrachtet man die Forschungsinhalte in der neueren (empirischen) Literatur, so ist eine Tendenz zu beobachten, einzelne diskrete Emotionen (zum Beispiel Basisemotionen wie Ärger, Freude, Interesse oder strukturelle Emotionen wie Scham, Schuldgefühle oder Neid) genauer unter die Lupe zu nehmen (siehe auch Lewis &

Haviland (1993). Dabei wird oft ein phänomenorientierter Ansatz (vgl. Scherer, 1990) gewählt und versucht, möglichst viele Komponenten einer Emotion zu erfassen und miteinander in Beziehung zu setzen. Vermehrt sind auch sozialpsychologische Konzeptionen zu finden, welche die "Wirkung" bestimmter Emotionen im sozialen Kontext untersuchen (z.B. Hinde, 1985; Fridlund, 1991). Analysiert wird das interaktive Verhalten mit seinen nonverbalen Aspekten, aber auch Bewältigungsmöglichkeiten emotionaler Reaktionen sowie zielgerichtete Handlungen im Kontext der einzelnen Emotionen (zum Beispiel für die Untersuchung von Ärger siehe Bänninger-Huber, Moser & Steiner, 1990; Laux & Weber, 1990; Schwenkmezger & Hodapp, 1993; Weber, 1993; Wallbott, 1993; Lemerise & Dodge, 1993; v. Salisch, 1994, u.a.; für die Untersuchung von Scham z.B. Retzinger, 1985, 1991; Lewis, 1987; Scheff, 1987; Lewis, 1992 u.a.; für die Untersuchung von Ekel z.B. Rozin & Fallon, 1987; Rozin, Haidt & McCauley, 1993).

Weitere Forschungsschwerpunkte liegen gemäss Scherer (1990) auf der Untersuchung von affektiv gestörtem Verhalten (z.B. Krause, 1990) und von individuellen Unterschieden sowie auf interkulturellen Vergleichen (z.B. Scherer, Wallbott & Summerfield, 1986).

Bei vielen dieser Studien wird das nonverbale, insbesondere das mimische Verhalten miteinbezogen. Wie der Zusammenhang zwischen dem Ausdruck von Emotionen und anderen Emotionskomponenten aussieht, ist deshalb von grundlegender Bedeutung. Da diese Thematik auch für meinen Ansatz eine zentrale Rolle spielt, werde ich im folgenden ausführlicher darauf eingehen.

6.4 Emotion und Gesichtsausdruck

Am Zusammenhang zwischen Gesichtsausdruck und Emotionen sind Forscher und Forscherinnen aus den verschiedensten Forschungsbereichen interessiert. Neben Sozialpsychologen und Psychophysiologen beschäftigen sich vermehrt auch Entwicklungspsychologen und Vertreter der klinischen Psychologie mit dieser Thematik. Entsprechend unterschiedlich sind die Fragestellungen und die verwendeten Forschungsmethoden. Dabei ist in den letzten Jahren die Tendenz zu beobachten, bei der Erfassung des mimischen Verhaltens vermehrt objektive Erfassungssysteme anzuwenden, insbesondere das Facial Action Coding System (FACS) von Ekman & Friesen (1978) (vgl. Kap. 7 und 8).

Zentral ist die Frage nach der Funktion des Gesichtsausdrucks. Traditionellerweise wird das mimische Verhalten als Resultat eines "Ausdrucksprozesses" aufgefasst, welches primär intern ablaufende, subjektive Prozesse widerspiegelt. Dieser Forschungstradition gegenüber stehen Ansätze, welche die interaktive Wirkung mimischer Verhaltensweisen betonen. So weisen evolutionsbiologisch orientierte Ansätze in der Nachfolge von Darwin (1872) auf die Signalfunktion des emotionalen Ausdrucksverhaltens hin und sprechen vor allem den negativen Emotionen die Funktion eines evolutionär adaptiven "Frühwarnsystems" zu. Malatesta (1990) postuliert zum Beispiel, dass der Ausdruck von Ärger vor einem kurz bevorstehenden Angriff warnt, während die Darbietung von Trauer Mitgefühl und Pflegeverhalten bei anderen auslösen kann.

Unser Ansatz kombiniert die beiden Aspekte: Emotionen werden als Prozesse aufgefasst, welche sich nicht nur innerhalb einer Person, sondern zwischen zwei oder mehreren Personen abspielen. Das heisst, es gibt eine intrapsychische und eine interaktive Form der Emotionsregulierung, die miteinander auf bestimmte Art und Weise verknüpft sind. Mimische Verhaltensweisen sind nicht nur Ausdruck eines intrapsychischen Zustandes, sondern weisen gleichzeitig eine interaktive Bedeutung auf. Über die expressiv-kommunikative Komponente emotionaler Prozesse wird einem Interaktionspartner signalisiert, welches Verhalten von ihm gewünscht und welches eigene folgen wird (Tomkins, 1975; De Rivera, 1977; Moser, 1983; Frijda, 1986b, 1993; Krause, 1990).

6.5 Die Unterteilung in Encodier-, Decodier- und Interaktionsstudien

In der Vergangenheit haben sich Arbeiten zum emotionalen Ausdrucksverhalten vor allem mit Individuen befasst. Soweit überhaupt zwei (oder mehr) miteinander interagierende Personen untersucht wurden, wurden die Untersuchungen von Austauschprozessen meist auf Prozesse, die sich in solitären Personen abspielen, reduziert. Die Kommunikation von Emotionen wurde aufgespalten in Prozesse der Encodierung von Emotionen von Seiten eines Senders und Prozesse der Decodierung von Emotionen von Seiten eines Empfängers (Bänninger-Huber & v. Salisch, 1994).

Emotionales Ausdrucksverhalten wurde vor allem in Hinblick auf die Frage untersucht, ob und inwiefern es verlässliche Auskünfte über intrapsychische Zustände des Senders liefert. Studien dieser Art, in denen es um das Verhältnis von kognitiver Bewertung, physiologischer Erregung und subjektivem Erleben und deren Einfluss auf das Ausdrucksverhalten geht, werden im weiteren *Encodierstudien* (Abb. 6.1) genannt.

Während die Encodierstudien sich lediglich auf die Prozesse im Sender beziehen, beschränkt sich eine zweite Kategorie von Studien zum emotionalen Ausdrucksverhalten auf den Empfänger. In diesen Untersuchungen, im folgenden *Decodierstudien* genannt, geht es darum, wie das Ausdrucksverhalten eines Senders auf Empfänger wirkt, welcher Eindruck bei ihnen entsteht (Abb. 6.1). Die Decodierung des emotionalen Ausdrucksverhaltens wurde unter dem Stichwort der Personenwahrnehmung und der Eindrucksbildung (Wallbott, 1990) untersucht. Eine Vielzahl von empirischen Untersuchungen hat den Einfluss verschiedener Kontextinformationen auf die Decodierleistung (zusammenfassend in Wallbott, 1990), die Entwicklung der Decodierfähigkeit (z.B. Gnepp, 1989) und den Einfluss von Merkmalen der Decodierer auf ihre Leistung beschrieben (z.B. Camras, Ribordy, Hill, Martino, Spaccarelli & Stefani, 1988). Während bei diesen Studien als "response" meist eine verbale Bezeichnung für den Gesichtsausdruck gefordert wird, wird in entwicklungspsychologischen Studien das Verhalten von Kindern beobachtet. So wird im Paradigma des *social referencing* (vgl. 9.1) untersucht, wie Kleinkinder in vermeintlich gefährlichen Situationen den Gesichtsausdruck ihrer Eltern als Orientierungshilfe benützen, indem sie zu ihren Eltern hinblicken.

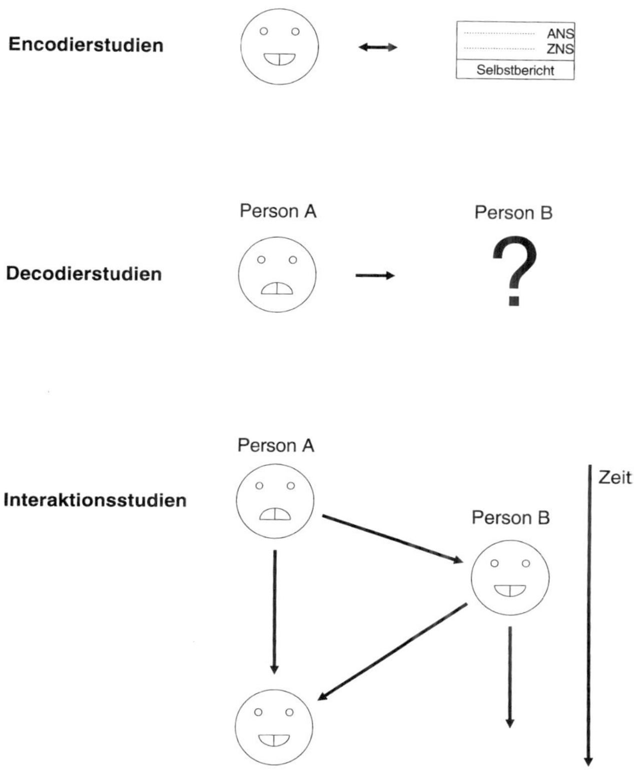

Abbildung 6.1: Die Aufspaltung des Interaktionsprozesses in Encodier-, Decodier- und Interaktionsstudien.

Je nachdem, welchen Gesichtsausdruck die Eltern zeigen, wenden sie sich von der Gefahrenquelle ab oder krabbeln ermutigt weiter. Ein weiteres Beispiel: mit Hilfe des *still-face* Paradigmas wird erforscht, wie ein Säugling darauf reagiert, wenn die Mutter auf seine Bemühungen, sie in einen emotionalen Dialog zu verwickeln, *keine* Antwort zeigt, ihn also mit ausdruckslosem Gesicht anschaut (z.B. Cohn & Tronick, 1983).

Von den Encodier- und Reaktionsstudien, die den Kommunikationsprozess in die jeweils für einen Interaktionspartner relevanten Prozesse aufspalten, besteht ein fliessender Übergang zu den (echten) *Interaktionsstudien* (Abb. 6.1). In diesen Studien ist der Sender auch Empfänger und der Empfänger auch Sender. Die beiden Personen befinden sich in einer face-to-face Interaktion. Im Gegensatz zu den meisten Encodier- und Reaktionsansätzen besteht bei diesen Interaktionsstudien keine experimentell hergestellte Kausalität. Wer "Verursacher" eines Gefühls und wer "Empfänger" eines Gefühls ist, wird in diesem Ansatz, der sich explizit von der Vorstellung einer *stimulus-response* Kette abhebt, nicht experimentell getrennt.

Damit wird es möglich, das Zusammenspiel des mimischen Verhaltens zwischen zwei Interaktionspartnern zu beschreiben und den zeitlichen Verlauf von Gefühlen (zum Beispiel Zunahme oder Abnahme der Intensität oder ihren "Zerfall") in Abhängigkeit vom Verhalten eines Interaktionspartners zu untersuchen.

Empirische Untersuchungen, die von diesem Ansatz ausgehen, gibt es allerdings noch wenige. Nach wie vor wird das mimische Verhalten hauptsächlich in seiner Bedeutung als Ausdruck bestimmter innerer Zustände einer Person untersucht, ohne dass gleichzeitig auch die Effekte dieser Ausdrucksmuster auf die beteiligten Interaktanden berücksichtigt werden.

Entsprechend dem bisherigen Forschungsstand wird im nächsten Kapitel eine Reihe von Fragen aufgegriffen, die weitgehend dem Paradigma der Encodier- bzw. Reaktionsstudien zugeordnet werden können: Welche Informationen liefert der Gesichtsausdruck über Emotionen? Welche zeigen sich auf dem Gesicht? Welche Rolle spielen Kontrollprozesse für den Ausdruck von im Gesicht? Wie hängen subjektives Erleben einer Emotion und Gesichtsausdruck zusammen? Gibt es Emotion ohne Gesichtsausdruck und gibt es Gesichtsausdruck ohne Emotion?

6.6 Der Gesichtsausdruck vermittelt unterschiedliche Informationen

Verschiedene Gesichtssignale liefern verschiedene Informationen. Ekman & Friesen bezeichnen deshalb das Gesicht als multisignal- bzw. multimessage-System. Ekman (1978) unterscheidet vier Arten von Signalen: *Statische*, *langsame*, *schnelle* und *künstliche* Signale. Die *statischen* Signale umfassen relativ stabile Aspekte des Gesichts wie Hautpigmentierung, Gesichtsform, Knochenstruktur, Fettpolster und Lokalisierung der Gesichtszüge. Die *langsamen* Signale basieren auf graduellen Veränderungen im Verlaufe der Zeit. Zu dieser Art von Signalen werden unter anderem Runzeln, Tränensäcke, Veränderungen der Hautbeschaffenheit und der Gesichtsfarbe, die sich infolge von Alterungsprozessen bilden, gerechnet. Zu den *schnellen* Signalen zählen die Innervationen der Gesichtsmuskulatur, die zeitlich befristete Veränderungen des Erscheinungsbildes des Gesichts bewirken. Diese Bewegungen sind mit FACS erfassbar. Im weiteren gehören zu den schnellen Signalen auch Veränderungen des Muskeltonus. Diese sind meist nicht visuell identifizierbar, sondern können nur mittels EMG erfasst werden. Andere schnelle Signale sind u.a. die Veränderungen der Gesichtstemperatur, Schwitzen, Erröten oder Erbleichen. Zu den *künstlichen* Signalen werden Kosmetika, Brillen, Frisuren usw. gerechnet.

Während die statischen und langsamen Signale Informationen über relativ stabile Merkmale der Persönlichkeit liefern, übermitteln die schnellen Signale Informationen über transiente Zustände affektiver und kognitiver Art. Statische und langsame Signale geben Auskunft über biologische Aspekte einer Person (Individualität, Alter, Geschlecht, Attraktivität), ihre Zugehörigkeit zu einer sozialen oder ethnischen Gruppe sowie (stabile) Persönlichkeitseigenschaften (Scherer, 1979). Informationen über den emotionalen Zustand des Senders hingegen werden durch die schnellen Signale übermittelt, insbesondere über die visuell beobachtbaren Bewegungen der Gesichtsmuskulatur.

Gesichtsbewegungen haben neben ihrer Bedeutung für den Ausdruck von Emotionen auch einen engen Zusammenhang mit dem Sprechen, bzw. Zuhören: Gesichtssignale können in Form von Emblemen sprachliche Äusserungen ersetzen oder sie mittels Illustratoren amplifizieren oder modifizieren. Sie signalisieren dem Sprecher, wie seine Äusserungen aufgenommen werden. Hierzu gehören Signale der Aufmerksamkeit, des Verstehens und der Bewertung der Äusserungen. Gesichtsbewegungen sind an der Regulierung des Hörer-Sprecher-Wechsel beteiligt (Dittman, 1972; Duncan, 1972; Kendon, 1972; Duncan & Fiske, 1977). Eine ausgezeichnete Darstellung der Funktionen nonverbaler Verhaltensweisen im Gespräch findet sich bei Scherer (1979).

Neben Emblemen und Illustratoren wird eine weitere Kategorie von Gesichtsbewegungen unterschieden, welche als Adaptoren bezeichnet werden. Adaptoren sind "Selbstberührungen" (Gähnen, Lippen befeuchten, auf die Lippen beissen), welche ohne Kommunikationsabsicht ausgeführt werden. Es wird angenommen, dass diese Aktivitäten einerseits dazu dienen, körperliche Bedürfnisse zu befriedigen (Ekman & Friesen, 1969a), andererseits aber auch Kontrollstrategien emotionaler Prozesse darstellen (siehe unten). Zusammenfassend kann also gesagt werden, dass Gesichtsbewegungen zwar wichtige Informationen über den affektiven Zustand einer Person liefern, das mimische Verhalten jedoch auch andere Funktionen erfüllt.

6.7 Der Gesichtsausdruck liefert Informationen über spezifische Emotionen

Schon seit langem beschäftigen sich die Emotionsforscher mit der Frage, welche Emotionen im Gesicht ausgedrückt, bzw. von einem Empfänger decodiert werden können. Zwei Ansätze, die sich mit dieser Frage beschäftigen, stehen sich gegenüber: Auf der einen Seite wird von Forschern wie beispielsweise Schlosberg (1941) oder Osgood (1966) die Auffassung vertreten, dass Emotionen am besten als Punkte auf einer kontinuierlichen Emotionsdimension, zum Beispiel "pleasant" vs. "unpleasant" beschrieben werden können. Auf der anderen Seite postulieren insbesondere Vertreter der differentiellen Emotionstheorie (z.B. Tomkins, Izard, Ekman), dass das Gesicht nicht nur Informationen über positive und negative emotionale Zustände liefert, sondern dass für eine bestimmte Anzahl diskreter Emotionen spezifische Ausdrucksmuster im Gesicht existieren. Diese Frage ist zentral für die von Ekman und Mitarbeitern entwickelte "neurokulturelle" Theorie der Emotionen (z.B. Ekman & Friesen, 1969a; Ekman, 1972, 1977, 1988, 1989). Die Autoren postulieren in diesem Modell ein internes Affektprogramm, welches neuronal "verdrahtet" ist und die emotionalen Reaktionen steuert. Ein Bewertungsprogramm entscheidet, wann das Affektprogramm ausgelöst wird. Die Hypothese ist, dass das interne Affektprogramm angeboren[3] ist und für die Basisemotionen spezifische

[3] Evidenz für diese Theorie liefert u.a. die Beobachtung von Säuglingen, welche von Geburt an spezifische mimische Ausdrucksmuster zeigen (z.B. Oster, 1978; Izard, 1971, 1979a; Izard & Buechler, 1980; Ekman & Oster, 1982). Unterstützt wird diese Annahme auch

Ausdrucksmuster (v.a. im Gesicht) bereitstellt, welche universell gleich sind. Kulturelle und individuelle Unterschiede im Ausdrucksverhalten, die im Alltag beobachtbar sind, werden auf Affektzeigeregeln (sog. *display rules* zurückgeführt, die den Ausdruck modifizieren (vgl. Abb. 6.2).

Die empirische Untersuchung dieser Problematik, die wie gesagt, schon relativ früh begonnen hat, wurde meist in Form von Decodierstudien angegangen: Verschiedenen Ratern wurden Photos vorgelegt, auf denen Schauspieler verschiedene Gesichtsausdrücke zeigten. Sie wurden entsprechend des zugrundeliegenden Ansatzes aufgefordert, die Gesichtsausdrucksmuster hinsichtlich bestimmter Emotionskategorien, bzw. Dimensionen einzuschätzen. Nach kritischer Durchsicht der relevanten Untersuchungen kamen Ekman, Friesen & Ellsworth (1982) zum Schluss, dass auf der Basis von gestellten Gesichtsausdrücken, die auf Photos abgebildet sind, mindestens die folgenden sechs Emotionskategorien zuverlässig unterschieden werden können: Freude *(happiness)*, Überraschung *(surprise)*, Angst *(fear)*, Ärger *(anger)*, Trauer *(sadness)* und Ekel/Verachtung *(disgust/contempt)*.

Diese Emotionskategorien wurden auch in einer Reihe von interkulturellen Untersuchungen, die im Zusammenhang mit der Frage nach der Universalität von Affektausdrucksmuster im Gesicht durchgeführt wurden, verwendet (Ekman, Sorenson & Friesen, 1969; Ekman & Friesen, 1971; Ekman, 1972, 1973). Aus diesen Arbeiten geht hervor, dass zumindest für die genannten Emotionen diskrete Ausdrucksmuster existieren, die auch dann korrekt eingeschätzt werden, wenn die Encoder und Decoder aus unterschiedlichen Kulturen stammen. Zudem konnten Hinweise dafür gefunden werden, dass Angehörige verschiedener Kulturen (Japaner, Amerikaner) den gleichen Gesichtsausdruck zeigen, wenn sie die genannten Basisemotionen erleben, vorausgesetzt, dass nicht kulturspezifische Affektzeigeregeln interferieren, wie sie üblicherweise in sozialen Situation auftreten (Friesen, 1972, zit. nach Ekman & Oster, 1982, S. 149).

Wieweit auch für andere (Basis-)Emotionen ein universelles Ausdrucksmuster existiert, ist umstritten. Izard (1971) berichtet über universelle Gesichtsausdrucksmuster für Scham und Interesse. Diese Ergebnisse sind allerdings bisher nicht repliziert worden. Ekman & Friesen (1986, 1988) haben in westlichen und nichtwestlichen (alphabetisierten) Kulturen Hinweise auf einen "neuen" universellen Ausdruck von Verachtung (contempt) gefunden. Dieser Befund wurde allerdings von mehreren Autoren angezweifelt und hat eine grössere Kontroverse ausgelöst (siehe Izard & Haynes, 1988; Ekman, & Heider, 1988; Ekman, O'Sullivan & Matsumoto, 1991; Russell, 1991ab).

---

durch die Arbeiten von Eibl-Eibesfeldt (1972, 1979), der einen auch bei nicht-alphabetisierten Kulturen auftretenden, universellen "Augengruss" (auch "Eibl-Eibelsfeldtscher Augengruss" genannt) sowie bei blinden und taubblinden Kindern ebenfalls diskrete mimische Affektausdrücke identifizieren konnte.

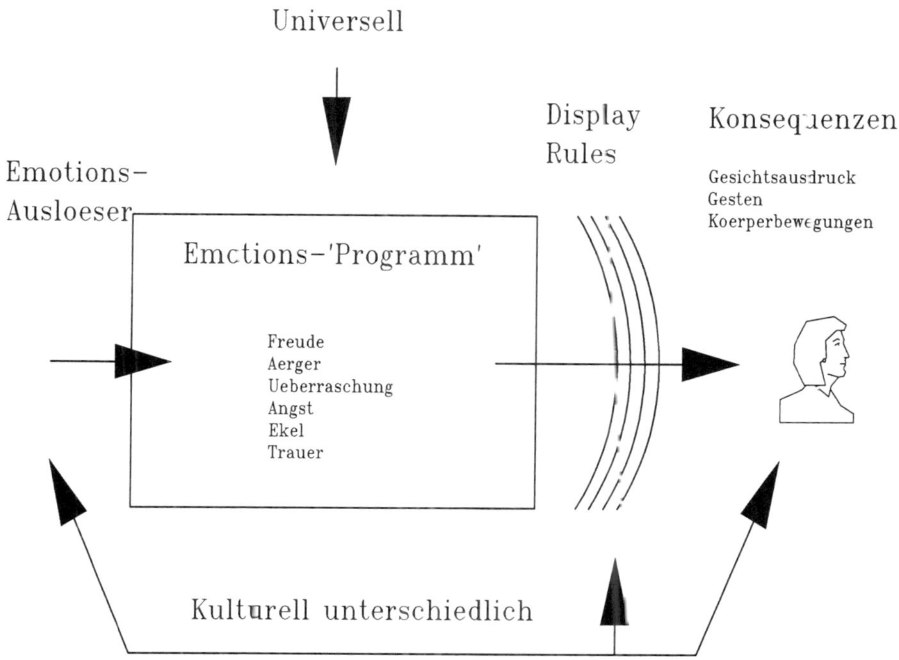

Abbildung 6.2: Das neurokulturelle Modell von Ekman & Friesen (1969a) über den Zusammenhang von Gesichtsausdruck und Emotionen.

Weitere Hinweise für die Existenz diskreter Affektausdrucksmuster liefern Studien, die Veränderungen der Gesichtsmuskelspannung mittels EMG messen (ein Überblick findet sich bei Camras, Holland & Patterson, 1993). Mittels EMG lassen sich zuverlässig positive von negativen Emotionen differenzieren. In angenehmen (pleasant) und erfreulichen (happy) Situationen ist v.a. ein Anstieg der Zygomaticus major (= AU 12) Aktivität zu beobachten, in traurigen (sad), ärgerlichen (angry), angstvollen (fearful) oder allgemein unangenehmen (unpleasant) Situationen eine stärkere Aktivität des Corrugator (= AU 4)(z.B. McHugo, Lanzetta & Bush, 1991; Caccioppo, Bush & Tassinary, 1992; Pope & Smith, 1994). Allerdings scheint die Differenzierung zwischen diskreten negativen Emotionen problematisch zu sein (Wagner, MacDonald & Manstead, 1986).

Die ökologische Validität vieler dieser Untersuchungen ist allerdings beschränkt: Oft bilden Fotos oder Dias die Grundlage für die Decodierung, der zeitliche und situative Kontext eines Gesichtsausdrucks bleibt unberücksichtigt[4]. Zudem wird meist die verbale Bezeichnung für den emotionalen Gesichtsausdruck gefordert, eine Aufgabe, die in wirklichen face-to-face Interaktionen nur sehr selten vor-

[4] Meine Ausführungen beziehen sich auf den Gesichtsausdruck Erwachsener. Für einen Überblick zur ontogenetischen Entwicklung von Affekt und Mimik wird auf die Arbeiten von Malatesta, Culver, Rich Tesman & Shepard (1989), Camras, Malatesta & Izard (1991) sowie Saarni (1993) verwiesen.

kommt, da hier nicht die verbale Benennung des Gefühls des anderen, sondern eine eigene Reaktion erwartet wird (Frijda, 1986a). Ob Versuchspersonen einem dargebotenen Gesichtsausdruck die korrekte Emotion semantisch zuordnen können, sagt nämlich recht wenig darüber aus, ob sie die in den Ausdrucksmustern implizierten Instruktionen und Handlungsbereitschaften (z.B. Frijda, 1986b; De Rivera, 1984; Krause, 1988; 1990) entschlüsseln können, m.a.W. wird in den klassischen Decodierstudien immer nur ein Aspekt des Gesichtsausdrucks erfasst, nämlich das vermutete aktuelle affektive Erleben der abgebildeten Person. Gemäss unserer Auffassung vermittelt ein Affektausdruck aber auch andere Informationen, etwa über das antezedente Ereignis, die Handlungsabsichten einer Person sowie das darauf folgende Verhalten in dieser Situation.

Eine weitere Einschränkung besteht darin, dass diese Bilder in vielen Fällen willkürlich dargestellten mimischen Ausdruck zeigen. Weit weniger Untersuchungen befassen sich mit der Frage, welche Informationen über diskrete Emotionen spontanes mimisches Verhalten liefert. Eine Ausnahme bildet eine Encodierstudie von Ekman, Friesen & Ancoli (1980). Den Vpn wurden Filme gezeigt, von denen aufgrund von vorherigen Untersuchungen anzunehmen war, dass sie entweder positive oder negative Emotionen auslösten. Gleichzeitig wurden die Gesichter der Vpn auf Video aufgezeichnet. Im Anschluss daran füllten die Vpn einen zuvor validierten Fragebogen aus, der das subjektive Erleben von verschiedenen Emotionen auf einer 9-Punkte Skala erfasste. Die Gesichtsbewegungen der Vpn wurden anschliessend mit FACS codiert. Diese Daten wurden in Beziehung gesetzt mit den Angaben über das subjektive Erleben. Die Datenauswertung ergab folgendes: Vpn, die Innervationen des Zygomaticus major (AU 12) zeigten, gaben an, mehr Freude (happiness) erlebt zu haben als diejenigen Vpn, bei denen diese AU nicht auftrat. Je häufiger und länger AU 12 encodiert wurde, desto intensiver war die erlebte Freude. Aufgrund des unterschiedlichen Ausmasses der gezeigten AU 12 konnten Voraussagen darüber gemacht werden, welche der beiden positiven Filme subjektiv mehr Freude ausgelöst hatte. Vpn, die AUs zeigten, von denen angenommen wird, dass sie Indikatoren für negative Emotionen darstellen, berichteten subjektiv, mehr negative Emotionen erlebt zu haben als Vpn, die diese AUs nicht zeigten. Die Quantität des Auftretens dieser AUs konnte in Beziehung gesetzt werden zur erlebten Intensität negativer Emotionen. AUs, die spezifisch für Ekel sind, konnten zusätzlich identifiziert werden.

Weitere Hinweise für die Existenz spezifischer Ausdrucksmuster stammen aus (neueren) Encodierstudien, welche sich mit spontanem Lächelausdruck befassten (siehe Kap. 9). Diese Ergebnisse stützen die Annahme, wonach für bestimmte Emotionen in spontanen Situationen spezifische Ausdrucksmuster existieren. Allerdings muss diese Aussage noch hinsichtlich ihrer Gültigkeit in sozialen Situationen überprüft werden.

6.8 Welche Rolle spielen Kontrollprozesse für den Ausdruck von Emotionen im Gesicht?

6.8.1 Der Gesichtsausdruck wird mittels Affektzeigeregeln kontrolliert

Eine grundlegende Schwierigkeit bei der Untersuchung von Emotionsausdruck besteht darin, dass v.a. Erwachsene in sozialen Situationen ihren Emotionsausdruck mittels Affektzeigeregeln kontrollieren. Affektzeigeregeln sind Regeln, die Aussagen darüber machen, welche Emotionen in welcher Intensität in welchen sozialen Situationen gezeigt werden dürfen. Diese Regeln sind einerseits kulturell determiniert, sie kovariieren jedoch auch mit weiteren Faktoren wie beispielsweise Geschlechtszugehörigkeit und familiärer Herkunft. (Wie sich diese Regeln im mimischen Verhalten manifestieren, wird im nächsten Unterkapitel besprochen.) Das Erlernen von Affektzeigeregeln ist Bestandteil der Affektsozialisierung, welche gemäss Cole (1985) Einfluss auf verschiedene Aspekte der Affektregulierung hat. Ein Kind muss lernen, in welchen Situationen spontaner Ausdruck adäquat ist und wann die regulierte Modifikation eines affektiven Ausdrucks gezeigt werden soll. Diese modifizierten Ausdrucksmuster dienen nicht nur der (intrapsychischen) Affektregulierung, sondern erfüllen auch Funktionen im Hinblick auf die Regulierung von Interaktionen: Sie sind wichtig für die Bewältigung schwieriger Interaktionssituationen, sie können der Selbstdarstellung einer Person dienen und sie sind wichtige Elemente von Spiel und Unterhaltung (zum Beispiel Grimassen schneiden).

Über Entwicklung dieser Affektzeigeregeln ist noch relativ wenig bekannt. Beobachtungen und einige empirische Untersuchungen weisen darauf hin, dass in der frühen Kindheit der Ausdruck von Emotionen noch unkontrolliert abläuft und die Kontrolle erst im Laufe der Entwicklung ausgebildet wird (Saarni, 1979, 1993; Zivin, 1982; Malatesta & Haviland, 1982; Ekman, 1988; Izard 1990). Willentliche Ausdrucksmuster können mit der Zeit besser imitiert und als solche erkannt werden (z.B. Ekman, Roper & Hager, 1980; Cole, 1985).

Als Erklärungsmodelle für den Erwerb von Affektzeigeregeln werden von Cole (1985) u.a. Prozesse des Modellernens, der Imitation und Konditionierungsprozesse genannt. So sind zum Beispiel im ersten Lebensjahr selektive Reaktionen der Mütter auf Lächeln und Weinen beobachtbar, und zwar im Sinne einer grösseren Responsivität der Mütter auf das Lächeln ihrer Säuglinge. Eine Rolle spielen vermutlich auch direkte verbale Anweisungen wie "grosse Buben weinen nicht" oder "ein anständiges Mädchen flucht nicht". Ein weiteres Erklärungsmodell ist das social referencing (siehe 6.5 und 9.1), indem die Mutter ein Modell für die "richtige" Art und Intensität der emotionalen Reaktion in einer bestimmten Situation darstellt.

6.8.2 Kontrollprozesse können identifiziert werden

Die folgenden Techniken, durch die der Gesichtsausdruck manipuliert werden kann, sind von Ekman & Friesen (1975) im Detail beschrieben worden (siehe auch Ekman, 1985)[5].

1. *Qualifizieren*: Einer aktuell erlebten und mimisch encodierten Emotion wird quasi als Kommentar ein zusätzlicher Emotionsausdruck hinzugefügt.

2. *Modulieren*: Die Intensität des gefühlten Affekts wird verändert, d.h. in verstärkter oder abgeschwächter Form dargeboten. Die Intensität kann auf drei Arten moduliert werden: a) Durch die Dauer des Gesichtsausdrucks, b) durch die Anzahl der beteiligten Gesichtsmuskeln (AUs) und c) durch die Ausprägung der Muskelinnervationen[6].

3. *Fälschen:* Unter diesem Begriff werden folgende Techniken subsumiert: a) *simulieren*, b) *neutralisieren* und c) *maskieren*. Von simulieren wird dann gesprochen, wenn ein Affektausdruck gezeigt wird, obwohl keine Emotion erlebt wird. Der Versuch, keinen Affektausdruck zu zeigen, obwohl subjektiv eine Emotion erlebt wird, wird als neutralisieren bezeichnet. Neutralisieren kann auf drei verschiedene Arten geschehen: Man kann sämtliche Gesichtsmuskeln entspannen, das Gesicht zu einem Pokerface "einfrieren" oder den Gesichtsausdruck tarnen, indem man beispielsweise die Hand vor das Gesicht hält oder auf die Lippen beisst. Beim Maskieren wird eine erlebte Emotion durch einen anderen Affektausdruck "überdeckt". Häufig handelt es sich dabei um negative Emotionen, welche mittels eines Lächelns verdeckt werden.

Ekman & Friesen (1975) postulieren, dass Kontrollprozesse des mimischen Ausdrucks anhand von *facial leakage* und *deception clues* (vgl. Ekman & Friesen, 1969b, 1974) von einem Beobachter wahrgenommen werden können. Unter facial leakage verstehen Ekman & Friesen (1975) das nicht intendierte Zeigen eines Gefühls, das man zu verbergen versucht. Signale, die Hinweise dafür liefern, dass ein Kontrollversuch stattfindet, werden deception clues genannt. Sie weisen zwar darauf hin, dass ein Kontrollversuch stattfindet, sagen aber nichts darüber aus, welche Emotion kontrolliert wird.

Versucht beispielsweise jemand seinen Ärger zu neutralisieren, so können bei ungenügender Kontrolle Anzeichen des Ärgers (zum Beispiel AU 4) sichtbar werden (facial leakage). Gelingt die Kontrolle etwas besser, so kann ein "Pokerface" resultieren. Dadurch, dass der Ausdruck steif und hölzern wirkt (deception clue),

[5] Ähnliche Beschreibungen unter Verwendung einer etwas anderen Terminologie stammen von Izard und Mitarbeitern (z.B. Izard, 1971; 1990; Izard & Malatesta, 1984).

[6] Der Prozess der abgeschwächten Darbietung eines Emotionsausdrucks wurde von Tomkins (1962) als *miniaturization* bezeichnet. Die Reduktion der Anzahl der beteiligten Gesichtsmuskeln wird auch "Fragmentierung" genannt (Malatesta & Izard, 1984; Moser, Bänninger-Huber & Steiner, 1989).

kann der Interaktionspartner merken, dass ein Kontrollprozess stattfindet. Hingegen wird er nicht merken, welcher Affekt kontrolliert worden ist.

Ekman & Friesen (1975) vermuten, dass folgende Aspekte des mimischen Verhaltens für die Kontrolle von Emotionen von Bedeutung sind: Morphologie, zeitlicher Verlauf und *micro-expressions*.

Mit Morphologie wird das mimische Erscheinungsbild bezeichnet, das auf kurzfristigen Veränderungen des Gesichtsausdrucks (durch die schnellen Signale, vgl. 6.6) beruht. Die Autoren vermuten, dass insbesondere die Muskeln der Mundregion einer verstärkten Kontrolle unterliegen, weil dem Mund aufgrund seiner Rolle bei der Sprachproduktion vermehrte Aufmerksamkeit geschenkt wird und er zugleich ein wichtiger Ort für den Ausdruck intensiver Emotionen ist (zum Beispiel Schreien bei intensivem Ärger).

Kontrollstrategien können auch einen Einfluss auf den zeitlichen Verlauf eines mimischen Ausdrucks haben: Die Dauer kann zu lange oder zu kurz sein, er kann zu abrupt anfangen (zu kurze Anfangsphase) oder zu abrupt aufhören (zu kurze Schlussphase). Generelle Regeln, wie das timing eines Affektausdrucks verläuft, existieren nicht, vielmehr ist das richtige timing abhängig vom sozialen Kontext, in welchem der Ausdruck auftritt. Hingegen gibt es einzelne Hinweise darauf, wie lange Ausdrucksmuster üblicherweise dauern: "Echte" Affektausdrucksmuster dauern selten länger als 5 Sekunden, sind normalerweise aber kürzer. Für echte Überraschung (surprise) gilt, dass sowohl Anfangsphase als auch Schlussphase der Muskelbewegung (siehe 7.1) nicht länger als 1 Sekunde dauern dürfen (Ekman, 1985). Empirische Untersuchungen zum zeitlichen Verlauf von Affektausdruck wurden v.a. im Kontext der Differenzierung zwischen 'echtem" Lächeln und anderen Formen des Lächelns durchgeführt (siehe Kap. 9).

Eng verknüpft mit dem timing eines Affektausdrucks ist der Aspekt der location, d.h. die Lokalisierung eines Ausdrucks im Verhaltensstrom, beispielsweise in Beziehung zur inhaltlichen Aussage oder im Verhältnis zu anderen nonverbalen Verhaltensweisen. Veränderungen hinsichtlich der Lokalisierung als Folge von Kontrollversuchen können wohl intuitiv erfasst werden, sind bis heute jedoch kaum empirisch untersucht worden.

Hinweise auf den Einsatz der Kontrolltechniken „abschwächen", „neutralisieren" oder „maskieren" können gemäss der Auffassung von Ekman (Ekman & Friesen, 1975; Ekman, 1985, 1993) auch micro-expressions liefern. Micro-expressions sind vollständige emotionale Ausdrucksmuster (Vollausdruck), die zeitlich sehr kurz dargeboten werden (vgl. das Konzept der *micromomentary expressions* von Haggard & Isaacs, 1966). Nach Ekman & Friesen (1975) handelt es sich dabei um reliable Indikatoren für Kontrollprozesse. Kontrollprozesse können jedoch auch stattfinden, ohne dass micro-expressions beobachtbar sind. Weitere Indikatoren für Kontrollprozesse sind gemäss Ekman (1985) die sog. *squelched expressions*. Sie unterscheiden sich von den micro expressions dadurch, dass sie länger dauern und weniger vollständig sind (S. 131). Squelched expressions sind Ausdrucksmuster, welche kurz auf dem Gesicht sichtbar, dann aber abgebrochen und durch einen masking-Prozess abgelöst werden. Das Abbrechen geschieht möglicherweise deshalb, weil der Ausdruck subjektiv wahrgenommen wird. "Reliable"

Muskeln bieten weitere Anhaltspunkte für die Beurteilung, ob Kontrollprozesse stattfinden oder nicht. Es handelt sich dabei um Innervationen, die nur von den wenigsten Personen willkürlich produziert werden können und deshalb nur schlecht für Täuschungsmanöver geeignet sind. Beispiel hierfür ist die AU-Kombination 1+4, die ein Bestandteil des Ausdrucksmusters von Trauer darstellt und nur von 15 Prozent der getesteten Personen willkürlich innerviert werden kann (vgl. Ekman, Roper & Hager, 1980). Gemäss den Angaben dieser Autoren gelang es nur 10 Prozent der beobachteten Personen, eine AU 15 ohne gleichzeitige Innervation von AU 17 zu produzieren. Ein weiteres Beispiel für reliable Muskeln ist die AU-Kombination 1+2+4, ein Element des Angst-Ausdrucks, welche nur von 10 Prozent der Personen willkürlich gezeigt werden konnte.

Eine weitere Informationsquelle für Kontrollprozesse können asymmetrische Ausdrucksmuster bilden. Nach Ekman (1985) sind Asymmetrien beobachtbar, die sowohl auf der linken als auch auf der rechten Gesichtshälfte eine stärkere Ausprägung aufweisen. Stirnrunzeln (AU 4) als Element des Ärgerausdrucks ist häufiger auf der linken Seite intensiver, beim Naserümpfen (AU 9) als Indikator für Ekel (disgust), zeigt sich die stärkere Ausprägung auf der rechten Gesichtshälfte.
Bei einem grossen Teil dieser Aussagen handelt es sich um Hypothesen, die aufgrund mehr oder weniger systematischer Beobachtungen im Zusammenhang mit Untersuchungen zum Täuschungsverhalten (vgl. z.B. Ekman & Friesen, 1974) generiert worden sind. Neuere Hinweise darauf, dass Asymmetrien Indikatoren für Kontrollprozesse liefern, stammen aus Untersuchungen zur Unterscheidung zwischen echtem und anderen Formen des Lächelns (siehe Kap. 9).

Obwohl die Ergebnisse insgesamt darauf schliessen lassen, dass sich spontanes ("echtes") emotionales Verhalten von kontrolliertem Verhalten unterscheiden lässt, besteht eine Einschränkung der Gültigkeit dieser Hypothese darin, dass bis heute hauptsächlich "bewusstes Kontrollverhalten" untersucht worden ist. In den meisten dieser Untersuchungen wurden die Versuchspersonen direkt aufgefordert, einen Affektausdruck vorzutäuschen oder zu verbergen. Die meisten Kontrollprozesse geschehen jedoch nicht bewusst, sondern laufen automatisch ab. Buck (1980) spricht in diesem Zusammenhang von overlearned habits (vgl. auch Ekman & Friesen, 1982b, S. 239). Es ist naheliegend anzunehmen, dass auch bei diesen automatisch ablaufenden Kontrollprozessen die selben leakage- oder deception Phänomene auftreten wie in Täuschungssituationen. Für eine solche "Automatisierung" der Kontrolle sprechen u.a. die Untersuchungen von Fridlund (1991), welche zeigen, dass Modifikationen des Affektausdrucks auch in nicht-sozialen Situationen stattfinden, in der keine bewusste Kontrolle erforderlich ist. Dennoch wären weitere empirische Untersuchungen v.a. des "spontanen" Kontrollverhaltens in sozialen Interaktionssituationen von grosser Wichtigkeit.

6.8.3 Die Kontrolle des Gesichtsausdrucks gelingt selten vollständig

Über die Bedingungen, die dafür verantwortlich sind, dass die Kontrolle eines Affektausdrucks erfolgreich ist, weiss man wenig. Ekman (1984) vermutet lediglich, dass bestimmte soziale Situationen die Unterdrückung erleichtern, beispielsweise wenn man im voraus weiss, dass eine Kontrolle erwartet wird. Auch formuliert er die Hypothese, dass einzelne Emotionen leichter zu unterdrücken sind als andere. Seiner Ansicht nach könnten auch persönlichkeitsspezifische Faktoren eine Rolle in dem Sinn spielen, als es Personen gibt, denen die Kontrolle leichter oder schwerer fällt. Eine zu starke oder zu schwache Kontrollfähigkeit könnte seiner Ansicht nach auch charakteristisch für psychische Störungen sein (vgl. auch Krause, 1981).

Offensichtlich scheint die Kontrolle schwieriger auszuführen zu sein, wenn die Intensität der erlebten Emotion hoch ist. Allerdings wäre es nach Ekman denkbar, dass schwach erlebte Emotionen speziell schwierig zu kontrollieren sind, da diesen vermutlich weniger Aufmerksamkeit geschenkt wird und schwache Emotionen auch weniger ausgeprägten Affektzeigeregeln unterliegen. Es ist jedoch eher selten, dass es gelingt, einen Affektausdruck ganz zu verhindern. Untersuchungen, in denen Vpn aufgefordert worden sind, ihre Emotionen zu verbergen, während sie stressauslösenden Filmen ausgesetzt waren, haben ergeben, dass nur etwa zehn Prozent der Vpn in der Lage waren, jegliches facial leakage zu vermeiden (Ekman, 1984, S. 335).

6.9 Subjektives Erleben einer Emotion und Gesichtsausdruck hängen zusammen

Die zentrale Frage, wie emotionales Erleben und Gesichtsausdruck miteinander interagieren, wird durch eine Reihe theoretischer Modelle beschrieben (Plutchik, 1962; Tomkins, 1962/63; Gellhorn, 1964; Izard, 1971, 1977, 1991, Ekman, 1984). Die Kernannahme, die diesen Modellen zugrunde liegt, ist die sog. *facial feedback-Hypothese*. Sie besagt, dass die Wahrnehmung des eigenen motorisch-expressiven Verhaltens, insbesondere der Muskelbewegungen des Gesichts, die Voraussetzung für das Erleben von Emotionen bildet. Es handelt sich dabei um einen theoretischen Ansatz, der seine Wurzeln in den Arbeiten von James (1890) und Lange (1885/1922) hat. Dieser Ansatz wird in der Literatur meist als "James-Lange-Theorie" zusammengefasst, die vereinfacht besagt, dass die Selbstwahrnehmung bestimmter körperlicher Veränderungen physiologischer und motorisch-expressiver Art, identisch mit dem Erleben einer Emotion ist. Etwas abgeschwächt vertritt auch Darwin (1872, zit. nach Plutchik, 1962, S. 153) diese Ansicht: "Most of our emotions are so closely connected with their expression, that they hardly exist if the body remains passive."

Diese Auffassung wurde in neuerer Zeit besonders von Izard (1971, 1977, 1990) vertreten. Er postuliert, dass die propriozeptive Rückmeldung der Gesichtsmuskelaktivität an bestimmte Gehirnstrukturen eine entscheidende Rolle bei der Auslösung von Emotionen spielt. Trotz des Stellenwerts, den Izard dem Gesichtsausdruck beim Erleben von Emotionen beimisst, räumt er ein, dass Emotionserleben unter bestimmten Umständen auch ohne mimisches Ausdrucksverhalten stattfinden kann, und zwar vor allem dann, wenn jemand willentlich versucht, seinen Ausdruck zu kontrollieren. In einem solchen Fall könnten die bereits erwähnten micromomentary expressions das für subjektives Erleben nötige facial feedback liefern. Verschiedene Untersuchungen haben gezeigt, dass Veränderungen in der

Gesichtsmuskelspannung auftreten, die mittels EMG erfassbar, jedoch im Gesicht nicht beobachtbar sind, wenn sich die Vpn eine emotionsauslösende Situation vorstellen (u.a. Schwartz und Mitarbeiter, 1976ab, 1984).

Interessant ist, dass Ekman, welcher bis anhin ein engagierter Verfechter der facial feedback-Hypothese war, in seinen neueren Arbeiten (1989, 1992ab, 1993) einräumt, dass Emotionen nicht immer von einem Gesichtsausdruck begleitet sein müssen. Dabei unterscheidet er zwischen Emotionen, für die ein universeller Gesichtsausdruck identifiziert werden konnte und anderen Emotionen. Seiner Auffassung gemäss können erstere sich in Form von nicht sichtbaren Ausdrucksmustern manifestieren, die jedoch mittels EMG erfassbar sind. Zudem könnten personenspezifische Unterschiede in dem Sinne bestehen, dass bestimmte Personen weniger "gesichtsaktiv" sind. Weiter gibt es vermutlich Situationen, die mehr oder weniger Gesichtsausdruck hervorrufen. Mimisches Ausdrucksverhalten ist gemäss Ekman (1993) wahrscheinlicher, wenn etwas Dynamisches passiert und das Ereignis abrupt eintritt. Typischerweise sind dies interpersonelle Handlungen (Ekman, 1993, S. 388), im Gegensatz etwa zu erinnerten Emotionen. Für die "nicht-universellen" Emotionen wäre es denkbar, dass sie sich in anderen nonverbalen Verhaltensweisen manifestieren könnten, etwa der Stimme[7], in der Körperhaltung und anderen Verhaltensweisen. Schliesslich räumt Ekman ein, dass Emotionen auch ohne gleichzeitiges Ausdrucksverhalten auftreten können. Dennoch ist es für einen Beobachter möglich, den affektiven Zustand der beobachteten Person aufgrund vergangener Handlungen oder Erwartungen darüber, was adäquat in dieser Situation ist, zu decodieren.

Der Zusammenhang zwischen emotionalem Erleben und Gesichtsausdruck wurde durch eine Reihe verschiedener Untersuchungen empirisch überprüft. Dabei wird zwischen einer weichen und einer strengen Version der facial feedback-Hypothese unterschieden. Die weiche Version postuliert, dass propriozeptives Feedback der Gesichtsmuskulatur und der Hautoberfläche die Intensität des emotionalen Erlebens beeinflusst (Tomkins, 1981). Einer strengen Interpretation der facial feedback-Hypothese entspricht die Annahme, dass ein Gesichtsausdruck genügt, um das entsprechende Gefühl zu erleben, ohne dass ein entsprechender auslösender Stimulus notwendig wäre (Ekman, Levenson & Friesen, 1983; Ekman, 1992).

Beide Versionen der facial feedback-Hypothese konnten durch empirische Hinweise gestützt werden (vgl. z.B. Laird, 1974, 1984; Kleck, Vaughan, Cartwright-Smith, Vaughan, Colby & Lanzetta, 1976; Lanzetta, Cartwright-Smith & Kleck, 1976; Colby, Lanzetta & Kleck, 1977; Izard, 1977; 1991; Zuckermann, Klorman, Larrance & Spiegel, 1981; Ekman, Levenson & Friesen, 1983; Rutledge & Hupka, 1985; Levenson, Ekman & Friesen, 1990). Es existieren aber auch Untersuchungen, die widersprüchliche Ergebnisse lieferten. Hier ist insbesondere das Experiment von Tourangeau & Ellsworth (1979) zu erwähnen, welches eine strenge Version der facial feedback-Hypothese überprüfen wollte und eine grössere Kontroverse auslöste (Hager & Ekman, 1981; Izard, 1981; Tomkins, 1981; Ellsworth &

---

[7] Dabei ist zu beachten, dass gemäss der Theorien von Tomkins (1963) und Ekman (1993) für Emotionen, die einen typischen Gesichtsausdruck aufweisen, auch ein emotionsspezifischer Stimmausdruck existiert.

Tourangeau, 1981, McCaul, Holmes & Solomon, 1982). Den Autoren wurden hauptsächlich methodische Unzulänglichkeiten und falsches Verständnis der theoretischen Aussagen von Tomkins und Izard vorgeworfen. Insbesondere wurde kritisiert, dass sie nicht spontane Ausdrucksmuster untersucht hätten, sondern willkürliche, die von den Versuchspersonen unnatürlich lange auf dem Gesicht gezeigt werden mussten.

Dass bisher kaum spontanes Ausdrucksverhalten in sozialen Interaktionssituationen untersucht worden ist, ist generell als Einschränkung für die Gültigkeit der facial feedback-Hypothese zu werten. Dieser Einwand ist um so gewichtiger, als anzunehmen ist, dass in sozialen Situationen andere affektiven Regulierungsmechanismen als in solitären Situationen wirksam sind.

6.10 Gesichtsausdruck und subjektives Erleben stimmen nicht immer überein

Da der Gesichtsausdruck von einer Person sowohl willkürlich als auch automatisch modifiziert wird, muss die innerliche Empfindung und die auf dem Gesicht gezeigte Emotion nicht notwendigerweise übereinstimmen. Das heisst es gibt Situationen, in denen eine Person zwar eine Emotion erlebt, der Gesichtsausdruck aber nicht nur modifiziert, sondern ganz unterdrückt wird. M. a. W. können Emotionen erlebt werden, ohne dass - auch auf der Ebene von Mikroanalysen - Gesichtsbewegungen wahrgenommen werden können. Ekman (1984, S. 335) nimmt an, dass zwar immer efferente Impulse für ein Gesichtsausdrucksmuster produziert werden, wenn eine Emotion erlebt wird, diese aber unter folgenden Bedingungen nicht zu einem sichtbaren Ausdruck führen müssen: "(a) the arousal is very slight; (b) attempts to inhibibt were very successful; (c) the emotion was called forth by imagining or remembering an event."

Diskrepanzen zwischen dem subjektiven Erleben und dem mimischen Ausdruck können auch deshalb auftreten, weil anzunehmen ist, dass sich nicht alle Affekte unmittelbar im Gesicht ausdrücken. Gemäss der Theorie von Moser (1983, 1985, 1989) lassen sich "kommunikativ-expressive" von sog. "strukturellen" Affekten (zum Beispiel Schuldgefühlen) differenzieren (vgl. auch 12.1). Es wird angenommen, dass diese Emotionskategorien jeweils eine unterschiedliche Rolle in der Affektregulierung spielen. Kommunikativ-expressive Affekte erfüllen eine direkte kommunikative Funktion und sind wichtig für die Beziehungsregulierung in einer sozialen Interaktionssituation. Strukturelle Emotionen hingegen, werden primär als Elemente intrapsychischer Regulierungsprozesse betrachtet. Ontogenetisch betrachtet werden die strukturellen Emotionen einer späteren Stufe der Affektentwicklung zugeordnet, die kognitive Prozesse wie innere Modellbildung und inneres Simulieren voraussetzt. Emotionen können damit vom kommunikativen Verhalten abgekoppelt und primär intrapsychisch prozessiert werden. Aufgrund dieser theoretischen Auffassung nehmen wir deshalb an, dass strukturelle Emotionen auftreten können, ohne dass gleichzeitig Gesichtsbewegungen beobachtbar sind.

Das Vorliegen eines bestimmten Gesichtsausdrucks bietet umgekehrt auch nicht Gewähr dafür, dass die gezeigte Emotion auch tatsächlich erlebt wird. Wie oben beschrieben, kann der Gesichtsausdruck von einer Person mehr oder weniger bewusst eingesetzt werden, um ein bestimmtes soziales Ziel zu erreichen z. B. Aufmerksamkeit zu erregen oder dem Partner ein Lächeln zu entlocken. Aus einer informationspsychologischen Perspektive des Affektkonzepts kann zudem postuliert werden, dass es Affekte gibt, die nicht erlebt werden. Mit Erleben ist die Fähigkeit gemeint, einen bestimmten Affekt bei sich zu identifizieren, was dessen Erfahrung qualitativ oder quantitativ voraussetzt. Moser (1983) bezeichnet diese nicht erlebten Emotionen als *occurrent emotions* (vgl. auch 12.1). Diese spielen als Information im Regulierungsgeschehen zwar eine Rolle, müssen aber nicht automatisch erlebt sein. Hingegen können sie sich im mimischen Verhalten manifestieren und damit interaktiv wirksam werden.

In den meisten Untersuchungen für die Validierung des emotionalen Ausdrucksverhaltens werden jedoch nicht occurrent emotions, sondern erlebte (experienced emotions) und kognitiv benannte (labeled emotions) Emotionen (Moser, 1983, 1985) untersucht, indem die Vpn aufgefordert werden, den in einer Situation bewusst erlebten Affekt verbal zu benennen. Bewusst erlebte Emotionen machen jedoch nur einen Teil des gesamten affektiven Regulierungsgeschehens aus. Dazu kommt, dass Emotionen benannt („gelabelt“) werden können, ohne dass eine affektive Erregung (*emotional arousal*) vorhanden sein muss. Ein Affekt kann allein aufgrund der kognitiven Evaluation des situativen Kontexts benannt werden; aufgrund der Erfahrung weiss man, welche Emotion üblicherweise in einem bestimmten situativen Zusammenhang auftritt, ohne dass man sie erleben muss.

6.11 Zusammenfassung

Die Zusammenhänge zwischen Emotion und Gesichtsausdruck sind komplex. Mimisches Verhalten, Erleben, sprachliche Repräsentation (labeling) und psychophysiologische Masse stimmen nicht auf eine direkte Art und Weise überein. Mimisches Verhalten liefert zwar wichtige Informationen über den affektiven Zustand einer Person, der Gesichtsausdruck erfüllt aber auch andere Funktionen. Dazu kommt, dass sich im visuell beobachtbaren Verhalten nur ein bestimmter Teil des affektiven Geschehens manifestiert. Andererseits bietet die Beobachtung des Gesichtsausdrucks gegenüber der Erfassung der subjektiven Komponente des emotionalen Erlebens den Vorteil, dass damit gerade auch affektive Phänomene erfasst werden können, die der subjektiven Wahrnehmung nicht zugänglich sind, aber dennoch wichtig für die Steuerung einer Interaktion sind.

7. Die Erfassung des Gesichtsausdrucks mit dem Facial Action Coding System (FACS) von Ekman & Friesen (1978)

7.1 Beschreibung des Systems

Generell ist im Bereich der Interaktionsforschung ein Trend zu beobachten, die traditionellen Ratingverfahren durch objektive Messung von Verhaltensweisen zu ersetzen. Die Vorteile einer Messung gegenüber einem Rating oder der Anwendung eines funktionalen Kategoriensystems sind von vielen Autoren ausführlich diskutiert worden (vgl. z.B. Frey & Pool, 1976; Frey, Hirsbrunner, Pool & Daw, 1981; Scherer & Ekman, 1982). In der Gesichtsausdrucksforschung hat sich das von Ekman & Friesen entwickelte Facial Action Coding System (FACS) weltweit etabliert, während andere Erfassungssysteme, wie beispielsweise das von Izard (1979b; vgl. auch Izard & Dougherty, 1982) entwickelte Maximally Discriminative Facial Movement Coding System (MAX) sich nicht in vergleichbarem Ausmass durchsetzen konnten (siehe Bänninger-Huber & v. Salisch, 1994).

FACS ist ein umfassendes Kategoriensystem, welches es alle visuell unterscheidbaren Gesichtsbewegungen erfasst, die reliabel codiert werden können. Die Beobachtungseinheiten sind die Action Units (AUs), welche mit Nummern gekennzeichnet werden. FACS beschränkt sich auf die Erfassung sichtbarer Veränderungen im Gesicht. Veränderungen des Muskeltonus, wie sie zum Beispiel mit dem EMG gemessen werden können, sind nicht erfassbar. Andere mimische Merkmale wie Gesichtsform, Hautbeschaffenheit usw. werden explizit nicht in das System einbezogen. Insgesamt werden 33 AUs differenziert. Eine detaillierte Beschreibung dieser AUs findet sich in Ekman (1988, S. 181-224).

Eine der zentralen Vorteile des Systems ist die Trennung von Deskription und Inferenz. Die Erfassung des mimischen Verhaltens findet unabhängig von einer Bedeutungszuordnung statt. Das Problem, dass Coder beispielsweise Annahmen über Intentionen der Vpn machen müssen, welches bei der Verwendung funktionaler Kategoriensysteme auftritt, entfällt.

Da die mit FACS erfassten mimischen Verhaltensweisen sehr schnell ablaufen können, ist das Auflösungsvermögen des Systems entsprechend hoch. Codiert wird in slow-motion, meist auf eine 1/50 Sekunde genau. Neben der Bestimmung von Anfang und Ende einer AU ist es möglich, die zeitlichen Charakteristika einer Muskelbewegung zu erfassen, welche in Anfangsphase (*onset*), höchste Ausprägung (*apex*) und Schlussphase (*offset*) gegliedert wird. Weiter erfassbar sind die Lateralität einer AU sowie deren Intensität (in mehreren Ausprägungsstufen). Die Interraterreliabilität ist generell sehr hoch (zur Bestimmung siehe z.B. Bänninger-Huber, 1985; Ekman, 1988). Die Erfassung des Gesichtsausdrucks mit FACS ermöglicht also eine differenzierte und objektive Beschreibung des mimischen Verhaltens im zeitlichen Verlauf.

Diesen Vorteilen steht als Nachteil ein enormer Zeitaufwand für die Codierung gegenüber. Dieser variiert je nach Komplexität des mimischen Geschehens. Für die Codierung des mimischen Verhaltens von Stotterern, welches sich durch komplizierte, oft unübliche Gesichtsbewegungen auszeichnet, betrug die durchschnittliche Codierzeit pro Minute etwa fünfzehn Stunden (Bänninger-Huber, 1985). Jost (1988) und Zimmermann (1988) benötigten für die Codierung einer Sequenz von zwanzig Sekunden durchschnittlich sechs Stunden. Gross ist ebenfalls der Aufwand für das Lernen des Codiersystems, welches etwa 100-150 Stunden in Anspruch nimmt: Obwohl insgesamt „nur“ 33 Beobachtungseinheiten unterschieden werden, müssen viele AU-Kombinationen noch zusätzlich gelernt werden, da sich die Veränderungen im Erscheinungsbild der einzelnen AUs oft nicht einfach addieren, sondern zu einer neuen "Gestalt" integriert werden. Zur Überprüfung des Könnens am Ende der Lernphase steht der sog. „FACS-Final-Test“ zur Verfügung, der es erlaubt, die eigenen Codierungen mit Expertencodierungen zu vergleichen. Eine neue Version des FACS-Final-Tests wurde am Psychologischen Institut der Universität Zürich produziert (Bänninger-Huber, Schenker & Thomann, 1989) und die Anweisungen in Zusammenarbeit mit Ekman & Friesen überarbeitet. Dieser Videofilm ermöglicht den verschiedenen Interessenten aus Europa und den USA die Überprüfung ihrer Fertigkeiten.

7.2 Die Affektprädiktionstabellen

Obwohl der Gesichtsausdruck unterschiedliche Funktionen erfüllt, sind die meisten Forscher primär an dessen emotionaler Bedeutung interessiert. Mit der Präsentation des FACS legten Ekman & Friesen (1978) eine Affektprädiktionstabelle mit emotionsspezifischen Ausdrucksmustern als erste Interpretationsgrundlage für FACS-Daten vor (zur Entwicklung siehe unten). In Form von Arbeitshypothesen werden in der dem FACS-Manual (1978) beigefügten Affektprädiktionstabelle spezifische Kombinationen von Action Units folgenden Basisemotionen zugeordnet: Überraschung, Angst, Freude, Trauer, Ekel und Ärger. Die Autoren betonen, dass es sich bei den beschriebenen Ausdrucksmustern nur um einen Teil der tatsächlich auftretenden Affektausdrucksmuster handelt und zwar entweder um prototypische (prototypes) oder häufig auftretende Muster (major variants), für die es ausreichende Anhaltspunkte gibt, dass sie universell auftreten. In der Tabelle nicht enthalten sind selten auftretende Varianten sowie AU-Kombinationen, die Mischungen (blends) von zwei oder mehreren Emotionen entsprechen. Ebenfalls fehlen AU-Kombinationen, die Varianten verschiedener Intensitäten der jeweiligen Emotion repräsentieren (zum Beispiel schwacher Ärger).

Eine erweiterte Version dieser Affektprädiktionstabelle findet sich bei Ekman & Friesen (1982a), die sie in Verbindung mit dem von ihnen entwickelten System zur Erfassung emotionsrelevanter AUs, dem EMFACS (= *EM*otion *FACS*) aufgestellt haben. EMFACS ist eine Variante von FACS, die primär auf AUs fokussiert, die für den Ausdruck von Grundemotionen als relevant erachtet werden. Beschrieben werden ausserdem Mischungen von Grundemotionen (blends), bzw. deren kontrollierte oder maskierte Varianten. Ekman und Friesen (1984a) haben ein Programm entwickelt, welches in einem FACS-Datensatz EMFACS-Codes identifiziert und aus diesen mit Hilfe eines erweiterbaren sog. Emotion Dictionary Vorschläge für Affektinterpretationen generiert. Das Programm steht in einer Version zur Verfügung, die von Wagner (1986) in Saarbrücken entwickelt und von Steiner (1987, 1990) ins Programmpaket FACSER (siehe 11.3) integriert worden ist.

Mit der Zusammenfassung von bestimmten mimischen Ausdrucksmustern zu Emotionen verlässt man die Messebene der Verhaltensbeobachtung. Dies hat einerseits den Vorteil, dass man mit grösseren und konzeptuell plausibleren Kategorien operieren kann. Weil Beobachtung und Inferenz im Kodiersystem getrennt sind, können die zugewiesenen Emotionen auch immer wieder in die dazugehörigen Gesichtsbewegungen "zurückübersetzt" werden. Der Nachteil dieser Aggregation andererseits liegt darin, dass ein Teil der Operationalisierungen noch zu überprüfen ist (vgl. unten). Eine weitere Einschränkung besteht darin, dass es mit EMFACS, im Gegensatz zu FACS, nicht möglich ist, die zeitlichen Verläufe der auftretenden AUs exakt zu beschreiben.

7.3 Probleme der Interpretation von FACS-Daten mittels der Affektprädiktionstabellen

Möchte man diese Affektprädiktionstabellen für die Untersuchung emotionaler Prozesse in psychotherapeutischen Interaktionen verwenden, so stellen sich verschiedene Probleme, welche im folgenden diskutiert werden sollen. Primär stellt sich die Frage, ob die postulierten AU-Kombinationen valide Indikatoren für die beschriebenen Emotionen sind. Um die Validität beurteilen zu können, ist es wichtig zu wissen, wie die Tabelle, bzw. das Emotion Dictionary konstruiert worden sind. Leider werden die Konstruktionsgrundlagen dieser Affektprädiktionstabellen in den Manualen nicht explizit beschrieben. Man kann jedoch annehmen, dass die erste Fassung auf dem sog. Facial Atlas basiert, dessen teilweise Validierung im 1975 erschienen Buch "Unmasking the face" (Ekman & Friesen, 1975, S. 28-31) beschrieben wird. Dessen Konstruktionsgrundlage bilden theoretische Arbeiten von Duchenne (1862), Darwin (1872), Huber, (1931), Plutchik (1962) und insbesondere Tomkins (1962, 1963). Die in diesen Werken enthaltenen Beschreibungen wurden ergänzt und modifiziert durch theoretische und empirische Arbeiten, die im Zusammenhang mit der Frage nach der Universalität des Gesichtsausdrucks durchgeführt worden sind (Ekman, 1972, 1973; Friesen, 1972; Ekman & Friesen, 1971; Ekman, Friesen & Ellsworth, 1972/1982). Die Affektprädiktionstabelle stützt sich zudem auf Arbeiten zur Ontogenese des Affektausdrucks (Oster, 1978; Oster & Ekman, 1978). Diese ursprünglichen Interpretationen wurden im Verlauf der Zeit ergänzt durch Ergebnisse weiterer Untersuchungen (z.B. Ekman, Levenson & Friesen, 1983). Zudem wurden zusätzlich neue Informationen über die Bedeutung von Intensitäten in das Emotion Dictionary integriert. Ekman & Friesen (1982a) betonen, dass noch kein vollständige Evidenz für die Richtigkeit der postulierten Ausdrucksmuster erbracht werden konnte, dass es jedoch eine Reihe von Anhaltspunkten gibt, die für die Adäquatheit der postulierten AU-Kombinationen sprechen (vgl. Kap. 6.7).

Ein zentrales Problem besteht darin, dass die Validität dieser Zuordnungen hinsichtlich des spontanen Ausdrucksverhaltens insbesondere in face-to-face Interaktionen nicht in ausreichendem Mass empirisch überprüft ist. Bei den postulierten mimischen Mustern handelt es sich um in voller Ausprägung dargestellte Affekte, d.h., die Ausdrucksmuster bestehen aus AU-Kombinationen, die das ganze Gesicht betreffen (sog. Vollausdruck). In sozialen Interaktionen treten diese voll ausgeprägten Formen u.a. aufgrund von Affektzeigeregeln (vgl. oben) jedoch sehr selten auf. Meist sind es nur einzelne oder wenige AUs, die gleichzeitig gezeigt werden (vgl. Bänninger-Huber, 1985; Moser, Bänninger-Huber & Steiner, 1989). Ob solche "reduzierten" Kombinationen oder einzelne AUs als valide Indikatoren für bestimmte Emotionen gelten können, ist Gegenstand einiger neuerer Untersuchungen geworden. Da es sich um eine sehr wichtige Thematik handelt, werden diese Studien in einem separaten Kapitel (siehe 7.5) ausführlicher dargestellt und diskutiert.

Im Hinblick auf die Anwendung der Affektprädiktionstabellen für die Untersuchung therapeutischer Interaktionen liegt ein weiteres Problem in der Beschränkung der Beschreibungen auf Basisemotionen. Das heisst, die Affektprädiktionstabellen umfassen nur einen Teil derjenigen Emotionen, die in einem therapeutischen Kontext als wichtig erachtet werden, wie beispielsweise Schuld- oder Schamgefühle. Der Frage, ob und allenfalls welche mimischen Verhaltensweisen für Schuldgefühle typisch sind und sich mittels FACS operationalisieren lassen, wurde in einem in dieser Arbeit beschriebenen Forschungsprojekt nachgegangen (siehe Kap. 16). Denn die Möglichkeit, bestimmten AU-Kombinationen aufgrund neuer Erkenntnisse eine Bedeutung zuzuordnen, bietet das FACS grundsätzlich.

Benützt man für die Interpretation der FACS-Daten ausschliesslich diese Tabellen, so kann ein wesentlicher Teil der FACS-Daten damit nicht interpretiert werden. In einer Untersuchung des mimischen Verhaltens von Schizophrenen in Gesprächen mit Gesunden stellten Steimer-Krause, Krause & Wagner (1990, S. 36) fest, dass 53.6 Prozent der mimischen Ereignisse nicht mit dem EMFACS-Dictionary interpretiert werden konnten. Mehr als die Hälfte dieser nichtinterpretierbaren Beobachtungseinheiten waren Illustratoren des Obergesichts (AUs 1+2,4,7), diese machten 29.3 Prozent der gesamten Ereignisse aus. Die Erfassung von Illustratoren wäre jedoch wichtig, da Illustratoren wichtige Indikatoren für die emotionale Beteiligung in einer Interaktion sind und ihre Reduktion typisch für bestimmte psychische Störungen ist (z.B. Krause, 1981; Steimer, Krause, Sänger-Alt & Wagner, 1988).

Ein andere Schwierigkeit kommt daher, dass eine beträchtliche interindividuelle Variabilität bezüglich des mimischen Ausdrucksverhaltens besteht, d.h. viele mimischen Verhaltensweisen sind personen- oder dyadenspezifisch (vgl. 10.3 und 10.4). Diese interindividuelle Variabilität wird in den Affektprädiktionstabellen aber nicht berücksichtigt.

7.4 Der Einbezug des interaktiven Kontexts ist wichtig für die Emotionsinterpretationen

Ein grundsätzliches theoretisches Problem bei der Anwendung der Affektprädiktionstabellen besteht darin, dass in vielen Arbeiten (implizit) von der Annahme ausgegangen wird, dass die Bedeutung von Gesichtsausdrucksmustern kontextfrei bestimmt werden kann. Diese Vorstellung widerspricht zwar der allgemein anerkannten Theorie, dass für die Dekodierung nonverbaler Signale - dies im Gegensatz zu den meisten sprachlichen Äusserungen - keine verbindlichen Regeln existieren (vgl. z.B. Scherer, 1979). Dennoch scheint erstere Auffassung weit verbreitet zu sein und kommt (indirekt) in der methodischen Vorgehensweise zum Ausdruck, welche am häufigsten in der Untersuchung des mimischen Affektausdrucks in face-to-face Interaktionen zur Anwendung kommt (Bänninger-Huber & v. Salisch, 1994): Das mimische Verhalten eines Individuums wird mit FACS oder EMFACS codiert. Dieses Datenmaterial wird mittels der Affektprädiktionstabellen bestimmten Emotionskategorien zugeordnet. Schliesslich werden die relativen oder absoluten Häufigkeiten, die relative Dauer eines Ausdrucksmusters oder das Vorkommen in einem bestimmten Zeitabschnitt berechnet, und es wird daraus auf das Auftreten oder Erleben spezifischer Affekte geschlossen

Aufgrund eigener Untersuchungen (z.B. Bänninger-Huber, Moser & Steiner, 1990) ist jedoch anzunehmen, dass die Bedeutung eines mimischen Phänomens wesentlich vom interaktiven Kontext abhängt, in welchem es auftritt. Identische Ausdrucksmuster können je nach interaktivem Kontext unterschiedliche Botschaften enthalten: Sie können den intrapsychischen Zustand einer Person spiegeln, ein Urteil über die momentane Beziehung zwischen Sender und Empfänger enthalten, einen Appell an den Sender zu irgendeiner Handlung sein, oder eine Bewertung eines dritten, im gemeinsamen Gespräch erwähnten Gegenstandes beinhalten (Krause, 1990; v. Salisch, 1991). Dabei ist anzunehmen, dass mimisches Verhalten "überdeterminiert" ist, d.h. gleichzeitig mehrere Botschaften enthält, die gesendet werden. Welche dieser Botschaften vom Empfänger entschlüsselt wird, hängt von dessen aktuellem kognitiv-affektiven Zustand und von der Beziehung ab. Welche Botschaft jeweils (primär) empfangen wird, kann indirekt über die darauf folgende Reaktion des Empfängers erschlossen werden. So kann ich in gelöster Stimmung ein maskierendes Lächeln (siehe 9.3), welches sowohl positive als auch negative Signale gleichzeitig enthält, als freundliches Beziehungsangebot interpretieren, und selbst mit einem freundlichen Lächeln reagieren. Bin ich selbst in ärgerlicher Stimmung, so "sehe" ich vor allem die im maskierenden Lächeln enthaltenen negativen Signale und reagiere meinerseits mit einem mimischen oder verbalen Ausdruck von Ärger.

Als besonders wichtig hat sich der Einbezug des interaktiven Kontexts herausgestellt, wenn nur einzelne AUs und kein Vollausdruck interpretiert werden sollen, wie dies bei der Untersuchung von sozialen Interaktionen die Regel ist. In solchen Fällen sind keine eindeutigen Zuordnungen zu bestimmten Emotionskategorien möglich. AU 4 (Stirnrunzeln) beispielsweise ist gemäss der Affektprädiktionstabelle (1978) Bestandteil des Ausdrucks von Ärger, Trauer oder Angst, kann

Element eines Illustrators sein (zum Beispiel 1+4) und die verbale Aussage betonen, oder kann als Regulator Unverständnis signalisieren. Hier kann nur der Kontext als "Entscheidungshilfe" für die Interpretation dienen, wobei grundsätzlich davon ausgegangen werden muss, dass verschiedene Bedeutungen gleichzeitig möglich sind. Es ist deshalb sinnvoll, bei der Interpretation von FACS-Daten verschiedene Bedeutungsmöglichkeiten parallel zu beschreiben.

7.5 FACS-Studien zur Validierung der Affektprädiktionen in face-to-face Interaktionen

FACS-Studien, welche das Ziel verfolgen, die in den Affektprädiktionstabellen beschriebenen AU-Kombinationen hinsichtlich ihrer Gültigkeit für soziale Interaktionssituationen zu überprüfen, sind sehr selten. Dies hat vermutlich damit zu tun, dass die Untersuchung dieser Frage verschiedene theoretische und methodische Probleme mit sich bringt. Das grundsätzliche Problem bei Validierungsstudien besteht darin, dass es aufgrund des oben diskutierten, sehr komplexen Zusammenhangs zwischen Emotion und Ausdruck sehr schwierig ist, ein (Aussen-)kriterium für das Vorliegen einer Emotion zu definieren, welches mit dem entsprechenden mimischen Verhalten in Beziehung gesetzt werden kann. Im folgenden werden verschiedene Studien zusammenfassend dargestellt, die sich mit dieser Problematik befassen. Angewendet wurden verschiedene Untersuchungsstrategien, wobei jede Vorgehensweise gewisse Vor- und Nachteile aufweist.

Eine methodische Strategie besteht darin, möglichst viele Emotionskomponenten (subjektives Erleben, Expertenratings, evt. psychophysiogische Masse) gleichzeitig zu erheben und mit dem FACS-codierten mimischen Verhalten in Beziehung zu setzen. Die interessierenden Emotionen werden experimentell induziert, so dass prinzipiell ein zusätzliches "objektives" Aussenkriterium für das Vorliegen einer Emotion gewonnen werden kann.

Diesen Ansatz verfolgte eine Studie, welche den Ausdruck von Emotionen in einer Interviewsituation untersuchte (Jost, 1988; Zimmermann, 1988; Zimmermann, 1992). Als Untersuchungsmaterial dienten 48 kurze Videoausschnitte aus 24 Einzelinterviews, in denen bestimmte emotionale Zustände (Freude, Trauer, "neutral") durch das Erzählen entsprechender erinnerter Episoden induziert werden sollten. Die Videoausschnitte wurden mit FACS codiert und mittels der in den Affektprädiktionstabellen aufgeführten FACS-Indikatoren ausgewertet. Es zeigte sich, dass die FACS-Indikatoren nur marginal mit den induzierten Emotionen übereinstimmten. Bessere Übereinstimmungen ergaben sich, wenn unabhängige Rater die gleichen Sequenzen einschätzten.

Verschiedene methodische und konzeptuelle Probleme führten zu diesen Ergebnissen. Erstens wurde meines Wissens nicht überprüft, ob die Induktion der Emotionen überhaupt gelungen ist. Zweitens ist es wenig wahrscheinlich, dass über längere Sequenzen hinweg immer und ausschliesslich die gleiche (Haupt-)Emotion aufgetreten ist. Aufgrund unserer Erfahrung und theoretischer Auffassung ist vielmehr anzunehmen, dass Emotionen sehr schnell ablaufen, d.h. unterschiedliche Emotionen innerhalb eines kurzen Zeitraums auftreten. Drittens wurde in dieser

Studie der interaktionsregulierende Aspekt des mimischen Verhaltens, welcher in einem Interview eine wichtige Rolle spielt (zum Beispiel die Enkodierung von Lächeln, um einen freundlichen Eindruck zu machen oder den Interviewer versöhnlich zu stimmen usw.), nicht berücksichtigt. Ebenfalls wurde nicht zwischen redebegleitender Mimik (zum Beispiel Illustratoren) und Affektausdruck unterschieden. Das "schlechte Abschneiden" von FACS im Vergleich zu Ratereinschätzungen ist meines Erachtens wesentlich darauf zurückzuführen, dass ein Rater über den sozialen Kontext verfügt, um zum Beispiel zu entscheiden, ob die auftretenden mimischen Verhaltensweisen eher Ausdruck eines intrapsychischen Zustandes sind, ob sie eine beziehungsregulierende Funktion erfüllen und/oder einen Kommentar zur inhaltlichen Aussage der Vp darstellen. Diese Aspekte werden durch das blosse Auszählen von Häufigkeiten mimischer Indikatoren, wie dies in dieser Studie der Fall war, nicht berücksichtigt (vgl. dazu Bänninger-Huber & v. Salisch, 1994).

Eine Möglichkeit, das Problem der "schlechten Übereinstimmung" zwischen dem subjektiven Erleben und den FACS-Codierungen mit methodischen Mitteln wenigstens teilweise anzugehen, besteht darin, das subjektive Erleben mit der Methode des *video-stimulated recall* differenziert zu erfassen und diese Beschreibungen mit dem FACS-codierten mimischen Verhalten in Beziehung zu setzen. Probanden werden dabei mit der Videoaufzeichnung ihres eigenen Verhaltens während einer Interaktion konfrontiert und geben Auskunft über ihr emotionales Erleben während der auf dem Monitor gezeigten Szenen. Diese Methode bietet gegenüber anderen Formen von Selbstberichten wie Fragebogen oder Interviews den Vorteil (vgl. Harvey, Hendrick & Tucker, 1988), dass präzise zeitliche Zuordnungen zwischen den erlebten Emotionen und dem interaktiven Geschehen auf dem Videoband möglich sind.

So wurde in einer Einzelfallstudie untersucht, ob sich spezifische mimische Muster für bestimmte Emotionen in einer therapieähnlichen Situation identifizieren lassen (Buess & Helbling, 1985; Bänninger-Huber, Buess & Helbling, 1986). Zu diesem Zweck wurde ein psychoanalytisches Erstinterview mit einer freiwilligen, introspektiv begabten Patientin durchgeführt. Das Gespräch wurde auf Video aufgezeichnet, wobei sowohl Ganzkörper- als auch Nahaufnahmen des Gesichts hergestellt wurden. Der video-stimulated recall wurde anhand der Ganzkörperaufnahmen durchgeführt, auf denen der Gesichtsausdruck schlecht erkennbar ist, um eine entsprechende Beeinflussung der Vp zu vermeiden. Neben den Selbstbeschreibungen der Vp wurde das Videoband durch fünf erfahrene Psychotherapeuten hinsichtlich des Auftretens bestimmter Emotionskategorien und Emotionsintensitäten eingeschätzt. Sequenzen, die eine hohe Übereinstimmung zwischen Selbst- und Fremdratings aufwiesen, wurden mit FACS codiert. Es zeigte sich, dass für Freude, Angst und Ärger jeweils mindestens ein für die Vp typisches Ausdrucksmuster identifiziert werden konnte, welche mit in den Affektprädiktionstabellen aufgeführten Varianten kompatibel sind (Freude (7+12 (x or y) (+ 26 or 50); Angst (6 + (26 or 50); Ärger (7 (+ 50)).

Im Rahmen des Paar-Experiments (Moser, Bänninger-Huber & Steiner, 1989) wurde ebenfalls mit der Methode des video-stimulated recall gearbeitet. Die Befragung wurde im Anschluss an das Gespräch über ärgerinduzierende Themen durchgeführt und auf Tonband aufgezeichnet. Sie wurde als "Stopp-Experiment" konzipiert: Die Vpn wurden aufgefordert, das Band stoppen zu lassen, sobald sie sich an ein Gefühl erinnerten, das sie während des Gesprächs erlebt hatten. In eigenen Worten sollten sie dann versuchen, das Gefühl zu beschreiben und die das Gefühl auslösenden Faktoren zu bestimmen sowie mitzuteilen, was ihnen zu der jeweiligen Situation in den Sinn gekommen ist. Die Verbatim-Protokolle der Befragung wurden mittels eines selbst konstruierten Kategoriensystems inhaltsanalytisch ausgewertet. Die unsystematischen Analysen zeigen, dass eine grosse Diskrepanz besteht zwischen den auf einer relativ hohen Abstraktionsebene liegenden Beschreibungen des emotionalen Erlebens der Vpn und dem auf einer Mikroebene ablaufenden mimischen Geschehen. Obwohl als Auslöser für die Stopps hauptsächlich beobachtbare Merkmale herangezogen wurden (es sind v.a. auffällige oder überraschende interaktive Ereignisse wie das Einbringen eines neuen Inhalts, markante Veränderungen in der Sprechdynamik, auffällige mimische Zeichen, Lachen, Neupositionierung der Körperhaltung, usw.), wurden diese beobachtbaren Merkmale selbst vergleichsweise selten als Ausgangspunkt für eine Elaboration des emotionalen Erlebens herangezogen. Als Begründung für ein bestimmtes erlebtes Gefühl wurde vielmehr die Situation elaboriert und dabei oft ein Bezug hergestellt zu ähnlichen Situationen, die mit der Partnerin oder dem Partner schon erlebt worden sind (zum Beispiel "das ist so die übliche "Bünzlinummer", ein Punkt, von dem ich annehme, dass das meine Frau zwar nicht gerade ärgert, aber ein bisschen emotional trifft"). Weitere Beobachtungen über die Art und Weise, wie Affekte dekodiert werden, die bei einem Interaktionspartner beobachtet werden, werden in Kapitel 10 dargestellt.

In einer kürzlich erschienen Arbeit berichten Rosenberg & Ekman (1994) über eine von ihnen entwickelte Prozedur, die ebenfalls auf der Methode des video-stimulated recall basiert. Gemäss den Angaben der Autoren erlaubt die von ihnen weiterentwickelte Methode des sog. *cued-review* eine relativ genaue Zuordnung zwischen Selbstbericht und mimischem Verhalten: Es gelang ihnen einen zeitlichen Zusammenhang zwischen verschiedenen subjektiv erlebten Emotionskategorien und bestimmten Ausdrucksmustern nachzuweisen, der sich bei intensiven Emotionen besonders deutlich zeigte.

Aus diesen Untersuchungen lässt sich ableiten, dass es nützlich (und notwendig) ist, Methoden (weiter) zu entwickeln, die es ermöglichen, das schnell ablaufende, komplexe affektive Geschehen in sozialen Interaktionen differenziert zu beschreiben. Der Einbezug des situativen Kontexts ist dabei von grosser Wichtigkeit.

8. Die Untersuchung des mimischen Verhaltens mit objektiven Erfassungssystemen (FACS, EMFACS, MAX)

8.1 Zu den Forschungsinhalten

Objektive Erfassungssysteme wie FACS, EMFACS oder MAX werden von Forschern und Forscherinnen aus verschiedenen wissenschaftlichen Disziplinen verwendet. Neben Sozialpsychologen und Psychophysiologen beschäftigen sich vermehrt auch Entwicklungspsychologen und Klinische Psychologinnen und Psychologen mit dieser Thematik. Entsprechend unterschiedlich sind die Fragestellungen und die verwendeten Forschungsmethoden (Für einen Überblick über die aktuellen Forschungsinhalte von FACS-Studien im Bereich der Psychologie siehe Kushigian, 1990). Das Spektrum ist breit und umfasst u.a. neuere interkulturelle Untersuchungen des mimischen Ausdrucksverhaltens (z.B. Boucher & Carlson, 1980; Grammer, Schiefenhövel, Schleidt, Lorenz & Eibl-Eibesfeldt, 1988; Grammer,1990), entwicklungspsychologische Arbeiten (z.B. Endres-Oliveira, 1985; Camras, Ribordy, Hill & Martino, 1988; v. Salisch 1991) psychophysiologische Studien, Forschungen zum Ausdruck von Schmerz sowie einige wenige Untersuchungen, die erste Aufschlüsse zur Bedeutung der Mimik für die Regulierung von Interaktionen geben (z.B. Bugenthal, 1986; Gottman & Levensohn, 1986; Bänninger-Huber, Moser & Steiner, 1990; Merten, 1992).

Ein thematischer Schwerpunkt von Forschern, die sich mit mimischem Emotionsausdruck in Therapiesituationen beschäftigen, liegt bei der Evaluierung von Therapieprozessen mittels mimischer Indikatoren. In diesem Ansatz werden theoriegeleitet für eine Störung typische Ausdrucksphänomene formuliert, die sich im Verlauf einer erfolgreichen Therapie verändern müssten. Es handelt sich dabei vorwiegend um Gruppenuntersuchungen, in denen das interaktive Verhalten in Form von Zeitstichproben während Interviewsituationen untersucht wird (z.B. Krause 1981; Ellgring, 1984, 1989b; Bänninger-Huber, 1984, 1985). Diese Vorgehensweise impliziert allerdings verschiedene Nachteile. U.a. bildet eine Interviewsituation nur einen Teil des Verhaltensrepertoires einer Person ab. Zudem wird durch das Ziehen von Zeitstichproben nicht gewährleistet, dass sich in diesen Ausschnitten auch tatsächlich die wichtigen affektiven Ereignisse manifestieren. Bei Gruppenuntersuchungen besteht vielfach auch das Problem, dass sich nicht alle untersuchten Personen zu den gleichen Zeitpunkten entsprechend verändern (vgl. Bänninger-Huber, 1986b). Die Beschreibung individueller Verläufe ist also von grosser Wichtigkeit.

Diese Problematik wurde in einer Einzelfallstudie von Krause und Lütolf (Lütolf, 1981, 1984; Krause & Lütolf, 1989) berücksichtigt. Ausgehend von der Beschreibung der problematischen Struktur eines Patienten, wurden mimische Indikatoren für intrapsychische Veränderungen des Klienten postuliert, die sich in voraussagbarer Weise im Verlauf einer psychoanalytischen Kurztherapie veränderten.

Eine zweite Forschungslinie liegt bei der Erforschung des Zusammenhangs zwischen psychischen Störungen und deren nonverbalem Ausdrucksverhalten. Heute steht vor allem die Frage im Vordergrund, welche Bedeutung nonverbale - speziell mimische Verhaltensweisen - für die Regulierung von Interaktionen im Sinne ubiquitärer Übertragungs- und Gegenübertragungsprozesse haben (Krause, 1984, 1988).

Für einige Störungsgruppen liegen bereits relativ differenzierte empirische Befunde sowie theoretische Modelle über die spezifische affektive Regulierung dieser Personengruppen vor. Folgende Krankheitsbilder wurden studiert: Stotterer (Krause, 1981; Bänninger-Huber, 1984, 1985, 1991; Huber, Frei, Hofmann, Limacher & Ritzmann, 1980); Depressive (Ellgring, 1984, 1989b); Schizophrene (z.B. Steimer-Krause, Sänger-Alt & Wagner, 1988; Ellgring, 1989a; Hufnagel, Steimer-Krause & Krause, 1991); Colitis Patienten (Steimer, Krause & Wagner, 1990); Wirbelsäuleerkrankungen (Steimer, Krause & Wagner, 1990); Esstörungen (Vanger, 1992); Asthmapatienten (Florin, Freudenberger & Holländer, 1985; Marx et al., 1986); Kopfschmerzpatienten (Traue, 1986); Suizidale Patienten (Heller & Lessko, 1990).

Ein weitere (kleinere) Gruppe von Studien untersucht mimische Phänomene wie Lächeln und (andere) bestimmte Affektausdrucksmuster in der psychotherapeutischen Interaktion mit dem Ziel, damit eine Grundlage für das Verständnis psychotherapeutischer Veränderung zu schaffen (z.B. Wicki, 1988, näheres siehe 9.2.6); Bänninger-Huber, 1992; Krause, 1994). Die Arbeit von Heidelberg & Song (1984) beschreibt anhand des mimischen Verhaltens Reaktionen eines Patienten auf Übertragungsdeutungen des Therapeuten. Nelevic und Timmel (1984) gingen der Unterscheidung von defensivem und Verarbeitungsschweigen nach, die in der psychoanalytischen Literatur postuliert wird. Aufgrund eines Modells über die intrapsychische Affektregulierung in diesen beiden Situationen wurde der Verlauf des mimischen Verhaltens eines Patienten in diesen beiden Situationen im Detail vorausgesagt und über eine FACS-Analyse validiert.

8.2 Überblick über die methodischen Ansätze

In einer kürzlich publizierten eigenen Überblicksarbeit (Bänninger-Huber & v. Salisch, 1994) wurden die wichtigsten methodischen Ansätze und die häufigsten Formen der Datenaufbereitung und -auswertung beschrieben, die bei der Untersuchung des Affektausdrucks in face-to-face Interaktionen verwendet werden. Dieser Überblick wird im folgenden ausschnittsweise dargestellt:

8.2.1 Die Auswahl der Untersuchungen

Die Auswahl der Untersuchungen für die Überblicksarbeit orientierte sich an folgenden Punkten:

(1) Das erste Kriterium betrifft die Beobachtungssituation. Einbezogen wurden nur Arbeiten, in denen zwei Personen von Angesicht zu Angesicht miteinander interagieren. Damit sind Untersuchungen ausgeschlossen, in denen eine Person allein ist und sich einen Interaktionspartner vorstellt, solche, in denen die Versuchsperson auf nicht-menschliche Stimuli, wie Filme, Dias oder Fotos reagiert, und solche, in denen sie sich zu einem (posierten) Gesichtsausdruck einer Person verhalten soll, der auf einem Film oder einem Foto abgebildet ist.

(2) Das zweite Kriterium betrifft das Codiersystem zur Erfassung des mimischen Verhaltens. Aufgenommen wurden nur solche Untersuchungen, in denen die objektiven Codiersysteme MAX (Izard, 1979b) oder FACS (Ekman & Friesen, 1978, 1988) oder dessen emotionsbezogene Kurzform EMFACS verwendet wurden. Aus nahmen von dieser Regel wurden nur gemacht, wenn das Ausdrucksverhalten sehr genau, d.h. auf der Ebene von Muskelbewegungen, notiert wurde.

(3) Ferner wurden jene Studien ausgeschlossen, die sich allein mit den vokalen Komponenten der emotionalen face-to-face Interaktion beschäftigen. Ein Überblick über den Ausdruck von Gefühlen über die Stimme findet sich bei Kappas, Hess und Scherer (1991).

Eine Übersicht über die (klinisch) wichtigsten ausgewählten Studien gibt Tabelle 8.1, in welcher die einzelnen Untersuchungen jeweils genauer dargestellt werden[1]. Um die sehr unterschiedlichen Konzeptualisierungen und Formen der Datenerhebung überblickbar zu machen, wurde eine epistemologische Systematik verwendet, die zwei Konzeptebenen (sog. *high-level* und *low-level* Konzepte) und zwei Datenebenen (sog. *high-level* und *low-level* Daten) enthält (die ausführliche Darstellung dieser epistemologischen Systematik findet sich in Kap. 11.4). Neben diesen Datenebenen beschreibt Tabelle 8.1 zusätzlich Art und Anzahl der untersuchten Versuchspersonen, die Beobachtungssituation, das verwendete Codierverfahren sowie die Formen der Datenaufbereitung und -analyse.

8.2.2 Zu den untersuchten Personen

Ausgewählt wurden 63 Studien. Diese stammen hauptsächlich aus der Klinischen Psychologie (inklusive Medizinpsychologie) sowie der Entwicklungspsychologie. In der Sozialpsychologie und der Ethologie wurde das emotionale Ausdrucksverhalten in face-to-face Interaktion dagegen vergleichsweise selten untersucht. Diese Tatsache spiegelte sich auch im Alter der Interaktionspartner: In etwa der Hälfte der Untersuchungen handelt es sich um Interaktionen zwischen zwei Erwachsenen, in

[1] Auf eine vollständige Darstellung muss aus Platzgründen verzichtet werden.

11 Prozent der Studien interagierten eine erwachsene Person und ein Säugling, in weiteren 23 Prozent waren es eine erwachsene Person und ein Kind (über 1 Jahr). Die Interaktion von zwei Kindern wurde in 16 Prozent der Arbeiten beobachtet.

Die Beziehungen zwischen den Interaktionspartnern deckten die ganze Bandbreite zwischen "sehr nah" und "sehr fremd" ab. Etwas weniger als die Hälfte der Studien untersuchte das Ausdrucksverhalten zwischen Personen, die einander fremd waren, sich also vorher nie oder kaum gesehen hatten, die andere Hälfte bezog sich auf zum Teil langdauernde und enge Beziehungen, wie etwa die Mutter-Kind-Beziehung (12 Studien), die Therapeut-Klient-Beziehung (10 Studien), Freundschaft unter Kindern (4 Studien) und Ehe- oder eheähnliche Partnerschaften unter Erwachsenen (4 Studien). Interviews oder Therapien von Patienten mit folgenden Krankheitsbildern wurden studiert: Stottern, Depression, Schizophrenie, Colitis, Wirbelsäulenerkrankungen, Essstörungen, Asthma, Typ-A Persönlichkeit und Neurosen.

8.2.3 Verwendete Codiersysteme

Wie zuvor berichtet, wurden nur solche Studien in den Überblick aufgenommen, in denen das Ausdrucksverhalten "objektiv" erfasst wurde. Über die Hälfte der Studien benutzte hierfür FACS, zum Teil allerdings nur ausgewählte Action Units. Weitere 16 Prozent wurden mit EMFACS codiert. MAX oder AFFEX wurde in 13 Prozent der Untersuchungen angewandt. Neun Untersuchungen (oder 14 Prozent) wurden einbezogen, weil sie Beschreibungen auf der Ebene von Muskelbewegungen lieferten. Die Sprache wurde in etwa einem Fünftel der Studien nicht berücksichtigt. In 33 Prozent wurde "Sprechen" lediglich "on/off" codiert und in weiteren 41 Prozent wurde neben dem Ausdrucksverhalten auch die sprachlichen Inhalte einbezogen. Bei drei Studien war die Zuordnung unklar.

8.2.4 Zur Datenanalyse und Datenaufbereitung

Die Datenanalyse war in der Mehrzahl der untersuchten Studien recht konventionell: Vergleiche zwischen verschiedenen Untersuchungs- bzw. Kontrollgruppen machen mit 54 Prozent der Arbeiten den grössten Anteil aus. Dass analysiert wird, wie eine Person mit zwei verschiedenen Interaktionspartnern umgeht, liegt zwar angesichts der grossen interindividuellen Unterschiede im Ausdrucksverhalten nahe, wurde aber lediglich von 11 Prozent der Studien in Design oder Datenanalyse realisiert. Weitere 12 Prozent der Untersuchungen erforschten die Veränderung des Ausdrucksverhaltens im Längsschnitt oder über mehrere näher beieinander liegende Messzeitpunkte. In 4 Prozent der Fälle war nicht die Person, sondern das Ereignis (zum Beispiel eine Konfliktepisode) die Untersuchungseinheit. Verglichen wurde, wie verschiedene Konstellationen innerhalb dieses Ereignisses mit etwas anderem, hier dem Ausgang des Konfliktes, zusammenhängt. Einzelfälle wurden neun Mal untersucht; einmal wurden die Veränderungen in den emotionalen Gesichtsbewegungen von 12 Säuglingen über mehrere Messzeitpunkte im ersten Lebensjahr beschrieben.

Tabelle 8.1: Ausgewählte Untersuchungen: Beobachtungssituation, Codierverfahren, Datenebenen, -aufbereitung und -analyse, geordnet nach Encodier-, Decodier- und Interaktionsstudien

Encodierstudien

Studie	N	Alter	Beobachtungs-situation	Codier-verfahren	High-Level Daten	Low-Level Daten	Datenauf-aufbereitung	Datenanalyse
Cole (1986)	1.) 60 2.) 20	4-8 Jahre 3-5 Jahre	Erhalt eines enttäuschenden Geschenks	FACS	Positive u. negative Emotionen, Ärger, Ekel, Trauer, Lächeln	AUs	absolute Häufigkeiten	Gruppenvergleich: Alters- u. Geschlechts-gruppen, Versuchs-leiterin anwesend vs. nicht anwesend
Cole, Jenkins & Shott (1989)	24 12 blind 12 sehend	6-13 Jahre	Erhalt eines enttäuschenden Geschenks	FACS	Positive u. negative Emotionen	einzelne AUs	absolute Häufigkeiten	Gruppenvergleich: Blinde vs. sehende Kinder
Lewis, Stanger & Sullivan (1989)	33	ca. 3 Jahre	Kinder haben verbotenerweise Spielzeugzoo ange-schaut: Befragung danach	MAX	ernster Mund, entspannter Mund, Lächeln, Lachen, nervöses Anfassen	Blickrichtung	absolute Häufigkeiten	Gruppenvergleich: Täuschende vs. nicht-täuschende Kinder
Lewis, Stanger, Sullivan & Weiss (1989)	1.) 27 2.) 44	9-24 Mte 22 Monate	Fremder kommt zum Kind, Stimulus-person macht Kompliment, Kind muss vortanzen	MAX u. zusätzliche Kodierungen	Angst, Peinlichkeit, ernstes Gespräch, Weinen	Blickrichtung Handbewegungen	Vorkommen	Gruppenvergleich: Selbst-Entwicklung Fortgeschrittene vs. nicht Fortgeschrittene Altersgruppen, Geschlechtsgruppen
Cole, Barrett & Zahn-Waxler (1992)	45	2-3 Jahre	Missgeschick des Kindes: Clown-Bein fällt ab, Saft verschüttet	FACS u. Zusätze	Freude, Trauer, Ärger, Anspannung, Wiedergutmachung		relative Häufigkeit	Gruppenvergleich: Altersgruppen, mütterlicher Emotons-stil (Depression)

Decodierstudien

Studie	N	Alter	Beobachtungs-situation	Codier-verfahren	High-Level Daten	Low-Level Daten	Datenauf-aufbereitung	Datenanalyse
Haviland & Lelwica (1987)	12	10 Wochen	Gesichtsausdruck der Mutter ist Stimulus f. Kind, Vorgabe: Trauer, Ärger, Freude	MAX	Trauer, Ärger, Freude Interesse, Mischungen	einige AUs, Mundbewegungen, Blickrichtungen (nur Kind Variablen)	absolute Häufigkeit	Sequenzanalyse. Emot. Reaktion der Kinder auf wiederholte Vorgaben der Mütter
Termine & Izard (1988)	36	9 Monate	Mutter posiert Freude u. Trauer, Kind spielt mit Spielzeug	MAX u. AFFEX	Freude, Ärger, Trauer,	Blickrichtung, Spielverhalten Interesse	relative Dauer	Vergleich zwischen verschiedenen Vor-gaben der Mütter

Fortsetzung *Tabelle 8.1:*

Interaktionsstudien

Studie	N	Alter	Beobachtungs-situation	Codier-verfahren	High-Level Daten	Low-Level Daten	Datenauf-aufbereitung	Daten-analyse
Camras (1977)	72 Paare	4,11-6,6 Jahre	Kinderpaare müssen zu zweit mit einem Hamster spielen und entscheiden, wer ihn haben darf	nach Blurton	Aggression		on-offset Episode)	Vorhersage des Ver-bei "aggressivem" vs. nicht-aggressivem Ausdruck des Spielers
Zivin (1977)	49	4-5 Jahre 7-10 Jahre	natürliche Inter-aktion im Klassenzimmer	anatomische Beschreibungen	"plus face"	AUs, Blickrichtung	absolute Häufigkeiten	Gruppenvergleich: Hierarchiegruppen, Alters-gruppen, schlechtes Wetter
Krause (1980)	38	Er-wachsene	politische Diskussionen	FACS u. Frey-System	Grundemotionen	AUs, Adaptoren, Kopf-haltung, Blick-richtung, Körper-position	absolute Häufigkeiten, relative Häufigkeiten, Dauer, Varianz	Gruppenvergleich: Stotterer vs. Nicht-Stotterer
Demos (1982)	12	6-18 Monate	Alltags-situationen zu Hause	genaue Be-schreibungen angelehnt an FACS u. FAST	Grundemotionen, Intensität d. Grund-emotionen, Blends, Lächeln, Lachen, Weinen	AUs, Blickrichtung	relative Häufigkeiten	Längsschnitt über 6 Monate, nur Beschreibungen
Field (1982)	60	4 Monate	3 Min. spontane Interaktion zw. Mutter und Kind	FAST	Trauer, Interesse, Lächeln, Weinen		absolute Häufigkeiten	Gruppenvergleich: Normal- vs. früh-geborene Säuglinge
Heidelberg & Song (1984)	1	Er-wachsener	Psychotherapie, Übertragungs-situation	FACS	Grundemotionen, "verdecken"	AUs, Adaptoren	absolute Häufigkeiten	Einzelfallanalyse
Nelevic & Timmel (1984)	1	Er-wachsener	Psychoanalytische Kurztherapie	FACS	Grundemotionen, Indikatoren für Abwehr	AUs	relative Häufigkeiten, Dauer	Einzelfallanalyse, graphische Verlaufs-analyse
Bänninger-Huber (1985)	13	Er-wachsene	Halbstandardisierte Interviews mit behandelten und nicht-behandelten Stotterern	FACS	Grundemotionen, Reduktion der Augenöffnungen, Lächeln	AUs, Kopfhaltung, Blickrichtung	Dauer, Sequenz, Variabilität, Komplexität	Gruppenvergleich: Verlaufsuntersuchung, Behandelte vs. nicht-behandelte Stotterer

Fortsetzung *Tabelle 8.1:*

Bugental (1986)	96	Kinder: 7-12 Jahre Mütter etwa 34 Jahre	Unstrukturierte Konversation und Spielsituation zw. Müttern und fremden Jungen	FACS	Lächeln		Dauer, on-offset	Gruppenvergleich: Zuschreibung von Fähigkeiten als Eltern, hoch vs. niedrig responsive vs. nicht responsive Kinder
Marx, Zöfel, Linden, Bönner, Franzen & Florin (1986)	36	7,6-12,6 Jahre	Leistungssituation	FACS	Ärger, Trauer, Freude, unspezifische Bewegungen, Mischungen		absolute Häufigkeiten	Gruppenvergleich: Asthmakranke Kinder vs. Kontrollgruppe
Matsumoto, Haan, Yabrove, Theodorou & Carney (1986)	38	4 Jahre	Vereinfachte Version von Prisoner's Dilemma	EMFACS		Lächeln	relative Häufigkeiten, Sequenz	Bedingungsvergleich: Moralisches Handeln je nach vorangehendem Spielzug und Emotionsausdruck
Steiner (1986)	13	Erwachsene	Halbstandardisierte Interviews (Stotterer)	FACS	(Ärger), Lächeln, Lächeltypen	AUs	relative Häufigkeiten, Lateralität bei Lächeltypen	Verlaufsuntersuchung, Gruppenvergleich
Stettner, Ivery & Haynes (1986)	8 Mutter-Sohn-Dyaden	3-5 Jahre	1). Leistungsaufgabe mit Vl 2). Interaktion mit Vl	FACS	Lächeln Lächeltypen	AUs	on-set, off-set apex Varianz	Klassifizierung verschiedener Lächeltypen
Bänninger-Huber & Steiner (1987)	7 Stotterer	Erwachsene	Halbstandardisierte Interviews	FACS	Lächeltypen	AUs	relative Dauer	Vergleich zwischen versch. Lächeltypen
Retzinger (1987)	6	Erwachsene	Interviews über Lebenssituation	Beschreibungen von Izard (1977), FACS	Scham, Lächeln, Ärger-AUs	AUs	absolute Häufigkeiten, Dauer	Gruppenvergleich Lachgruppe vs. Nicht-Lachgruppe
Grammer, Schiefenhövel, Schleidt, Lorenz & Eibl-Eibesfeldt (1988)	255	Erwachsene und Kleinkinder	Eröffnung einer Interaktion (Gespräche)	FACS	Überraschung, Angst, eyebrow flash	Blickrichtung, Augen offen - geschlossen	absolute Häufigkeiten, relative Häufigkeiten, Dauer, Varianz Latenz, on-offset, Sequenz	Gruppenvergleich: Eipo vs. Trobriander vs. Yanomami, Kontext von eyebrow flash
Krause & Lutolf (1988/89)	2	Erwachsene	Psychotherapie (12 Std. Fokaltherapie)	FACS	Grundemotionen Lächeln, Maskierung		Dauer	Einzelfallanalyse, Verlaufsuntersuchung

Fortsetzung *Tabelle 8.1:*

Steimer-Krause, Sänger-Alt & Wagner (1988)	20	Erwach-sene	politische Dis-kussionen zw. Schizophrenen und Gesunden	EMFACS	Grundemotionen, unechte Freude, möglicher Ärger, soziale Signale	AUs	absolute Häufigkeiten, relative Häufigkeiten, Varianz	Gruppenvergleich: Schizophrene vs. Gesunde
Wicki (1988)	2	Er-wachsene	Erste Stunde einer psychoanalytischen Kurztherapie	FACS	Lächeln, Lächeltypen	Blicken, Sprechen, on-off, AU-Kombi-nationen	absolute Häufigkeiten, relative Häufigkeiten, Kontingenzen Übereinstimmung	Einzelfallanalyse
Ellgring (1989a)	54	Er-wachsene	Psychiatrische Interviews; Gespräch Schizophrene mit Angehörigen	FACS	Lächeln	AUs, Blickkontakt	relative Häufigkeiten, Varianz	Gruppenvergleich
Ellgring (1989b)	36	24-66 Jahre	Halbstandardi-sierte klinische Interviews	FACS	Lächeln, mimische Cluster	AUs, Blickrichtung, Gestik	absolute Häufigkeiten, relative Häufigkeiten	Gruppenvergleich, Verlaufsstudie
Bänninger-Huber, Moser & Steiner (1990)	2	Er-wachsene	Ehepartner sprechen mitein-ander über Ärger situationen	FACS	Grundemotionen Lächeln, Lachen, narzisstische Kränkung	AUs, Adaptoren, Kopfhaltung, Blickrichtung,	graph. Verlaufs-analyse	Einzelfallanalyse, theoriegeleitete Inter-pretation affektiver Mikrosequenzen
Chesney, Ekman, Friesen, Black & Hecker (1990)	48	etwa 50 Jahre	strukturiertes Interview (Typ A-Diagnose)	EMFACS	Ekel, Angst, Trauer, Ärger, Verachtung, Lächeln, Anstarren, Zähne u. Lippen zusammenpressen, Brauen hochziehen	AUs, Blickrichtung	relative Häufigkeiten	Gruppenvergleich: Typ A- vs. Typ B-Männer
Grammer (1990)	158	18 Jahre	Wartezimmer-situation	FACS u. Golani (1963)	Lachen	Kopfhaltung, Körperposition	absolute Häufigkeiten, relative Häufigkeiten	Gruppenvergleich
Heller & Lessko (1990)	18	19-62	Psychiatrische Interviews	FACS	Grundemotionen, Repertoire	AUs, Augenpositionen, Lidschläge, Schweigen, körperliches Verhalten	absolute Häufigkeiten	Vergleich von Patienten mit u. ohne wiederholtem Suizid-versuch

Fortsetzung *Tabelle 8.1:*

Steimer-Krause, Krause & Wagner (1990)	80	Erwach-sene	20-minütige politische Diskussionen	EMFACS	Grundemotionen, Illustratoren des Obergesichts	AUs	absolute Häufigkeiten, relative Häufigkeiten	Gruppenvergleich: Schizophrene vs. Psycho-somatiker vs. Gesunde
Hufnagel, Steimer-Krause & Krause (1991)	10 Paare	Er-wachsene	politische Diskussion	EMFACS	Wut, Verachtung, Ekel, Angst, Trauer, Überraschung, Freude		Übereinstimmung beider Partner	Gruppenvergleich: Schizophrene vs. Gesprächspartner vs. Kontrollgruppe
von Salisch (1991)	40	10-12 Jahre	Kinder spielen mit einem defekten Computerspiel	EMFACS u. Zusätze	Verachtung, Ekel, Angst, Trauer, Ärger, Über-raschung, Anspannung, Mischungen, Lächeln	Adaptoren	relative Häufigkeiten, Sequenzen bei Dyaden	Gruppenvergleich: Lose vs. mittelenge vs. sehr enge Freunde. Mädchen vs. Jungen
Schneider & Josephs (1991)	19	3-6 Jahre	Geschicklich-keitsspiel	FACS	Lächeln	AUs, Blickrichtung, Köperbewegung	relative Häufigkeiten, on-off-set, Dauer	Vergleich unter-schiedlicher Spiel-situationen
Bänninger-Huber & Steiner (1992)	1 Paar	Erwach-sene	Gespräch über Ärger-situationen	FACS	Basisemotionen, Scham, Lachen, Lächeltypen	AUs, Kopfpositionen, Blickrichtung Adaptoren,	graph. Verlaufs-analyse u. theorie-gleitete Interpre-tation affektiver Mikrosequenzen	Einzelfall-analyse
Merten (1992)	40	Er-wachsene	politische Diskussionen	EMFACS	Grundemotionen	Blicken, Kopf-Körperpositionen, Sprechen on/off	relative Häufigkeiten	Zusammenhänge zw. verschiedenen non-verbalen Kanälen: Vergleich zw. Schizophrenen und "gesunden" Dyaden
Schneider (1992)	19	3,5 -5 Jahre	Leistungsspiele für Kinder	FACS	Lächeln	Ausgewählte AUs, Blick, Sprechen	relative Häufigkeiten	Bedingungsvergleich: Soziale vs. nicht-soziale Situation, unterschiedliche Spiele, Erfolg vs. Misserfolg
Zimmermann (1992)	24	20-30 Jahre	Erzählungen über erinnerte Emotionen	FACS EMFACS	Grundemotionen	AUs	absolute und relative Häufig-keiten, Dauer	Vergleich zw. Emotionen und Ratings
von Salisch (1993)	40	10-12 Jahre	defektes Computerspiel	EMFACS u. Zusätze	Verachtung, Ekel, Angst, Trauer, Ärger, Über-raschung, Anspannung, Mischungen	Adaptoren	Übereinstimmung beider Partner	Gruppenvergleich: Lose vs. enge Freunde

Die überwiegende Mehrzahl der 63 Untersuchungen wertet das emotionale Ausdrucksverhalten individuenbezogen aus (vgl. Tab. 8.2). Dyadenbezogene Formen der Datenaufbereitung finden sich lediglich bei Field (1982) (Sequenzen), Hufnagel, Steimer-Krause und Krause (1991) (Übereinstimmung), Krause & Lütolf (1988/89) (Korrelation, Übereinstimmung), Malatesta und Haviland (1982) (Sequenzen, Übereinstimmung), Matsumoto et al. (1986) (Sequenzen), Merten (1992) (Sequenzen), Moser, Bänninger-Huber & Steiner (1989) (Sequenzen, Kontingenztafeln, Korrelation, Übereinstimmung), v. Salisch (1991) (Sequenzen), v. Salisch, (1993) (Übereinstimmung), Wicki (1988) (Synchronie, Sequenz, Übereinstimmung).

Die Studie von Hufnagel, Steimer-Krause und Krauses (1991) ist ein Beispiel für Design und Auswertung einer "echten" Interaktionsstudie, in der das Verhalten der Dyade im Mittelpunkt der Untersuchung steht. Mit Hilfe von psychoanalytischen Modellvorstellungen erforschten die Autorinnen und Autoren, wie sich Schizophrene und ihre gesunden Gesprächspartner in ihrem emotionalen Erleben und Ausdrucksverhalten gegenseitig beeinflussen. Bei dieser Studie ging es sowohl um den Zusammenhang zwischen intrapsychischem Erleben und Ausdrucksverhalten eines Individuums, als auch um die Vorhersage von Erleben und Ausdruck des einen Partners durch den anderen. Eine Hypothese lautet etwa, dass Schizophrene dazu neigen, negative Gefühle des Partners auf sich zu beziehen und daher ein besonders hoher Zusammenhang zwischen dem Erleben des Schizophrenen und dem Emotionsausdruck seines gesunden Partners besteht. Die Datenanalyse beruht auf Regressionsanalysen, die angeben, wie sehr das Erleben des einen Partners in Abhängigkeit des Ausdrucksverhaltens des anderen vorhergesagt werden kann, präziser: Wieviel Prozent der Varianz im Erleben des einen durch das Verhalten des anderen aufgeklärt werden kann. Bei dieser Art der Datenauswertung lassen sich sehr subtile Hypothesen über den Zusammenhang von emotionalem Erleben und Verhalten in einer Gesprächssituation untersuchen.

Mikroanalysen über die Zeitstruktur des emotionalen Ausdrucksverhaltens bei Einzelpersonen sind recht selten zu finden. Lediglich Grammer, Schiefenhövel, Schleidt, Lorenz & Eibl-Eibesfeldt (1988) stellen eine Studie zu diesem Thema vor. Sie untersuchten bei drei verschiedenen Naturvölkern, in welchem Kontext der Augenbrauengruss auftrat, genauer welche anderen emotionalen Ausdrucksformen direkt vor, während und nach einem solchen Begrüssungszeichen auftraten. Bavelas, Black, Lemery und Mullet (1986) studierten, ob Versuchpersonen mimische Anzeichen von Schmerz imitieren, die ein Verbündeter des Versuchsleiters zeigt, dem angeblich ein Fernsehgerät auf den Fuss fällt. Weiterhin wird gefragt, ob die Schmerzzeichen der Versuchspersonen über einen bestimmten Zeitraum an Intensität zunehmen, abnehmen oder gleich bleiben. Ein Intensitätsanstieg lag dann vor, wenn im Laufe dieser Zeit mehr Komponenten eines vollen Schmerzausdrucks gezeigt wurden. Dieses Verfahren, die Intensität einer Ausdrucksform danach einzuteilen, wieviele seiner Bestandteile realisiert werden, ist interessant, aber nur für die Untersuchung von Emotionen denkbar, von denen es nur eine Variante des Vollausdrucks gibt. Trotz dieser Beispiele bleibt der Eindruck bestehen, dass die meisten Studien den in den Ausdrucksdaten steckenden Reichtum keinesfalls ausnutzen.

Wie in Tabelle 8.2 ersichtlich, wurden auf der Ebene der high-level Daten in der Hauptsache die Grundemotionen Glück/Freude, Überraschung, Ärger, Trauer, Angst, Ekel und Verachtung studiert, meist allerdings nicht alle Affekte, sondern jeweils nur eine Auswahl daraus. Dass so häufig Grundaffekte untersucht werden, liegt wahrscheinlich zum einen daran, dass die Grundemotionen sprachliche Kategorien sind, die auf zentrale theoretische Konzepte verweisen. Zum anderen liegen mit den FACS- und EMFACS-Emotionsinterpretationstabellen handliche Operationalisierungen der entsprechenden low-level Daten vor.

In den meisten Interaktionssituationen ist das Lächeln die häufigste Ausdrucksbewegung. Lächeln wird denn auch in mehr als der Hälfte der Studien untersucht, zum Teil als Indikator für die Basisemotion "Glück/Freude", zum Teil im Hinblick auf dessen weitere Funktionen. Eine Reihe von Untersuchungen unterscheidet innerhalb der Kategorie "Lächeln" verschiedene Lächeltypen: Einige Autoren differenzieren zwischen verschiedenen Arten des Lächelns, die sich in ihrem mimischen Erscheinungsbild unterscheiden (z.B. Bänninger-Huber, 1985; Ekman, 1985; Steiner, 1986; Bänninger-Huber & Steiner, 1987; Wicki, 1988; v. Salisch, 1991), andere beschäftigen sich mit der Lateralität, also der gleichen oder ungleichen Ausprägung des Lächelns auf den beiden Gesichtshälften und wieder andere spezifizieren unterschiedliche zeitliche Verlaufsformen des Lächelns (Bugental, 1986; Stettner, Ivery & Haynes, 1986).

In einer Reihe von Untersuchungen wurden neben den Grundemotionen auch andere Gefühle oder gefühlsähnliche Zustände operationalisiert. Klinisch relevant sind die Ausdrucksformen von Scham und/oder Peinlichkeit, die in fünf Studien (Retzinger, 1987; Lewis, Stanger & Sullivan, 1989; Lewis, Sullivan, Stanger & Weiss, 1989; Bänninger-Huber & Steiner, 1992; Lewis, Alessandri & Sullivan, 1992) untersucht wurden, sowie die Zeichen der Anspannung, die bei Cole, Barrett und Zahn-Waxler (1992), Saarni (1984) und v. Salisch (1991) systematisch beobachtet wurden. In allen Studien, die mit MAX arbeiteten, wurde auch die Emotion "Interesse" erfasst, weil dafür im Codiersystem eine Operationalisierung zur Verfügung steht. Mischungen zwischen den Ausdrucksformen verschiedener Emotionen (*blends*) wurden in fünf Studien (Demos, 1982; Haviland & Lelwica, 1987; Ellgring, 1989b; Chesney, Ekman, Friesen, Black & Hecker, 1990; v. Salisch, 1991), also relativ selten untersucht. Maskierungen wurden von Krause und Lütolf (1988, 1989) operationalisiert. In Einzelfallstudien an Psychotherapiepatienten wurden high-level Daten zu "Abwehr" (Nelevic & Timmel, 1984) und "Verdecken" (Heidelberg & Song, 1984) definiert.

Betrachtet man die Ebene der low-level Daten, so zeigt sich, dass nur selten alle codierbaren Muskelbewegungen des Gesichts erfasst wurden, sondern nur einzelne, für eine bestimmte Fragestellung ausgewählte AUs. In recht vielen Studien wurden neben der Mimik weitere nonverbale Kanäle erfasst, insbesondere Kopfhaltung, Körperbewegungen, Adaptoren sowie Blickrichtung.

Tabelle 8.2: Ausgewählte Untersuchungen: Datenaufbereitung und erhobene Variablen

	Individuenbezogene Auswertung							Dyadenbezogene Auswertung	
High-level Daten	abs. Häufigk.	relat. Häufigk.	Dauer	Vork. on-off	Folge in Person	Latenz	Lateral.	Sequenz Kontingenz	Korrelation Übereinst.
Grundaffekte z.B. Ärger, Angst, Trauer, Freude, Ekel	15	23	11	1	1	1		5	4
Zusatzaffekte									
Interesse	2	2	1						
Scham, Peinlichkeit	1	1	2	2				1	1
Anspannung		3						1	
Blends		2	1						
Embleme		2							
anderes	7	8	4	2	3	1			1
Lächeln/Lachen	11	20	14	1	4	3	1	5	3
Low-level Daten									
AUs alle	10	8	7						
AUs ausgewählte	8	8	1	1		1		1	1
Adaptoren	4	5	4		1			1	1
Kopfhaltung	4	3	5	1	1			1	1
Blick(-richtung)	6	10	6	1	1			1	
Körperbew./-posit.	4	4	2	1				1	
Globales Mass (Aktiv./Repertoire)				8					
anderes	1	3			1				

N = 63 (z.T. Mehrfachnennungen)

8.2.5 Schlussfolgerungen

Nur bei wenigen der bearbeiteten Untersuchungen handelt es sich um Interaktionsstudien im engeren Sinn, d.h., das mimische Verhalten wird nur selten unter Berücksichtigung des zeitlichen Verlaufs beobachtet und/oder im Kontext des interaktiven Geschehens beschrieben. Generell werden wenig dyadenbezogene Auswertungsverfahren benützt und es ist eine Tendenz zur Verwendung einfacher (statistischer) Auswertungsverfahren (Häufigkeiten, Dauer, Vorkommen einzelner mimischer Variablen) festzustellen.

Weiter fällt eine Kluft zwischen theoretischen Konzepten einerseits, und deren Beobachtung in face-to-face Interaktionen andererseits auf. Auf der einen Seite formulieren verschiedene Autoren differenzierte theoretische Modelle über emotionale und interaktive Prozesse auf der Ebene der high- oder low-level Konzepte (z.B. Frijda, 1986b; Moser, 1983, 1985; Scherer, 1984, 1988), eine emipirische Abstützung der formulierten Modellvorstellungen anhand von systematischen Beobachtungen des mimischen Ausdrucksverhaltens fehlt jedoch weitgehend. Auf der anderen Seite werden von empirischen Forscherinnen und Forschern mimische Verhaltensweisen untersucht, eine Einbettung der Beobachtungen in abstraktere theoretische Modelle über affektive Prozesse wird aber sehr selten vorgenommen. Dadurch entsteht das Problem, dass zwar eine grosse Menge exakt codiertes Datenmaterial vorliegt, dessen Bedeutung im Hinblick auf affektive Prozesse jedoch nur ansatzweise verstanden werden kann.

FACS und MAX stellen Werkzeuge zur Verfügung, die für die genaue Erfassung des mimischen Ausdrucksverhaltens nötig sind. Ein Problem ist, dass der Verhaltensstrom viele Ausdrucksmuster enthält, deren Verknüpfung mit interaktiven Prozessen bislang noch unbekannt ist. Theoretische Konzepte helfen dabei, aus den sich hier leicht auftürmenden Datenbergen[2] diejenigen Phänomene zu herauszuarbeiten, die für die emotionale Kommunikation von Bedeutung sind. Fruchtbar wird diese Forschung dann, wenn "top-down Prozesse" der Operationalisierung vorgegebenener theoretischer Konzepte mit "bottom-up Prozessen" der genauen Verhaltensbeobachtung und -beschreibung zusammen treffen.

---

[2] Eine automatische Erfassung der Gesichtsmimik per Computer (z.B. Kaiser & Wehrle, 1992), die vielleicht in einigen Jahren möglich sein wird, verschärft dieses Problem, da der vergleichsweise geringere Aufwand die Kodierung längerer Abschnitte erlaubt. Erfahrungsgemäß ist es aber äußerst schwierig, FACS- oder MAX-Daten ohne Einbezug von theoretischen Modellvorstellungen ("bottom-up") zu interpretieren.

9. Lächeln und Lachen

Lächeln und Lachen sind nonverbale Phänomene, welche eine wichtige Rolle für die Etablierung und Aufrechterhaltung einer affektiven Bindung zwischen Personen (vgl. den Begriff der affective relatedness von v. Zeppelin & Moser, 1987) spielen. Lächeln wird operationalisiert (im Sinne einer Verknüpfung von high-level mit low-level Daten) als eine beobachtbare Innervation des Zygomaticus major Muskels (AU 12). Lächeln und Lachen sind insofern miteinander verwandt, als das Lachen wie das Lächeln in den meisten Fällen mit einer Zygomaticus major Innervation einhergeht, die beim Lachen zusätzlich von einer spezifischen Lautäusserung begleitet wird. So ist es nicht verwunderlich, dass Lächeln und Lachen im Alltag oft nicht unterschieden werden. Vielmehr wird Lachen als das gleiche mimische Phänomen mit grösserer Intensität des Ausdrucks aufgefasst. Diese Ansicht hat auch Darwin (1872) vertreten, der das Lachen und Lächeln wie folgt beschreibt: "Es lässt sich eine abgestufte Reihe verfolgen von heftigem zu mässigem Lachen, zu einem breiten Lächeln, zu einem sanften Lächeln und zum Ausdruck bloss vergnügter Stimmung (S. 210). "Zwischen einem leisen Lachen und einem breiten Lächeln ist kaum irgendwelcher Unterschied, ausgenommen dass beim Lächeln kein wiederholter Laut ausgestossen wird, ..." (S. 212). Inzwischen gibt es einige empirische Evidenz dafür, dass Lächeln und Lachen unterschiedliche Funktionen im Hinblick auf die affektive Regulierung erfüllen (z.B. Frijda, 1986). Lächeln und Lachen werden deshalb im folgenden getrennt behandelt.

Lächeln

Lächeln ist eines der wichtigsten und häufigsten mimischen Phänomene der zwischenmenschlichen Kommunikation. Lächeln ist nicht nur Ausdruck von Freude, sondern ein sehr wirkungsvolles soziales Signal, welches das interaktive Verhalten steuert. Lächeln kann in der Affektregulierung verschiedene Funktionen gleichzeitig erfüllen und ist besonders wichtig bei der Entstehung und Aufrechterhaltung einer affektiven Bindung zwischen zwei oder mehreren Personen. Besonders bedeutsam ist Lächeln natürlich auch in frühen Pflegeperson-Kind-Interaktionen, da in dieser Phase das nonverbale Verhalten (vokal und nonvokal) die einzige Form der Kommunikation ist. Entsprechend ist das Lächeln schon früh Untersuchungsgegenstand der Entwicklungspsychologie geworden. In den letzten Jahren wurde die Rolle des Lächelns vermehrt auch in Interaktionen zwischen Erwachsenen untersucht. Während in älteren Untersuchungen das Lächeln kaum differenziert erfasst wurde, ist jüngerer Zeit die Tendenz festzustellen, präzisere Erfassungssysteme zu verwenden und verschiedene Formen von Lächeln zu definieren.

In diesem Kapitel befasst sich ein einleitender Abschnitt mit der Frage, welche Funktionen Lächeln in face-to-face-Interaktionen erfüllen kann. In einem zweiten Abschnitt werden Studien dargestellt, welche mimisches Verhalten (Lächeln) mittels objektiver Codiersysteme erfassen und verschiedene Arten von Lächeln (sog. Lächeltypen) differenzieren. Weiter werden Funktion und Erscheinungsbild ausgewählter Lächeltypen zusammenfassend beschrieben.

9.1 Lächeln erfüllt verschiedene Funktionen in der Affektregulierung

Wie alle mimischen Verhaltensweisen hat Lächeln sowohl eine intrapsychische als auch eine interaktive Funktion. Als beobachtbarer Gesichtsausdruck indiziert es einen inneren Zustand (zum Beispiel 'ich freue mich'), als interaktives Signal werden verschiedene Botschaften auf der Beziehungsebene (zum Beispiel 'ich finde dich sympathisch') und entsprechende Handlungsbereitschaften kommuniziert ('das was du machst gefällt mir, mach so weiter'). Ein Lächeln kann also in einer aktuellen Interaktionssituation mehrere Bedeutungen gleichzeitig haben, und zwar gilt dies sowohl für den Sender als auch für den Empfänger des Lächelns.

Lächeln ist ein Signal von hoher Prägnanz ("strength of transmission", Hager & Ekman, 1979). Ein Lächeln kann bereits aus 45 m Distanz als solches erkannt werden (Hager & Ekman, 1979). Zudem wird Lächeln schneller und präziser als alle anderen Gesichtsausdrucksmuster identifiziert (vgl. Wallbott, 1990). Kennzeichnend für das Lächeln ist weiter, dass es ausgesprochen ansteckend wirkt. Es ist schwierig, ein Lächeln nicht zu erwidern. Wird ein Lächeln nicht erwidert, fällt dies auf, und irritiert den Sender. Gemäss Izard (1981, S. 290) kann ein nicht-erwidertes Lächeln bei der lächelnden Person Scham auslösen. Analysen im Rahmen des Paar-Projekts zeigen, dass ein nicht-erwidertes Lächeln bei der lächelnden Person zu einer narzisstischen Kränkung führen kann, ein affektiver Zustand, der als eine relativ schwer behebbare Störung in der Regulierung der Selbstgefühle verstanden wird (vgl. "Das liegengelassene Lächeln", Bänninger-Huber, Moser & Steiner, 1990).

Universell wird Lächeln als Ausdruck positiver Gefühle erkannt. Dabei kann es sich um den Ausdruck von Freude, Zufriedenheit, eine Reaktion auf humorvolle Stimuli, körperliches Wohlbefinden, Erleichterung usw. handeln. Gelächelt wird oft auch im Anschluss an eine gelungene zielgerichtete, intendierte Handlung als Ausdruck von Stolz oder dem Erleben von Erfolg.

Lächeln kann bereits bei Neugeborenen beobachtet werden. Endogenes Lächeln tritt spontan ohne erkennbare äussere Stimulierung - oft während des REM-Schlafes - auf (Wolff, 1963). Das exogene, durch äussere Reize ausgelöste Lächeln ist im ersten oder zweiten Lebensmonat erstmals beobachtbar. Gemäss Cole (1985) korreliert das Lächeln des Säuglings in den ersten Monaten mit inneren Zuständen von mässiger Erregung oder dem Erleben angenehmer externer Stimulation. Es steht dann möglicherweise im Zusammenhang mit gelungener Reizverarbeitung, Funktionslust oder einem basalen Gefühl, etwas bewirken zu können (vgl. zum Beispiel Oster, 1978; Kaufmann-Hayoz, 1981). Soziales Lächeln tritt erstmals im Alter von 2-3 Monaten auf. Säuglinge reagieren mit einem Lächeln auf menschliche Gesichter und lächeln auch unbelebte Gesichtsmasken an (Spitz & Wolf, 1946; Spitz, 1974). Mit etwa 4 Monaten können Säuglinge ihre vertrauten Pflegepersonen von anderen Menschen unterscheiden. Von diesem Alter an ist es weniger wahrscheinlich, dass ein Baby fremde Gesichter anlächelt als das Antlitz der Mutter und anderer vertrauter Personen (Izard, 1981). Da das Lächeln des Kindes bei der Pflegeperson ebenfalls ein Lächeln hervorruft, werden damit Zuneigung, der Austausch von Wärme und Zärtlichkeit gefördert und damit zwischenmenschliche Bindungen gestärkt (Izard, 1981, S. 282).

Es ist anzunehmen, dass das Lächeln des Säuglings in frühen Pflegeperson-Säuglings-Interaktionen nicht nur für die notwendige affektive Bindung mit der Pflegeperson relevant ist, sondern auch eine wichtige verhaltenssteuernde Funktion hat. So signalisiert das Lächeln des Babys (i.S. eines positiven Verstärkers) der Pflegeperson, dass ihr Verhalten (essen geben, Windeln wechseln usw.) erwünscht ist und fortgeführt werden soll (Moser, 1989). Die verhaltenssteuernde Wirkung von Lächeln zeigt sich besonders deutlich anhand des Phänomens des *social referencing*. Das Konzept beschreibt einen interaktiven Prozess, in dessen Verlauf eine Person aktiv nach emotionaler Information im Verhalten einer anderen Person sucht, wobei diese Information dazu verwendet wird, eine als unsicher erlebte Situation affektiv zu bewerten (Campos & Stenberg, 1981; Klinnert et al., 1983). So zeigen die Untersuchungen von Klinnert (1981), dass sich Kinder "angstauslösenden" Spielzeugen nähern, wenn die gleichzeitig im Raum anwesende Mutter lächelt, jedoch in unmittelbarer Nähe der Mutter bleiben, wenn diese ein Angstgesicht zeigt. Ein weiteres prototypisches Experiment zur Untersuchung des social referencing ist der Einsatz des *visual cliff* (Sorce, Emde, Campos & Klinnert, 1985). Die Babies werden auf den vorderen Teil einer Tischplatte gesetzt, die optisch einen Abgrund simuliert, während deren Mütter jeweils am anderen Ende des Tisches warten. In dieser simulierten Gefahrensituation orientieren sich die Babies zum Gesicht der Mutter hin. Zeigt die Mutter ein Angstgesicht, halten sie gewarnt an, lächelt sie hingegen, krabbeln die Babies ermutigt weiter. Beim Lächeln scheint es sich also um eine angeborene Ausdrucksform zu handeln, die den Kontakt zwischen Pflegepersonen und Säugling gewährleistet und die Interaktion steuert.

Lächeln wird auch im Kontext negativer Emotionen encodiert. Je nach Kontext kann Lächeln auch als Ausdruck von Spannung oder Unsicherheit interpretiert werden. Lächeln tritt häufig in Situationen des eigenen Misserfolgs auf, besonders dann, wenn Zuschauer anwesend sind. So zeigte die Studie von Kraut & Johnston (1978), dass Bowling-Spieler besonders häufig dann den anwesenden Zuschauern zulächelten, wenn ihnen ein Fehlwurf passierte. Beobachtungen von Kindern während Leistungs- und Geschicklichkeitsspielen zeigen ein ähnliches Bild: Kinder reagierten bei eigenen Missgeschicken häufig mit Lächeln, besonders wenn eine Versuchsleiterin anwesend war (Schneider & Josephs, 1991; Schneider, 1992). In solchen Misserfolgssituationen könnte das Lächeln die Funktion haben, den (sichtbaren) Ausdruck von Misserfolg zu kontrollieren, indem anstelle der subjektiv erlebten negativen Gefühle ein "positiver" Ausdruck gezeigt wird. Lächeln kann in solchen Situationen auch eine Form von Entschuldigung darstellen, mit der versucht wird, die affektive Bindung zum Interaktionspartner aufrechtzuerhalten (i.S. 'bitte verachte mich nicht, auch wenn ich Deine Erwartungen enttäuscht habe'). Lächeln ist insofern eine günstige Strategie um negative Gefühle, zum Beispiel Ärger zu überdecken ("maskieren"), weil die Zygomaticus major Innervation denjenigen Muskelbewegungen entgegenwirkt, welche als Indikatoren negativer Emotionen gelten. Zudem breitet sich v.a. ein intensives Lächeln über das ganze Gesicht aus, so dass andere Muskelbewegungen darunter "verschwinden".

Von einem ethologischen Standpunkt aus (van Hooff, 1972; Eibl-Eibesfeldt, 1979), lässt sich Lächeln auch als Versuch interpretieren, sein Gegenüber freundlich zu stimmen und evt. aggressives Verhalten abzuwenden (zum Beispiel als Entschuldigung dafür, dass man im Gedränge jemandem versehentlich auf den Fuss getreten ist). Der Befund, dass Frauen tendenziell mehr lächeln als Männer (z.B. Wojtenek, 1992) könnte u.a. auf diese aggressionshemmende Funktion des Lächelns zurückgeführt werden. Entsprechend der geschlechtsspezifischen Affektzeigeregel 'sei immer lieb und freundlich' ist es für Frauen ungewohnt und entsprechend schwierig, ihren Ärger direkt auszudrücken. Statt dessen lächeln sie, auch wenn sie ärgerlich sind und versuchen mit diesem Lächeln, allfällige beim Interaktionspartner auftretende Aggressionen präventiv zu besänftigen.

Auf dem Hintergrund der Bedeutung von Lächeln in der frühen Mutter-Kind-Interaktion ist verständlich, dass das Lächeln auch im späteren Leben eine wichtige Rolle spielt bei der Kontaktaufnahme mit einer unbekannten Person (Doermer-Tramitz, 1990; Walsh & Hewitt, 1985), ebenso wie bei der Etablierung und Aufrechterhaltung bestehender Vertrautheit und Bindung. Lächeln ist ein Komponente des Grussverhaltens (vgl. z.B. Eibl-Eibesfeldt, 1979). Als Emblem kann es eine verbale Begrüssung ersetzen. Als Resonanzsignal dient Lächeln der Aufrechterhaltung der affektiven Bindung. Lächeln ist besonders dann wichtig, wenn die Beziehungsregulierung der Interaktionspartner durch das Auftreten negativer Affekte wie beispielsweise Ärger, Wut oder Verachtung gestört wird, wie dies Beobachtungen von Paaren zeigen (vgl. Bänninger-Huber, Moser & Steiner, 1990). Lächeln kann in solchen Fällen bildlich gesprochen als "Resonanzfaden" verstanden werden, der dem Interaktionspartner trotz gleichzeitigem Ausdruck negativer Emotionen immer wieder emotionale Verbundenheit signalisiert. Gerade dann, wenn eine Beziehung durch eine verbale Auseinandersetzung bedroht ist, kann mit einem Lächeln auf der nonverbalen Ebene die emotionale Bindung bekräftigt werden. Lächeln kann auch dann noch zur Erhöhung der affektive Bindung beitragen, wenn es bereits vom Gesicht verschwunden ist, indem seine Bedeutung vom Interaktionspartner nachträglich kognitiv evaluiert und gespeichert wird. Man kann sozusagen noch von einem Lächeln "leben", auch wenn bereits andere interaktive Prozesse ablaufen. Eine Interaktion wird nachträglich affektiv anders evaluiert, wenn in deren Verlauf einmal gelächelt worden ist. Dass das Lächeln in seinen verschiedenen Formen ein wichtiges soziales Regulierungsphänomen in Konfliktsituationen darstellt, machen auch die Arbeiten von v. Salisch (1991) deutlich. So untersuchte sie das Kommunikationsverhalten von 20 gleichgeschlechtlichen Freundespaaren im Primarschulalter während eines "defekten" Computerspiels. Es zeigte sich u.a., dass sehr enge Freundinnen ihren Spielpartnerinnen zwar besonders häufig verbale Vorwürfe machten, diese aber in den meisten Fällen mit einem bestimmten Lächeln begleiteten, welches Nähe und Verbundenheit signalisiert. Auch wenn sie

Anschuldigungen zurückwiesen, taten dies Mädchen meist zusammen mit einem Lächeln.

Aus sozialpsychologischer Perspektive betrachtet, kann das Lächeln - wie auch andere nonverbale Verhaltensweisen - eine Relationsfunktion erfüllen, d.h., interpersonale Beziehungen regulieren (Scherer, 1979): So werden damit etwa die von Mehrabian (1972) beschriebenen Dimensionen *like-dislike* (Sympathie vs. Antipathie) und *potency* (Statusdimension) zwischen den Interaktionspartnern reguliert. Lächeln kann einem Interaktionspartner gegenüber eine wohlwollende Haltung ausdrücken, die sich auf dessen verbale Aussage (i.S. 'ich finde das, was du sagst, interessant') oder auf seine Person beziehen kann ('ich finde dich sympathisch'). Umgekehrt kann Lächeln eingesetzt werden, um Zuneigung zu gewinnen (Rosenfeld, 1966). Personen, die (häufig) lächeln, werden auch positivere Eigenschaften zugeschrieben (Forgas, Connor & Morris, 1983; Reis et al., 1990; La France & Hecht, 1992). Forbes und Jackson (1980) untersuchten das nonverbale Verhalten von Stellenbewerbern bei Einstellungsgesprächen. Die erfolgreichen Bewerber unterschieden sich von den abgelehnten u.a. durch häufigeres Lächeln und häufigeren Blickkontakt mit dem Interviewer.

Geht man davon aus, dass dem Lächeln eine aggressionshemmende Wirkung zukommt (vgl. oben), so ist offensichtlich, dass es auch bei der Regulierung der Statusdimension eine Rolle spielen kann. Eine Untersuchung von Blurton-Jones (1972) zeigt beispielsweise, dass wenig dominante Kinder eines Kindergartens häufig lächelten, wenn sie eine Interaktion mit dominanten Kameraden initiierten, während umgekehrt die dominanteren Kinder in vergleichbaren Interaktionssequenzen mit rangtieferen Kindern weniger lächelten. Die Beobachtung, dass Frauen im allgemeinen häufiger lächeln als Männer, wird von Henley (1977) auf das generelle Macht- und Statusgefälle zwischen Männern und Frauen in unserer Gesellschaft zurückgeführt.

Weiter kann das Lächeln der Regulation des Gesprächsablaufs dienen, indem es als Zeichen des Verstehens und der Zustimmung interpretiert werden kann, welche wichtige Elemente der Zuhöreraktivität darstellen (Dittmann, 1972; Duncan, 1972; Brunner, 1979; Ekman, 1985; Ekman, Friesen & O'Sullivan, 1988).

Die Art und Weise, wie Lächeln in einer Interaktion eingesetzt wird, kann ein wichtiger Indikator für das psychische Funktionieren einer Person sein: Fehlendes Lächeln oder Lächeln als Dauermaske kann Hinweise darauf geben, wie Personen ihre Beziehungen gestalten sowie ein Indikator für personenspezifische Abwehrmechanismen sein (Lütolf, 1984; Krause & Lütolf, 1988; Bänninger-Huber, 1985, 1990; Wicki, 1988.

9.2 Die Differenzierung verschiedener Lächeltypen

Verschiedene detaillierte Untersuchungen mit FACS haben gezeigt, dass es sich beim Lächeln keineswegs um ein einheitliches mimisches Phänomen handelt. Vielmehr wird postuliert, dass verschiedene Arten von Lächeln existieren, die sich in ihrer Funktion und in ihrem mimischen Erscheinungsbild unterscheiden. Solche spezifischen Formen des Lächelns werden als Lächeltypen bezeichnet. Es wird angenommen, dass für jeden Lächeltyp ein spezifisches Ausdrucksmuster existiert, dessen Bedeutung von einem Beobachter zu einem wesentlichen Teil kontextunabhängig erkannt werden kann. Für diese unterschiedlichen Lächeltypen gibt es eine Reihe von Arbeitshypothesen über den Zusammenhang zwischen AU-Kombinationen und ihre psychologischen Bedeutungen (= Operationalisierungen). Grundlegende Arbeiten, die versuchen, verschiedene Arten von Lächeln anhand von FACS-Codierungen zu differenzieren, sind von Ekman & Friesen (1982), Ekman (1985) und von Stettner, Ivery & Haynes (1986) vorgelegt worden. Neben den exakten morphologischen Beschreibungen werden zum Teil zusätzlich zeitliche Charakteristika definiert. Eine Beschreibung der wichtigsten Lächeltypen, ihre hypothetische psychologische Funktion sowie die entsprechenden Operationalisierungen auf der Verhaltensebene werden in Abschnitt 3 dargestellt (und mit Fotos illustriert).

9.2.1 Lächeltypen: Dekodierstudien zur psychologischen Bedeutung

Ausgehend von Untersuchungen zum Täuschungsverhalten (vgl. z.B. Ekman & Friesen, 1974) unterscheiden Ekman & Friesen (1982) sog. *felt*[1] und *false smiles*, also gefühltes (echtes) Lächeln und falsches (unechtes) Lächeln. Beim felt smile handelt es sich um ein spontanes, unwillkürliches Lächeln, welches Hinweise darauf gibt, dass sich eine Person in einer positiven Affektlage befindet. Felt smiles zeichnen sich auf der Verhaltensebene dadurch aus, dass parallel zur Zygomaticus major Innervation (AU 12) eine Kontraktion des Orbicularis oculi (AU 6) auftritt, welche unterhalb der Augen "Lachfältchen" entstehen lässt. False smiles hingegen haben die Funktion, eine nicht erlebte positive Emotion vorzutäuschen (sog. *phoney smiles*) oder negative Affekte nicht zu zeigen (sog. *masking smiles*). Die implizite oder explizite Annahme hinter dieser Gegenüberstellung besteht darin, das "echter" Ausdruck eindeutige Rückschlüsse auf emotionale Zustände zulässt, während unechter Ausdruck dies nicht erlaubt (vgl. Hess & Wallbott, 1991).

Ein weiterer Lächeltyp, der sich vom felt smile abgrenzen lässt (vgl. Ekman, Friesen & Ancoli, 1980) ist das *miserable smile*. Miserable smile bezeichnet eine Form von Lächeln, mit welchem einem Interaktionspartner gezeigt werden soll, dass man sich zwar in einem negativen emotionalen Zustand befindet, den man jedoch bewältigen, bzw. aushalten kann.

Ekman (1985) beschreibt 18 verschiedene Lächeltypen und postuliert aufgrund theoretischer Überlegungen sowie unsystematischer Beobachtungen deren verschiedene Funktionen (vgl. Tabelle 9.1). In der Arbeit von Stettner et al. (1986) wurde der Versuch unternommen, verschiedene Arten von Lächeln und deren zeitlichen Verläufe in Mutter-Kind Interaktionen zu beschreiben. Zudem untersuchten die Autoren die Frage, ob Rater den verschiedenen Ausdrucksformen des Lächelns Erwachsener bestimmte Bedeutungskategorien zuordnen können. Eingeschätzt wurden Lächeltypen, die teilweise bereits von Ekman (1985) beschrieben worden sind, wie beispielsweise "scheues" (shy smile), "verächtliches" (contempt smile) oder "gestelltes" Lächeln (phoney smile), aber auch von ihnen selbstgebildete

[1] Felt smiles werden in späteren Arbeiten von Ekman und Mitarbeitern z.T. synonym als *Duchenne smiles*, *enjoyment smiles* oder *happy smiles* bezeichnet.

Tabelle 9.1: Lächeltypen nach Ekman (1985)

	Lächeltypen	Operationalisierungen
1.	Felt Smile	6+12
2.	Fear Smile	1+2+4+20 oder 1+2+4+12+20
3.	Contempt Smile	14 oder 14 unilateral
4.	Dampened Smile	6+12+(14 oder 15 oder 17 oder 24)
5.	Miserable Smile	12+(14 oder 15 oder 17 oder 24) asymmetrisch
6.	Sadistic Smile	4+6+12+23 oder 4+6+10+12+23
7.	Enjoyable Contempt	6+12+14 oder 6+12+14 unilateral
8.	Enjoyable Sadness	1+4+6+12 oder 1+4+6+12+15
9.	Enjoyable Fear	1+2+4+6+12+20
10.	Enjoyable Excitement	5+6+12
11.	Enjoyable Surprise	1+2+5+6+12+26
12.	Flirtatious Smile	6+12+25+(61 oder 62)
13.	Embarrassment Smile	6+12+(kurzfristig 17)+(61 oder 62)+64
14.	Chaplin Smile	13
15.	Qualifier Smile	12 (abrupter Beginn)+(14 oder kurzfristig 17)
16.	Compliance Smile	1+2+Qualifier Smile+(Seufzer oder Achselzucken)
17.	Coordination Smile	12x meist asymmetrisch
18.	Listener Response Smile	12x meist asymmetrisch, oft mit Kopfnicken

Kategorien wie "nervöses" (nervous smile) oder "liebevolles" Lächeln (loving smile) (vgl. Tabelle 9.2). Die in dieser Studie erzielte (durchschnittliche) Trefferquote, also die korrekte Einordnung der unterschiedlichen Lächeltypen in vorgegebene Kategorien, variierte zwischen 9 Prozent (nervous smile) und 78 Prozent (happy smile), konnte insgesamt aber als überzufällig gewertet werden.

Ausgehend von diesen Untersuchungen wurde eine eigene Studie durchgeführt (Bänninger-Huber & Rauber-Kaiser, 1989), die sich mit der Frage beschäftigte, wieweit sich bestimmte, mittels FACS objektivierte Lächeltypen durch naive Ratereinschätzungen differenzieren lassen. Besonders interessierte, welche mimischen Merkmale und Kontextinformationen (Senderperson, Kopfhaltung, Blickrichtung) einen Einfluss auf die Eindrucksbildung der Rater haben. Die Lächeltypen phoney smile, sadistic smile, Chaplin smile sowie coy smile wurden von zwei FACS-trainierten Senderpersonen encodiert. Diese Stimulusserie (Dias) wurde von 50 naiven Ratern anhand eines Polaritätenprofils eingeschätzt. Die Untersuchung zeigte, dass die Rater die einzelnen Lächeltypen deutlich voneinander unterscheiden können, die Beurteilung der Lächeltypen aber von der Person abhängt, die den Gesichtsausdruck zeigt. Die Ergebnisse weisen darauf hin, dass für die unterschiedlichen Einschätzungen der beiden Senderpersonen bereits sehr feine Differenzen bezüglich mimischem Ausdruck, Kopfhaltung und Blickrichtung verantwortlich sind.

Weiterführende Arbeiten von Ekman, Friesen & O'Sullivan (1988) und Frank, Ekman & Friesen (1992) befassten sich mit der Frage, wie sich echtes Lächeln von anderen Lächeltypen unterscheidet. Datenbasis bildeten, wie bereits bei den älteren

Tabelle 9.2: Lächeltypen nach Stettner, Ivery & Haynes (1986)

	Lächeltypen	Operationalisierungen
1.	Contempt Smile	10(unilateral)+12x+41+53
2.	Coy Smile	12(x oder y)+((55+62) oder (56+61))
3.	Fear Smile	1+2+5z+12y+20(y oder z)+(25 oder 26)
4.	Happy Smile	6+12(y oder z)+(25 oder 26)
5.	Loving Smile	12y+25+(55y oder 56y
6.	Nervous Smile	12x+24
7.	(American) Phoney Smile	12y+20(x oder y)+25+(31 fakultativ)
8.	Puzzled Smile	4+12(x oder y)+(25 oder 26)
9.	Sad Smile	1+4+12x
10.	Shy Smile	12x+24+41+64
11.	Sceptical Smile	12x+14
12.	Smug Smile	12(x oder y)+17

Arbeiten zur Differenzierung von Lächeltypen, die Untersuchungen zum Täuschungsverhalten (Ekman, 1974; Ekman & Friesen, 1974). Es handelt sich bei diesen Untersuchungen und Dekodierstudien (vgl. Bänninger-Huber & v. Salisch, 1994), in denen Vpn Fotos und Videoausschnitte von lächelnden Personen vorgelegt wurden.

Diese Arbeiten bestätigen im wesentlichen die früheren Ergebnisse. Sie lassen den Schluss zu, dass echtes Lächeln u.a. durch die gleichzeitigen Innervationen von Zygomaticus major *und* Orbicularis oculi (AUs 12 und AU 6), sowie durch eine kürzere Dauer als andere Lächeltypen gekennzeichnet ist. Felt smiles können von Ratern von anderen Formen des Lächelns unterschieden werden. Weiter zeigt sich, dass eine Person, die "echt" lächelt von Beurteilern positiver eingeschätzt wird als wenn sie einen anderen Lächeltyp encodiert. Felt smiles traten häufiger dann auf, wenn sich die Vpn tatsächlich in einer positiver Affektlage befanden, als wenn sie diese einem Interviewer vortäuschen mussten.

Eine neuere Studie, die versuchte, die postulierten Funktionen der verschiedenen Lächeltypen weiter zu evaluieren, wurde von Unzner, Beisenbruch & Schneider (1990) durchgeführt, welche als Stimuli Videoausschnitte und Photographien von lächelnden Vorschulkindern verwendeten. Die Ergebnisse zeigen, dass die verschiedenen Arten des Lächelns deutlich unterschiedlich beurteilt werden. Als wichtigste Differenzierungsmerkmale erwiesen sich das Zusammenziehen des Augenringmuskels für die Stärke positiver Emotionen (= AU 6) bzw. das Herunterziehen der Mundwinkel (= AU 15) für die Stärke negativer Emotionen. Weitere Evidenz für die von Ekman & Friesen (1982) postulierte Funktion der felt smiles liefern die Untersuchungen von Schneider und MitarbeiterInnen (Schneider, Joseph & Friedrich, 1988; Schneider, 1992): Felt smiles treten häufiger in Erfolgs- als in Misserfolgssituationen auf. Das Lächeln in Erfolgssituationen ist in der Regel stärker ausgeprägt und häufiger kombiniert mit einer Mundöffnung als das Lächeln in Misserfolgssituationen.

Hinweise auf die Unterscheidung zwischen "echtem" Lächeln und anderen Formen des Lächelns können auch die Symmetrie eines Ausdrucks sowie dessen zeitliche Charakteristika liefern. Ekman, Hager & Friesen (1981) verglichen das Erscheinungsbild von Lächeln "auf Kommando" mit spontanem Lächeln als Reaktion auf einen Witz. Willkürliches Lächeln war häufiger asymmetrisch als spontanes Lächeln. Betrachtet man nur die asymmetrischen Gesichtsausdrücke, so zeigt sich, dass diese beim willkürlichen Lächeln in der Regel auf der linken Gesichtshälfte stärker ausgeprägt sind, während beim spontanen Lächeln die Asymmetrien zum Teil auf der linken als auch auf der rechten Gesichtshälfte stärker sind. In einer weiteren Studie (Hager & Ekman 1985) wurde der spontane und willkürliche Ausdruck von Lächeln und Erschrecken (*startle*) im Hinblick auf Asymmetrien der Innervationen untersucht. Die Autoren stellten wiederum fest, dass spontane Ausdrucksmuster symmetrischer sind.

Hess & Kleck (1990) untersuchten die zeitlichen Charakteristika von spontanen und willkürlichen Ausdrucksmustern von „Freude“ und „Ekel“. In Situationen, in welchen die Vpn aufgefordert wurden, die genannten Emotionen zu simulieren, zeigten sich unregelmässigere Verläufe der einzelnen Muskelinnervationen (zum Beispiel ein abrupterer Beginn einer Innervation) sowie eine längere Gesamtdauer der Ausdrucksmuster, nicht jedoch, wie von Ekman & Friesen (1982a) postuliert, eine kürzere Dauer von Anfangs- und Schlussphase der Muskelinnervationen (siehe 7.1). In Täuschungssituationen hingegen konnte nachgewiesen werden, dass Anfang und Ende spontaner Ausdrucksmuster langsamer verlaufen als willkürliche Muskelbewegungen.

Obwohl diese Ergebnisse darauf schliessen lassen, dass sich echtes emotionales Lächeln von anderen Formen des Lächelns abgrenzen lässt, besteht weiterhin das Problem, dass das Auftreten eines felt smile (definiert durch das Auftreten der AU-Kombination 12 + 6) keine eindeutigen Rückschlüsse auf die "Echtheit" der positiven Emotion erlaubt, da viele Personen im Verlauf ihrer Affektsozialisierung die Fähigkeit erworben haben, dieses Lächeln auch als rein soziales Signal einzusetzen. Hingegen lässt das Fehlen von AU 6 den Schluss zu, dass es sich nicht um ein echtes, emotionales Lächeln handelt.

9.2.2 Lächeltypen bei Kindern in Konfliktsituationen

In ihren Untersuchungen von Kindern in Konfliktsituationen konnte v. Salisch (1991) bei elfjährigen Mädchen und Jungen geschlechtsspezifische Unterschiede im Gebrauch der verschiedenen Lächeltypen feststellen: Sehr enge Freundinnen machten ihren Spielpartnerinnen zwar häufiger verbale Vorwürfe als die Jungen ihren Freunden, begleiteten diese aber in den meisten Fällen mit einem felt smile. Enge Freunde hingegen engagierten sich weniger in der Auseinandersetzung, wirkten insgesamt gespannter und reagierten weniger häufig mit einem emotionalen Lächeln.

9.2.3 Lächeln als Indikator für Affektabwehr

Im Bereich der Psychotherapieforschung sind in den letzten Jahren ebenfalls einige Studien durchgeführt worden, die vom Paradigma der unterschiedlichen Lächeltypen ausgehen. Krause & Lütolf (Lütolf , 1984; Krause & Lütolf, 1988, 1990) untersuchten die Affektabwehr eines Patienten im Verlauf einer zwölfstündigen Fokaltherapie. Als ein Indikator für die Affektabwehr galt eine bestimmte Form des Lächelns, welches den für die Affektregulierung dieses Patienten typischen Ausdruck von Ekel maskierte. Dieses maskierende Lächeln nahm im Verlauf der Therapie monoton ab, nicht aber der Ausdruck von Ekel allein oder andere Formen des Lächelns. Dieser Verlauf wird dahingehend interpretiert, dass der Patient durch die Therapie befähigt worden ist, negative Emotionen in adäquaten Situation auszudrücken, ohne diese gleichzeitig mittels Lächeln abschwächen zu müssen.

9.2.4 Lächeltypen bei Schizophrenen

Steimer-Krause, Krause, Sänger-Alt & Wagner (1988) sowie Steimer-Krause, Krause & Wagner (1990) untersuchten Dyaden von jeweils einem Gesunden im Gespräch mit einem ambulant in Behandlung stehenden oder hospitalisierten Schizophrenen oder psychosomatischen Patienten. Das mimische Verhalten wurde mit EMFACS codiert. Alle Patientengruppen zeigten gegenüber der Kontrollgruppe (Gesunde im Gespräch mit Gesunden) bedeutsame Reduktionen echter Freude (operationalisiert als EMFACS-Kategorie "echte Freude"). Diese typische Form der Interaktionsregulierung scheint sich auch auf die jeweiligen Partner einer Dyade auszuwirken: Partner von Colitits-Patienten sowie der hospitalisierten Schizophrenen weisen ebenfalls grosse Reduktionen echter Freude im Vergleich zur Kontrollgruppe auf. Interessant ist, dass diese "Anpassung" nicht für die Partner der ambulant behandelten Schizophrenen zutrifft: Diese zeigen absolut gesehen überzufällig viel Freude. Die Autoren interpretieren diese Häufung der Freudeexpression bei den Gesprächspartnern ambulant in Behandlung stehender Schizophrener als Versuch, eine positive Beziehung zu etablieren. Diese zeigt sich u.a. daran, dass die Partner dieser Patientengruppe immer wieder versuchen, die Patienten zu einer grösseren Redebeteiligung zu bewegen (Steimer-Krause, Krause & Wagner, 1990, S. 45). Interessant ist weiter, dass die psychosomatischen Patienten, die hospitalisierten Schizophrenen sowie ihre Partner ebenfalls weniger soziales Lächeln zeigen (operationalisiert durch die EMFACS-Kategorie "unechte Freude"). Der Mangel an "echter Freude" wird also nicht etwa durch häufigeres, willkürlich produziertes Lächeln kompensiert.

9.2.5 Lächeltypen bei Stotterern

Bänninger-Huber (1984, 1985, 1986) untersuchte, ob und wieweit sich Therapieverläufe mit Hilfe von FACS evaluieren lassen. Eine Gruppe behandelter wurde mit einer Kontrollgruppe nicht-behandelter Stotterer verglichen. Das von Krause (1981) entwickelte Therapiekonzept definiert Stottern nicht wie sonst üblich als reine Sprechstörung, sondern als Störung der Affektregulierung, die sich u.a. in einem typischen mimischen Verhalten manifestiert. Das Behandlungsziel bestand darin, das kommunikative Verhalten der Stotterer so zu verändern, dass spontanes Sprechen wieder möglich wird. Als Indikator für den Therapieerfolg wurde deshalb auch nicht das Sprechverhalten, sondern das mimische Ausdrucksverhalten der Versuchspersonen herangezogen. Dieser Zugang beruht auf der Annahme, dass für bestimmte Patientengruppen typische Problemstrukturen auf der Ebene des nonverbalen Verhaltens sichtbar werden (z.B. Steimer-Krause, Sänger-Alt & Wagner, 1988; Ellgring, 1989).

Zu verschiedenen Zeitpunkten (vor, zweimal während, und nach der Therapie) wurden mit allen Versuchspersonen halbstandardisierte Interviews durchgeführt und auf Video aufgezeichnet. Aus den 52 Interviews wurden Zeitstichproben von jeweils 40 Sekunden pro Interview gezogen (total 34 Minuten 20 Sekunden) und mit FACS codiert. Ausgehend von Krauses Ansatz (1981) wurden mimische Indikatoren definiert, die für die postulierte Affektregulierungsstörung charakteristisch sind und von denen angenommen werden kann, dass sie sich im Verlauf einer erfolgreichen Therapie verändern. False smiles wurden dabei als ein Indikator (unter anderen) für das postulierte Affektvermeidungsverhalten aufgefasst, welche insbesondere in Form von masking smiles (= Unterkategorie von false smiles) der Überblendung negativer Affekte dienen. Es wurde postuliert, dass diese Art von Affektkontrollstrategie im Verlauf der Therapie abnehmen sollte. Weiter wurde erwartet, dass das Lächeln in reiner Form (felt smile), als Ausdruck eines positiven emotionalen Zustandes im Verlauf einer erfolgreichen Therapie zunimmt.

Die Analysen zeigten, dass das falsche Lächeln bei der Experimentalgruppe entgegen den Erwartungen im Verlauf der vier Interviews ständig zunahm. Für diese Zunahme sind folgende zwei Erklärungen möglich: Es wäre denkbar, dass das falsche Lächeln als generelle Affektkontrollstrategie durch die Therapie intensiviert wurde. Plausibler scheint allerdings die Erklärung, dass die Stotterer im Verlauf der Therapie gelernt haben, sich dem Interviewer gegenüber freundlich zu verhalten und negative Affekte vermehrt auch in einer sozial akzeptierten Form zu äussern. Entsprechend der Hypothesen hat auch der Indikator felt smile im Verlauf der Behandlung zugenommen. Allerdings muss offen bleiben, ob die Stotterer der Experimentalgruppe tatsächlich häufiger positive Gefühle erleben. Da Personen, die häufig falsches Lächeln zeigen, auch höhere Werte beim Indikator felt smile aufweisen, könnte man vermuten, dass auch das gefühlte Lächeln teilweise kommunikative Funktion hat.

Um die Bedeutung dieser Ergebnisse besser zu verstehen, wurde das gleiche Datenmaterial weiter untersucht (Steiner, 1986). In dieser Analyse wurde nicht nur zwischen false und felt smiles differenziert, sondern es wurden auch die Lächeltypen phoney smile und verschiedene Unterformen des masking smile mit berücksichtigt (s. Tabelle 9.3). Die Auswertung zeigte u.a., dass das Lächeln vom Typ masking smile bei der Experimentalgruppe im Verlauf der Behandlung abnahm. Dies entspricht der ursprünglichen Hypothese von Bänninger-Huber (1985), welche postulierte, dass Stotterer als eine Strategie der Kontrolle negativer Affekte masking smiles einsetzen.

In einer weiteren follow-up Studie (Bänninger-Huber & Steiner, 1987) interessierte die Frage, welche weiteren Lächeltypen sich in welchem Ausmass in unserem Datenmaterial identifizieren lassen. Ausgangspunkt für die Operationalisierungen bildeten die von Ekman (1985) vorgeschlagenen 17 sowie die von Stettner et al. (1986) beschrieben 12 Lächeltypen. Die Datenauswertung zeigte, dass sich in

Tabelle 9.3: Lächeltypen nach Steiner (1986) in Anlehnung an Ekman & Friesen (1982b)

Felt Smile	
1) (6 oder 7)+12 (zwischen 2/3 Sek. und 4 Sek.)	
Phoney Smile	
2) (6 oder 7)+12 (kürzer als 2/3 Sek. oder länger als 4 Sek.)	
3) 12 und keine andere AU	
Masking Smiles	
4) 12 und 4+5+7+10+23 oder (25 oder 26)	Prototyp Ärger
5) 12 und 9 oder 10	Prototyp Ekel
6) 12 und 14+4+15	Prototyp Trauer
7) 12 und 1+2+4+5	Prototyp Angst
8) 12 und U10 oder U14	Prototyp Verachtung
9) Varianten aufgeführter Prototypen (siehe Steiner, 1986)	

unserer Stichprobe nur 8 verschiedene Lächeltypen identifizieren lassen. Der weitaus häufigste Lächeltyp war das phoney smile (51 Prozent der Gesamtlächeldauer), gefolgt vom masking smile (20 %) und vom felt smile (13 %). Weiter wurden folgende Lächeltypen identifiziert: Control smile (5 %), Chaplin smile (4 %), dampened smile (3 %) sowie miserable smile (1 %).

9.2.6 Lächeltypen in der erste Stunde einer psychoanalytischen Kurztherapie

Um die Frage weiter zu verfolgen, welche Rolle das Lächeln im interaktiven Zusammenspiel zwischen zwei Personen spielt, wurde von Wicki (1988) die erste Stunde einer psychoanalytischen Fokaltherapie genauer unter die Lupe genommen (siehe auch Bänninger-Huber, Wicki & Steiner, 1989). Untersucht wurden grundlegende Parameter wie Häufigkeit und Dauer verschiedener Lächeltypen, gleichzeitiges Lächeln von Therapeutin und Klientin sowie der Zusammenhang mit anderen interaktiven Variablen wie Sprechen und Blicken. Die Analysen zeigten u.a. einen leichten positiven Zusammenhang zwischen Lächeln und Sprechen: Beim Sprechen wird häufiger gelächelt als beim Zuhören. Die Gesamtlächelzeit beträgt knapp 15 Minuten, d.h. etwa 25 Prozent der Stunde. Im ersten Drittel der Therapiestunde wurde während 41 Prozent der Zeit von mindestens einer Person gelächelt, im zweiten Drittel während 18 Prozent und im letzten Drittel wieder während 41 Prozent der Zeit.

Weiter stellte sich heraus, dass Segmente, in denen beide Personen lächeln, durchschnittlich deutlich länger dauern, als solche, in denen nur eine Person lächelt. Dieser Befund bestätigt unser intuitives Wissen darum, dass ein nichterwidertes Lächeln zerfällt. Weiter konnte festgestellt werden, dass enjoyable smiles signifikant häufiger synchron (also bei beiden Interaktionspartnern gleichzeitig) vorkommen als die anderen Lächeltypen. "Echtes" Lächeln scheint also - zumal in der untersuchten Interaktion - ansteckender zu sein als andere Formen des Lächelns. Interessant ist weiter, dass die Lächeltypen phoney smile und qualifier smile sowohl bei der Klientin als auch der Therapeutin am häufigsten vorkommen und zusammen zwischen 80 und 90 Prozent der Gesamtlächelzeit ausmachen. Dieser Befund könnte dahingehend interpretiert werden, dass das Lächeln in dieser ersten Therapiestunde über weite Strecken die Funktion hat, die Beziehung zwischen Klientin und Therapeutin aufzubauen und sich gegenseitig zu versichern, dass man sich wohlgesinnt ist.

9.2.7 Lächeltypen in einer Paar-Interaktion

Da sich nur wenige detaillierte Analysen von Lächeln über längere Zeitabschnitte finden, wurde im Rahmen des sog. Paar-Projekts die gesamte, mit FACS codierte Interaktion eines Paares (Dyade 3; Dauer etwa 17 Minuten) entsprechenden (explorativen) Analysen unterzogen. Untersucht wurde die Dauer verschiedener Lächeltypen, das gleichzeitige Auftreten bei den beiden Interaktanden sowie die Beziehungen zwischen Lächeln und anderen interaktiven Variablen (Sprechen und Blicken). Es handelt sich dabei um eine Einzelfallanalyse, die vorerst keine allgemeingültigen Zusammenhänge beschreibt. Vielmehr ist anzunehmen, dass die beobachteten Verhaltensweisen typisch für die spezifische Form der Beziehungsregulierung dieses Paares sind[2]. Interessant an diesen statistischen Analysen über die gesamte Interaktion ist v.a., dass damit ein Interaktionsstil dieses Paares "nachgezeichnet" werden kann, welcher sich in "kondensierter" Form in den Beschreibungen der prototypischen affektiven Mikrosequenz dieses Paares "Das liegengelassene Lächeln" wiederfindet (Bänninger-Huber, Moser & Steiner, 1990).

Die Datenauswertung ergibt für die beiden Personen ein individuell unterschiedliches Bild: Der häufigste Lächeltyp bei der Frau ist das masking smile (50.6 % der (individuellen) Gesamtlächelzeit), am zweithäufigsten das enjoyable smile/happy smile (27.7 %) und am dritthäufigsten das phoney smile (14.7 %). Beim Mann steht das phoney smile an erster Stelle (33 %), gefolgt vom qualifier smile (28.6 %), dem masking smile (24. 4 % und dem control smile (12.1 %). Dabei ist zu beachten, dass die Gesamtlächelzeiten der beiden Personen stark asymmetrisch verteilt sind: Die Frau lächelt mehr als doppelt so lange als ihr Partner (163.4 Sekunden vs. 73 Sekunden). Die Lächelzeit ist bei beiden Partnern relativ gering, wenn man sie mit der Lächelzeit in der von Wicki (1988) untersuchten Therapiestunde vergleicht, in welcher während 25 % der gesamten Interaktion gelächelt wurde. Bezüglich des gleichzeitigen Auftretens der verschiedenen Lächeltypen ergibt sich folgenden Zusammenhang: Das enjoyable/happy smile der Frau (Versuch einer Affektinduktion und Herbeiführen eines resonanten Zustandes), korreliert positiv mit dem control smile des Mannes ($r= .33$, bzw. .35), sowie etwas schwächer ebenfalls positiv mit dem phoney smile ($r = .24$, bzw. .26 (Pearson's Produkt-Moment-Korrelationen)). Dieser Befund dokumentiert die interaktive Strategie des Mannes, auf die Versuche der Frau, resonante Zustände herzustellen, nicht einzu-

---

[2] Die relativ geringe Nähe zwischen den Partnern widerspiegelt sich u.a. auch im häufigen Auftreten negativer Emotionen, die sich ungemischt zeigen, d.h., ohne durch ein Lächeln abgeschwächt zu werden (Frau: 22.2%, Mann: 14.6 % der Interaktionszeit).

gehen und seine (vordergründig) dominante Rolle (Äusserung von Vorwürfen, "höhnisches" Lachen (Lachen ohne Lächeln)) aufrecht zu erhalten. Bezüglich des Zusammenhangs zwischen Lächeln und Blicken ist beim Mann die (schwache) Tendenz zu beobachten (Kontingenz-Koeffizient 0.1), nicht zur Partnerin hin zu blicken, wenn seine Partnerin lächelt. Es ist also wahrscheinlich, dass der Mann viele der emotional ambivalenten Lächeln (masking smiles) der Frau nicht wahrnimmt, weil (oder indem) er wegblickt. Weiter fällt auf, dass der Mann bevorzugt dann lächelt, wenn die Frau spricht und kaum, wenn er selbst spricht. Die Frau hingegen lächelt eher, wenn sie selbst spricht und zudem überzufällig häufiger, wenn niemand spricht (Kontingenz-Koeffizient 0.16).

9.3 Eine Klassifikation verschiedener Lächeltypen

Im folgenden wird eine vorläufige Klassifikation verschiedener Lächeltypen vorgestellt. Grundlage für diese Klassifikation bilden die Vorschlägen von Ekman & Friesen (1982a), Ekman (1985), Stettner, Ivery & Haynes (1986) sowie eigenen Arbeiten (u.a. Bänninger-Huber & Rauber-Kaiser, 1989; Bänninger-Huber & Steiner, 1987; Moser, Bänninger-Huber & Steiner, 1989). Beschrieben wird jeweils die Funktion des Lächeltyps in der Affektregulierung sowie das mimische Erscheinungsbild. Ausgewählte Lächeltypen werden jeweils mit Fotos illustriert (siehe Abb. 9.1). Die vorläufigen Operationalisierungen auf der FACS-Ebene sind in Tabelle 9.4 dargestellt.

Beim *felt smile* handelt es sich um ein spontanes, unwillkürliches Lächeln, welches als Ausdruck positiver Emotion verstanden wird. Ekman & Friesen (1982, S. 242) definieren felt smiles folgendermassen: "These include all smiles in which the person actually experiences, and presumably would report, a positive emotion."

Tabelle 9.4: Vorläufige Operationalisierungen ausgewählter Lächeltypen

	Lächeltypen	Operationalisierungen
1.	Felt Smile	6+12
2.	Flirtatious Smile	6+12+25+(61 oder 62)
3.	Phoney Smile 1	(6 oder 7)+12 (kürzer 2/3 Sek. oder länger als 4 Sek.)
4.	Phoney Smile 2	12 und keine andere AU
5.	American Phoney Smile	12y+20 (x oder y)+25+(31 fakultativ)
6.	Masking Smile	12 und (4 oder 5 oder 9 oder 10 oder 15 oder 17 oder 20)
7.	Qualifier Smile	12 (abrupter Beginn)+(14 oder kurzfristig 17)
8.	Miserable Smile	1+4+12x
9.	Dampened Smile	6+12+(14 oder 15 oder 17 oder 24)
10.	Coordination Smile	12x meist asymmetrisch
11.	Listener Response Smile	12x meist asymmetrisch mit Kopfnicken
12.	Puzzled Smile	4+12(x oder y) + (25 oder 26)
13.	Compliance Smile	(1+2)+12 (abrupter Beginn)+(14 oder kurzfristig 17)
14.	Embarrassment Smile	6+12+ (kurzfristig 17)+(61 oder 62)+64
15.	Contempt Smile	12x+14
16.	Entschuldigendes Lächeln	1+4+10x+12(x oder y) + bestimmte Stimmqualität

Verschiedene Auslöser können zu einem felt smile führen (Ekman & Friesen, 1982, S. 242): "Pleasure from visual, auditory, gustatory, kinesthetic, or tactile stimulation; amusement and delight; contentment and satisfaction; beatific experiences; relief from pain, pressure or tension; and enjoyment of another person". Felt smiles können auch eine appetitive Funktion erfüllen: Sie dienen dann dazu, bei einem Interaktionspartner Interessse zu wecken oder Zuneigung zu gewinnen.

Auf der Verhaltensebene sind felt smiles durch die gleichzeitige Innervationen der AU-Kombination 6+12 gekennzeichnet (siehe Abb. 9.1). Charakteristisch ist ausserdem der zeitliche Verlauf: Felt smiles "(...) display a regularity and smoothness of action such that the length of any given smile is proportionally spread about its onset, apex, and offset." (Frank, Ekman & Hager, 1992, S. 86). Die zeitliche Dauer eines felt smile liegt zwischen 2/3 und 4 Sekunden (Ekman & Friesen, 1982a), bzw. 0.5 und 4 Sekunden (Ekman, 1990; Hess & Kleck, 1990).

Eine Unterkategorie des felt smile bildet das von Ekman (1985) beschriebene *flirtatious smile*. "In the flirtatious smile the flirter shows a felt smile while facing and gazing away from the person of interest and then, for a moment, steals a glance at the person, long enough to be just noticed as the glance shifts away again." (S. 155). Das flirtatious smile hat vermutlich die Funktion, bei der anderen Person Aufmerksamkeit und Interesse zu erwecken und gleichzeitig seinerseits Interesse und Aufmerksamkeit zu zeigen. Durch das schnelle Wegblicken erhält das flirtatious smile etwas Unverbindliches. Dies ermöglicht es dem Sender des Lächelns die Reaktion der "Angeflirteten" abzuwarten und - je nach dem - deutlicheren Kontakt aufzunehmen oder sich abzuwenden (siehe Abb. 9.1).

Das *false smile* wird von (Ekman & Friesen, 1982) wie folgt beschrieben: "These smiles are deliberately made to convince another person that positive emotion is felt when it isn't. Nothing much may be felt or negative emotions may be felt by using the false smile as a mask". Entsprechend wird zwischen den beiden Kategorien *phoney smiles* und *masking smiles* unterschieden.

Mit einem phoney smile täuscht ein Sender vor, dass er eine positive Emotion erlebt, während er "in Wirklichkeit" wenig oder nichts erlebt: "nothing much is felt but an attempt is made to appear as if positive feelings are felt" (Ekman & Friesen, 1982). Ein phoney smile könnte man als "Höflichkeitslächeln" bezeichnen. Bestimmte Formen von phoney smiles können auch eine "appeasement" Funktion haben: Durch eine freundlich zugewandte Haltung wird versucht, befürchtete Angriffe des Partners abzuwehren. Von einem phoney smile wird dann gesprochen, wenn eine Zygomaticus major Innervation (AU 12) allein auftritt oder im Kombination mit AUs 6 oder 7, wobei dieser Ausdruck - in Abgrenzung zu einem felt smile - entweder kürzer als 2/3 Sekunden sein muss oder länger als 4 Sekunden dauern sollte (siehe Abb. 9.1).

Eine weitere Unterkategorie ist der Lächelausdruck, den wir als *American phoney smile* bezeichnen (siehe Abb. 9.1). Dieses Lächeln ist dadurch gekennzeichnet, dass neben AU 12 gleichzeitig AU 20 innerviert ist (Dies ergibt das aus der Werbung bekannte Bild des "Zahnpasta-Lächelns"). Die Einschätzung dieses Lächeltyps in der Decodierstudie von Bänninger-Huber & Rauber-Kaiser (1989) ergab, dass dieser Ausdruck, welcher in der Arbeit von Stettner, Ivery & Haynes (1986)

Felt Smile: AUs 6 + 12

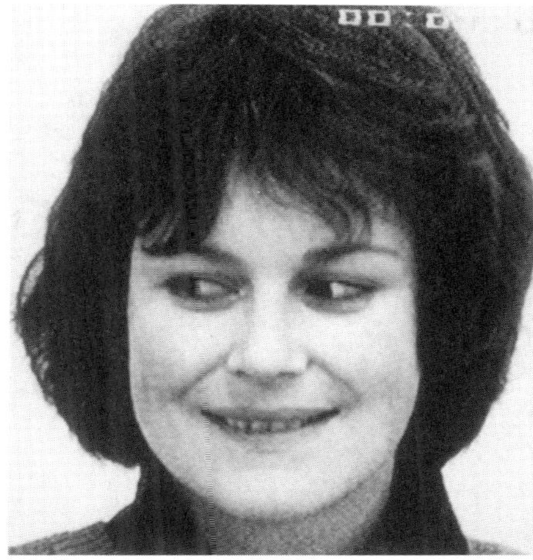

Flirtatious Smile: AUs 6 + 12 + 25 + (61 or 62)

Phoney Smile: AU 12

American Phoney Smile: 12 + 20 + 25 + (31)

Abbildung 9.1: Ausgewählte Lächeltypen: Bezeichnung und FACS-Codierung

Masking Smile: AUs 12 + U10

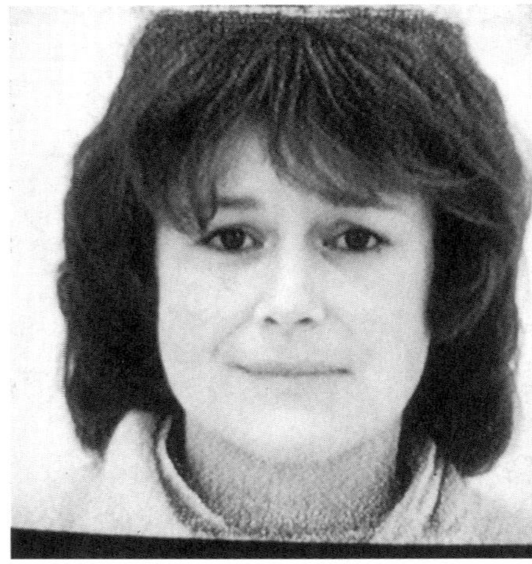

Miserable Smile: AUs 1 + 4 + 12 + 15

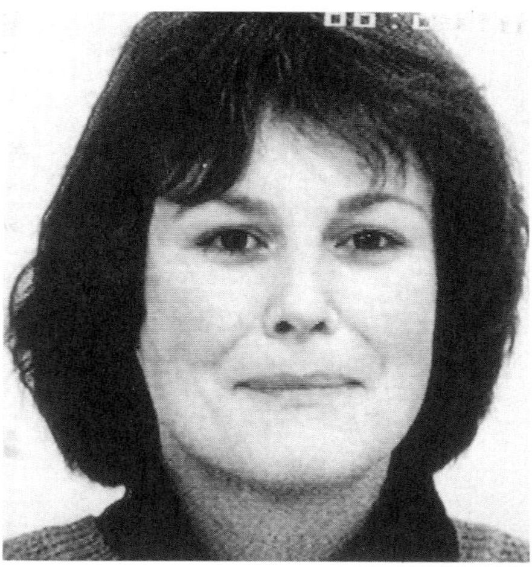

Dampened Smile: AUs 6 + 12 + 15 + 24

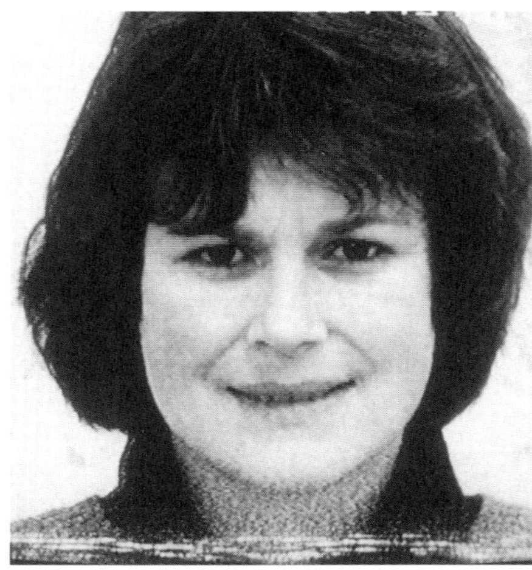

Puzzled Smile: AUs 4 + 12 + 25

Abbildung 9.1: Fortsetzung

von amerikanischen Ratern als "freundlich" und "warm" eingeschätzt wurde, von Schweizer Ratern offensichtlich als deutlich "angespannt" und "unangenehm" erlebt wurde. Es wäre denkbar, dass bei dieser Einschätzung kulturspezifische Affektzeigeregeln eine Rolle spielen: was in den USA eventuell durchaus als angemessene Freundlichkeit erlebt wird, wirkt in der - zurückhaltenden - Schweiz übertrieben und damit negativ.

Masking smiles haben gemäss Ekman & Friesen (1982a) die Funktion, einen negativen Affekt zu verstecken, abzuschwächen oder zu kontrollieren. Damit wird es möglich, eine negative Emotion in einer sozial akzeptablen Weise ausdrücken (vgl. Bänninger & Steiner, 1987). Wichtig ist, dass der negative Affekt aktuell, d.h. gleichzeitig mit der Kontrollbemühung (Lächeln) auftritt. Der negative Affekt ist "felt", also echt, muss aber nicht bewusst erlebt werden. Auf der Verhaltensebene werden masking smiles definiert als Innervation von AU 12 in Kombination mit Indikatoren für negative Emotionen (vgl. Bänninger & Steiner, 1987) (siehe Abb. 9.1), vermutlich häufig in Form von sog. micro- oder squelched expressions (vgl. Ekman & Friesen, 1975; Ekman, 1985). Bei Personen, die den Ausdruck negativer Emotionen gut kontrollieren können, verschwinden die Indikatoren negativer Emotionen ganz vom Gesicht, so dass nur noch AU 12 beobachtbar bleibt. Gerade dieses Lächeln "verrät" sich schnell, weil es oft "zu abrupt" aufhört.

Der Lächelausdruck, welcher als Versuch interpretiert wird, einer unangenehmen oder kritischen Nachricht die Spitze zu nehmen, wird von Ekman (1985) als *qualifier smile* bezeichnet. Diese Art von Lächeln ist sehr induktiv, d.h. es enthält einen starken Erwiderungsdruck (Ekman, 1985, 156). Es handelt sich dabei um ein willkürliches Lächeln, welches durch einen raschen und abrupten Beginn gekennzeichnet ist. Die Mundwinkel können angespannt sein (AUs 14 oder 15), oft ist auch eine Innervation von AU 17 beobachtbar. Häufig ist das Lächeln (AU 12) von gleichzeitigem Kopfnicken begleitet und/oder der Kopf wird lateral gekippt und nach unten geneigt.

Beim *miserable smile* handelt es sich um ein willkürliches Lächeln. Es täuscht keine positive Emotion vor. Es signalisiert einem Interaktionspartner: 'Ich nehme mich zusammen'. 'Ich bin unglücklich, werde jedoch nicht weinen'. 'Ich habe Angst, laufe jedoch nicht weg'. 'Ich bin wütend, werde dich aber nicht angreifen'. Ekman & Friesen (1982a, S. 248) beschreiben das miserable smile wie folgt: "In a miserable smile the person does not experience any positive emotion and does not attempt to appear as if positive emotion is felt. Instead the miserable smile acknowledges feeling unhappy, making clear to the self and to others that the misery is, at least for the moment, contained". Miserable smiles sind oft asymmetrisch (bei Rechtshändern stärker auf der linken Seite). Das Lächeln (AU 12) wird zusätzlich zu klarem negativem Ausdruck aufgesetzt ("superimposed") oder tritt gerade kurz nach einem negativem Ausdruck auf (siehe Abb. 9.1). Wie false smiles können miserable smiles länger als 4 Sekunden dauern, aber auch 2/3 Sek. oder kürzer sein, also sowohl als micro-expressions oder in beliebiger Länge im Rahmen normaler "online"-Beobachtbarkeit auftreten.

Ein weiterer Lächeltyp, der von Ekman (1985) beschrieben wird, ist das *dampened smile* (siehe Abb. 9.1). Es hat die Funktion, den Ausdruck einer positiven

Emotion zu dämpfen und damit möglicherweise auch das emotionale Erleben (Ekman, 1985, 153). Diese kontrollierte Darbietung positiver Emotionen kann mehrere Gründe haben. Sie könnte ein Produkt der für unsere Kultur typischen Darbietungsregel sein: Zeige keinen Affekt intensiv! Der Ausdruck positiver Emotionen ist besonders dann tabuisiert, wenn die (erlebte) Freude "auf Kosten" eines Interaktionspartner geht. Dies kann etwa das erfolgreiche Ausschalten eines Rivalen sein, welches zu Triumphgefühlen führt, aber auch das Erleben von Schadenfreude.

Eine Art Gegenform des dampened smile bildet das übertriebene Lächeln (*exaggerated smile*). Dieses tritt in Situationen auf, in denen eine positive Emotion von einer Person eher schwach erlebt, die soziale Situation, bzw. die Regulierung der Beziehung zum Interaktionspartner aber das Zeigen intensiver(er) Freude verlangt. Dies ist u.a. in Situationen der Fall, in welchen "empathische Freude" gefordert wird: So erzählt beispielsweise eine Freundin, dass sie sich über ein Geschenk ihres Bruders sehr gefreut hat und begleitet diese Erzählung mit einem intensiven felt smile. Als Zuhörerin freut man sich zwar, dass sich die Freundin freut, aber nicht unbedingt über das, was sie erzählt. Wird das eigene Lächeln intensiviert dargeboten, dient dies dazu, über die damit hergestellte Resonanz die gewünschte Empathie auszudrücken. Vorläufig gibt es keine empirischen Hinweise über das mimische Erscheinungsbild dieses Lächeltyps. Man könnte vermuten, dass bestimmte Formen von phoney smiles, aber auch felt smiles diese Funktion haben können.

Das *coordination smile* hat eine (Dialog)-regulierende Funktion: In einer höflichen und kooperativen Art wird damit Zustimmung gezeigt oder signalisiert, dass man etwas verstanden hat oder die Leistung eines Partners akzeptiert. Diese Art von Lächeln hat den Vorteil, den Anforderungen der Dialogregulierung zu genügen (Beteiligung wird signalisiert), ohne sich sofort inhaltlich festlegen zu müssen. Ausserdem gewinnt man Zeit, um sich zu überlegen, was man sagen möchte. Auf der Ebene der Beziehungsregulierung wird Resonanz signalisiert: Obwohl inhaltlich nichts gesagt wird, wirkt das Lächeln freundlich und für den Partner angenehm. Bei den coordination smiles handelt es sich um eher schwache Lächelausdrücke, die häufig asymmetrisch sind.

Das *listener response smile* wird von Ekman (1985) als eine Unterkategorie der coordination smiles definiert. Anstelle des Signalisierens von Aufmerksamkeit mittels anderer back-channel Signale wie "mhms" oder Kopfnicken wird gelächelt (vgl. auch Brunner 1979).

Das *puzzled smile* ist ein emblematisches Lächeln, welches dem Partner signalisiert, dass man eine kognitive Aktivität ausübt, zum Beispiel etwas nicht ganz verstanden hat oder verwirrt ist. Es ist insofern verwandt mit den coordination smiles, als es auch eine (dialog)-regulierende Funktion erfüllen kann. Typisch für dieses Lächeln ist das gleichzeitige Zusammenziehen der Augenbrauen und eine Öffnung des Mundes (siehe Abb. 9.1).

Mit einem *compliance smile* signalisiere ich einem Interaktionspartner, dass ich eine "bittere Pille ohne Protest schlucken werde" (Ekman, 1985). Niemand wird denken, dass die lächelnde Person glücklich ist, aber das Lächeln signalisiert, dass das unangenehme Schicksal akzeptiert wird. Das compliance smile gleicht dem qualifier smile, ist jedoch nicht mit der dafür typischen Kopfposition gekoppelt (laterale Kippung und Neigung nach unten). Es kann begleitet werden von einem Augengruss, einem Seufzer oder einem Achselzucken.

In Situationen, in denen man sich zwar freut, aber gleichzeitig Scham erlebt, tritt das *embarrassment smile* auf. Die Ursache für die Freude und die Schamgefühle ist dasselbe, zum Beispiel ein Kompliment, über das man sich freut, das einem aber gleichzeitig auch peinlich ist. Auf der Verhaltensebene gleicht dieses Lächeln einem felt smile (AUs 6+12), wird aber kurzfristig begleitet von einem Heraufschieben der Unterlippe (AU 17), wobei der Blick vom Interaktionspartner weggewendet oder nach unten geblickt wird.

Beim *contempt smile* wird ein Lächeln als Ausdruck von Verachtung eingesetzt, wobei oft zusätzlich ein Mundwinkel zusammengekniffen wird (siehe Abb. 9.1). Es handelt sich meist um schwache, asymmetrische Ausdrucksmuster. Eine Subkategorie ist das *höhnische Lächeln*. Dieses Lächeln tritt kombiniert mit einer entsprechenden Lautäusserung auf. Beobachtungen im Paar-Projekt (Moser, Bänninger-Huber & Steiner, 1989) zeigen, dass das höhnische Lächeln oft von einem Heben der Augenbrauen begleitet wird.

Das *entschuldigende Lächeln* wird anstelle oder parallel zu einer verbalen Entschuldigung aufgesetzt. Im Rahmen des Paar-Projekt (Moser, Bänninger-Huber & Steiner, 1989) wurde eine bestimmte Form des entschuldigenden Lächelns beobachtet, welches im Obergesicht Elemente von Trauer enthält (1+4), oft kombiniert ist mit einem schwachen Heben der Oberlippe (10x) sowie einer bestimmten Stimmqualität.

Treten zwei (oder mehr) Emotionen gleichzeitig auf, so entstehen gemäss Ekman (1985) sog. *blends*, in welchen sich Elemente beider Emotionen gleichzeitig im selben Ausdruck manifestieren. Im Zusammenhang mit Lächeln sind Kombinationen von positiven Emotionen mit anderen Emotionen von Bedeutung. Ekman (1985) beschreibt folgenden Typen: *enjoyable-anger* (wird von ihm auch als *sadistic smile* oder *cruel smile* bezeichnet), *enjoyable contempt*, *enjoyable sadness*, *enjoyable fear*, *enjoyable excitement* und *enjoyable surprise*. Das sadistic smile tritt beispielsweise dann auf, wenn eine Person sich darüber freut, dass sie im Moment ärgerlich bzw. aggressiv ist. Auf dem Gesicht zeigen sich neben dem felt smile ein Stirnrunzeln (AU 4), eine Verschmälerung der Lippen (AU 23) sowie manchmal auch ein Hochziehen der Oberlippe (AU 10).

Lachen

9.4 Zur Funktion des Lachens

Das Phänomen Lachen wurde bisher weit seltener empirisch untersucht als das Lächeln. So gibt es kaum detaillierte Beschreibungen oder Operationalisierungen auf der FACS-Ebene, die den mimischen Ausdruck präzise beschreiben würden. Hingegen existieren einige theoretische, zum Teil kontradiktorische Modellvorstellungen über die Funktionen des Lachens. Diese Theorien stammen aus den verschiedensten Wissenschaftsbereichen, etwa aus der Philosophie (Bergson, 1940), der Psychoanalyse (Freud, 1905) oder der Emotionspsychologie. Sie umfassen aber auch Beschreibungen auf einer physiologischen, bzw. biochemischen Ebene (z.B. McGhee, 1983; Rubinstein, 1985; Askenasy, 1987) oder Modellvorstellungen in der Tradition des Informationsverarbeitungsparadigmas (Rothbarth, 1976; Shultz 1976; LaFrance, 1983). Bei vielen dieser Theorien spielt das Konzept der "Spannungsreduktion" in irgendeiner Form eine Rolle: Lachen kann bei einem Individuum Stress, Unwohlsein oder Schmerz reduzieren und der Furcht- und Schrecküberwindung dienen. Allgemein soll es förderlich für die psychische und physische Gesundheit einer Person sein. Lachen ist auch Gegenstand der Humorforschung (ein aktueller Überblick findet sich bei Wicki, 1992). Hier interessiert besonders die Frage, welches die Stimuli und kognitiv-affektiven Mechanismen sind, die zu einem Lachen führen (Ruch, 1993).

Die meisten dieser Autoren beschreiben das Lachen im Hinblick auf intrapsychische Prozesse, die im Kontext von Lachen wichtig sind. Weniger zahlreich sind hingegen die Theorien, welche das Lachen auch hinsichtlich seiner interaktiven Bedeutung beleuchten. Hier sind v.a. die Arbeiten von Chapman (1976), Lorenz (1963) und Frijda (1986) zu erwähnen. Chapman (1976) betrachtet Lachen als Sicherheitsventil, welches es einer Person in Situationen mit hohem "sozialem arousal" ermöglicht, seinen Spannungszustand in sozial akzeptabler Form abzuführen. Dieser kann durch eine (zu) grosse Intimität der Situation ausgelöst werden, welche durch körperliche Nähe, Blickkontakt und andere Faktoren zustande gekommen ist. Lachen reduziert die Intimität im Sinne der Nähe-Distanzregulierung. Der Oberkörper wird bei starkem Lachen zurückgeworfen, der Blick meist vom Partner abgewendet und der Dialog für kurze Zeit unterbrochen oder zumindest erschwert. Lorenz (1963) unterstreicht die Bedeutung dieser Funktion ebenfalls, postuliert aber weiter, dass Lachen einen Angriff ersetzen kann, weil Lachen eine Verbindung zwischen den Lachenden herstellt und zugleich zu einer Abgrenzung gegenüber den Nichtlachenden führt. Frijda (1986) betont die sozial-interaktive Komponente von Lachen. Er hebt hervor, dass das Lachen (wie das Lächeln) ausgesprochen induktiv ist, eine aggressionshemmende Wirkung auf den Interaktionspartner hat und gleichzeitig die affektive Bindung stärkt. Der aggressionshemmende Aspekt von Lachen wurde auch von Kris (1940) hervorgehoben: Lachen kann unwillentlich geschehen. Es macht den Lachenden wehrlos und entwaffnet ihn. Ähnlich argumentieren Apter & Smith (1977), welche Lachen und zielgerichtetes Handeln als inkompatibel bezeichnen.

Weiter interessant sind die Ausführungen von Retzinger (1985, 1987), die Lachen im Kontext von Schamreaktionen untersucht. Sie betrachtet Lachen als ein Phänomen mit primärer Bindungsmotivation. Lachen ist als Versuch anzusehen, eine drohende Isolierung abzuwenden und steht somit im Gegensatz zur Schamreaktion. Von Salisch (1987) bezeichnet Lachen als "Münze" in der "Beziehungswährung", die einer anderen Person mitteilt, dass man ihr wohlgesonnen ist oder mit ihr über eine dritte Sache lachen kann.

Im Kontext des Paar-Projekts (Moser, Bänninger-Huber & Steiner, 1989) wurde postuliert, dass dem Lachen primär eine Interruptfunktion zukommt. Lachen kann eigene unangenehme Affekte sowie beim Partner auftretende negative emotionale Reaktionen unterbrechen oder beenden. Indem ein Lachen den Dialog für eine gewisse Zeit unterbricht, ermöglicht dies einer Person eine interne affektive Reorganisation. Lachen ist ansteckend und wie das Lächeln ein Phänomen, das über Affektinduktion in beiden Partnern resonante positive Affektzustände erzeugt, welche die affective relatedness erhöht. Nach dem Lachen kann ein neuer Level in der affektiven Regulierung eingeführt werden.

9.5 Empirische Untersuchungen zur Funktion von Lachen in face-to-face-Interaktionen

Empirische Studien, welche die theoretisch postulierten Funktionen von Lachen in sozialen Interaktionen untersuchen, sind relativ selten. Im Bereich der Entwicklungspsychologie wird Lachen zwar ab und zu als eine unter mehreren Variablen auf der Ebene der high-level Daten in die Studien einbezogen, die Untersuchung der Funktion von Lachen steht aber nicht im Vordergrund (z.B. Demos, 1982; Saarni, 1984; Lewis, Stanger & Sullivan, 1989). Eine Ausnahme bildet die Arbeit von Groth (1992), welche die Funktion von Lachen in der Schule untersuchte. Sie differenzierte verschiedene Lachtypen im Hinblick auf ihre "kommunikative" Funktion (zum Beispiel "Beziehungslachen", "Puffer-Lachen", "Normverstoss-Lachen"). Die Untersuchung zeigte, dass es geschlechtsspezifische Unterschiede im Gebrauch dieser Lachtypen gibt. Leider besteht die Einschränkung dieser Arbeit darin, dass ausser dem Lachen keine anderen nonverbalen bzw. mimischen Verhaltensweisen erfasst wurden, sondern bei der Definition der Lachtypen hauptsächlich vom verbalen Verhalten ausgegangen worden ist.

9.6 Zum Ausdrucksverhalten von Lachen

Noch existieren nur wenige Untersuchungen, welche das Ausdrucksverhalten im Kontext von Lachen beschreiben. Einige ältere Arbeiten (eine kurze Zusammenfassung gibt Ruch, 1993) befassen sich mit dem körperlichen Ausdrucksverhalten während des Lachens. Die Beschreibungen befinden sich auf einer sehr molaren Ebene und verwenden Kategorien wie "Kopf zurückwerfen", "sich auf den Boden setzen" usw. Eine neuere, differenziertere Studie, welche das Lachen in interaktiven Situationen analysiert, stammt von Grammer (1990; vgl. auch Doermer-Tramitz, 1990). Untersucht wurde das körperliche Ausdrucksverhalten, Kopfpositionen sowie Lachen von Frauen und Männern in einer Wartezimmersituation. Lachen wird als Signal konzeptualisiert, welches die Funktion anderer nonverbaler Botschaften modifiziert. Die Botschaften können von sexueller Anziehung bis zur Abneigung reichen, je nachdem, welche anderen Signale im Kontext des Lachens gezeigt werden. Grammer stellte fest, dass Lachen zwar nicht mit Interesse an der anderen Person korrelierte, Frauen aber häufiger lachen als Männer und sich während des Lachens auch häufiger bewegen.

Einige neuere Studien untersuchen den vokalen Anteil des Lachens. La Pointe, Mowrer & Case (1990) beschreiben Veränderungen des vokalen Anteils von Lachen infolge von Alterungsprozessen, Mowrer (o.J.) beschreibt und definiert den vokalen Anteil von Lachen bei 5 Monate alten Babies, Mowrer, La Pointe & Case (1987) den vokalen Anteil von Lachen bei College-Studenten.

Studien, welche das Lachen und seine mimischen Begleitphänomene mit einem objektiven System (FACS) erfassen, sind noch seltener. Ruch (o.J., 1993) ist meines Wissens einer der wenigen Forscher, welcher Lachen (im Vergleich zu Lächeln) als Reaktion auf humorvolle Stimuli mittels FACS untersucht hat. Allerdings handelt es sich um reine Decodierstudien (Dias) ohne Einbezug eines Interaktionspartners. Er stellte folgendes fest: a) Lächeln dauert durchschnittlich länger als Lachen b) Lächeln tritt bei subjektiv lustigeren Dias auf als Lächeln c) Die Intensität von AU 12 ist stärker während des Lachens als beim Lächeln d) Lachen ist öfters von den AUs 6 oder 7 begleitet als Lächeln.

Eine weitere Studie, welche das Lachen mit FACS untersucht, und zwar in interaktiven Situationen, stammt von Wojtenek (1992). Dieser verglich das mimische Erscheinungsbild während des Lächelns mit den jeweiligen Ausdrucksmustern während des Lachens. Datenmaterial bildeten Filmaufnahmen von Einwohnern der Trobriand Inseln, von Yanomami Indianern sowie von Europäern (WienerInnen). Es zeigte sich, dass Lächeln, welches von einer rhythmischen Lautäusserung begleitet war, signifikant häufiger zusammen mit AU 6 auftrat (87.5 % vs. 33.6 %). Ebenfalls häufiger konnte ein geöffneter Mund (AU 26) sowie eine Kopfbewegung nach oben beobachtet werden.

10. Wichtige Beobachtungen und Beschreibungen mimischer Phänomene im Paar-Projekt als Grundlage für die Beschreibung des mimischen Verhaltens in Psychotherapien

Bis heute liegen kaum Arbeiten vor, die das mimische Verhalten in face-to-face Interaktionen beschreiben und dabei das zeitliche Zusammenspiel einer Dyade sowie den situativen Kontext berücksichtigen. Diese Kenntnisse bilden jedoch eine wesentliche Voraussetzung für das Verständnis mimischer Interaktion in Psychotherapien. Aus diesem Grunde werden im folgenden Kapitel einige Beschreibungen grundlegender mimischer Phänomene, die aus dem Paar-Projekt stammen (Moser, Bänninger-Huber & Steiner, 1989), zusammenfassend dargestellt. Entsprechend unserem methodischen Vorgehen, d.h. der systematischen Beschreibung von Einzelfällen, handelt es um Zusammenfassungen von Einzelergebnissen. Diese werden soweit als möglich mit theoretischem und empirischem Wissen in Beziehung gesetzt.

In einem ersten Teil wird der Frage nachgegangen, wieweit die in den Affektprädiktionstabellen von Ekman & Friesen (1978, 1982a) postulierten Affektausdrucksmuster in den Paar-Interaktionen aufgetreten sind (vgl. Kap. 7). Weiter wird versucht, die Bedeutung ausgewählter mimischer Phänomene (Illustratoren, personen- und paarspezifische Ausdrucksmuster, Synchronisierungsphänomene) für affektive Regulierungsprozesse in dyadischen Interaktionen herauszuarbeiten.

10.1 Affektprädiktionen und Emotionsausdruck

Zur Beantwortung der Frage, wieweit die in den Affektprädiktionstabellen von Ekman & Friesen (1978, 1982a) postulierten Affektausdrucksmuster in den Paar-Interaktionen vorgekommen sind, wurden FACS-Daten herangezogen, welche aus den prototypischen affektiven Mikrosequenzen der zehn untersuchten Paare stammen.

10.1.1 Das Phänomen der Fragmentierung

Die Beobachtungen zeigen klar, dass vollständige Ausdrucksmuster (Vollausdruck) sehr selten sind. Meist treten nur Teile des Gesamtmusters auf. Sehr häufig sind dies einzelne AUs oder wenig komplexe AU-Kombinationen. Wir bezeichnen dieses Phänomen als Fragmentierung (vgl. Kap. 7.2). Gemäss Malatesta & Izard, 1984 (vgl. auch Tomkins, 1962) ist die Fragmentierung eine Form von "Miniaturisierung" eines Emotionsausdrucks (andere Formen sind zum Beispiel zeitliche Verkürzung oder Abschwächung des Ausdrucks). Unsere Hypothese ist, dass die

Fragmentierung dazu dient, Affektansteckung zu vermeiden, welche ein unkontrollierter Ausdruck hervorrufen würde. Die Gefahr dabei wäre, dass es zu einer Eskalation der Emotionen der Interaktanden kommen könnte.

Ein ausschlaggebender Mechanismus für die bei unseren Dyaden beobachteten Fragmentierungen besteht unserer Ansicht nach darin, dass die Versuchsanordnung das Auftauchen von starken Affekten verhindert[1]. Dies wiederum hat mehrere Gründe. Zum einen werden keine emotional allzu belastenden Konflikte besprochen, damit die Beziehung zum Partner nicht ernsthaft aufs Spiel gesetzt wird. Zum andern werden Affektzeigeregeln verwendet. Generell existiert in unserer Gesellschaft die Affektzeigeregel, den Ausdruck negativer Affekte möglichst zu vermeiden. Wenn die Vpn einen guten Eindruck machen wollen, werden sie diese Regel einhalten. Zudem handelt es sich bei diesem Experiment um eine Situation, die Unsicherheit erzeugt. Viele Menschen haben die Tendenz, in solchen Situationen mit erhöhter Kontrolle zu reagieren.

Eine weitere Vermutung geht dahin, dass vollständige Ausdrucksmuster dann auftreten, wenn das emotional involvement neu gesetzt oder aufgelöst wird, wie zum Beispiel in Begrüssungs- oder Abschiedssituationen. In unserem Experiment befanden sich die Paare jedoch im Zustand einer strukturellen Koppelung, d.h. ein affektives Band zwischen den Partnern war grundsätzlich vorhanden.

Fragmentierungen sind möglicherweise ganz allgemein eine Folge operationaler Einsparungen. Vollständige Ausdrucksmuster sind deshalb nur selten nötig, weil ein Decodierer meist über genügend andere Informationen verfügt, um zu erkennen, in welchem Zustand sich der Interaktionspartner befindet (vgl. den Prozess der situativen Empathie, Bischof-Köhler, 1988). Dies lässt sich anhand früher Mutter-Kind-Interaktionen verdeutlichen, in denen die Affektausdrucksmuster eine wichtige Rolle für die direkte Regulierung der Interaktion spielen. Bereits zu diesem Zeitpunkt sind vollausgeprägte Ausdrucksmuster dann nicht mehr nötig, wenn die Mutter schnell genug decodiert und die Wünsche des Kindes sehr schnell erkennt. Zur Decodierung des affektiven Zustandes des Kindes steht ihr nämlich nicht nur das mimische Verhalten des Kindes zur Verfügung, sondern sie kann auch über das empathische Verstehen der Situation den emotionalen Zustand des Kindes erkennen. Das Kind muss erst dann ausgeprägte mimische Muster zeigen, wenn die fragmentierte Codierung nicht erkannt wird oder die Pflegeperson nicht merkt, weshalb sich das Kind in einem bestimmten affektiven Zustand befindet und es deshalb "falsch behandelt" (es bekommt zu essen, wenn es nass ist).

Um der Problematik der Fragmentierung weiter nachzugehen, wurde eine ausgewählte Dyade gesamthaft mit FACS codiert und gemäss den Affektprädiktionstabellen von EMFACS ausgewertet. Tabelle 10.1 gibt einen Überblick über die auftretenden EMFACS Kategorien. Die Berechnungen erfolgten getrennt für die Frau und den Mann. Die Auswertung zeigt, dass während 42 Prozent der Gesamtzeit bei der Frau und während 29 Prozent beim Mann keine codierbaren mimischen Ereignisse auftreten. Weiter wird ersichtlich, dass das mimische Verhalten

---

[1] Dies entspricht dem Verhalten in Alltagssituationen, welches durch wenig intensive Affekte gekennzeichnet ist. Intensive Affekte beschränken sich meist auf wenige Situationen. Dies gilt auch für die therapeutische Interaktion.

Tabelle 10.1: Relative Auftretensdauer der EMFACS-Kategorien in Dyade 3 (in Prozenten der Gesamtzeit)

EMFACS-Kategorien	Frau	Mann
No Prediction	40.4 %	54.5 %
None	42.5 %	29.0 %
Ärger	0.0 %	2.9 %
Disgust	3.4 %	0.0 %
Verachtung	0.2 %	0.1 %
Angst	1.3 %	0.0 %
Freude	9.1 %	4.2 %
Trauer	1.0 %	4.3 %
Überraschung	0.0 %	0.1 %
Masked Emotions	2.4 %	4.2 %
Negative Emotions	0.0 %	2.6 %

während fast der Hälfte der Zeit (Frau: 40 %, Mann: 55 %) keiner eindeutigen Kategorie zugeordnet werden kann, d.h. keine Emotions-Prädiktion möglich ist. Schliesst man die Kategorien "masked" und "negative emotions" aus, d.h. betrachtet man nur die spezifischen Emotionskategorien, so machen diese bloss 15 % resp. 12 % der Gesamtzeit aus. Dass nur so wenige Zuordnungen möglich sind, könnte, wie erwähnt, darauf zurückzuführen sein, dass nur relativ selten vollausgeprägte Ausdrucksmuster auftreten, wie sie für eine Kategorisierung gemäss EMFACS nötig sind. Dieses Resultat weist unseres Erachtens aber auch darauf hin, dass mimisches Verhalten neben dem Ausdruck von Emotionen auch noch andere interaktionsregulierende Funktionen hat.

10.1.2 Der Ausdruck von Ärger

Welche AUs treten in den untersuchten Mikrosequenzen im Kontext von Ärger-Reaktionen überhaupt auf? Es sind dies eine Reihe verschiedener AUs und AU-Kombinationen, die als Teile von Indikatoren negativer Emotionen gelten Sehr häufig treten AU-Kombinationen auf, die eine AU 15 und/oder AU 10 enthalten. Zu beobachten sind auch Innervationen von AU 4, AU 5, AU 7 sowie AU 9, allein oder in Kombination mit anderen AUs. In der Mundregion treten weiter die Kombinationen 17+23 sowie 15+24 zusammen mit den oben genannten AUs oder allein auf. Dabei sind personenspezifische Unterschiede zu beobachten, d.h. nicht alle Vpn encodieren Ärger auf die gleiche Weise, sondern es scheint, dass eine Person einen bestimmten Gesichtsausdruck bevorzugt.

Ausgehend von diesen - wie gesagt - unsystematischen Beobachtungen scheint es also vorzukommen, dass nicht nur fragmentierte Ausdrucksmuster auftreten, sondern dass AUs auftreten, die gemäss den Affektprädiktionstabellen nicht als Ärger Indikatoren gelten. Dies betrifft die sehr häufig auftretenden AUs 9 und AUs 15. Es gibt verschiedene Möglichkeiten, diesen Befund zu interpretieren. Diese hängen davon ab, welches Validitätskriterium man für das Auftreten einer Emotion verwendet. Geht man davon aus, dass gemäss dem Prozessmodell der Untersucher Ärger vorliegt, die Vp aber beispielsweise eine AU 9 (Indikator von disgust) zeigt, würde dies dafür sprechen, dass die Affektprädiktionstabellen korrigiert werden müssten. Verwendet man den mimischen Ausdruck als Validitätskriterium, müsste man daraus folgern, dass eigentlich Ekel und nicht Ärger vorliegt. Man könnte aber auch argumentieren, dass interne Verschaltungsregeln zwischen Emotion und Ausdruck existieren, die bewirken, dass Ärger sich in unserer Kultur durch eine Innervation von AU 9 zeigt. Welcher dieser Standpunkte zutrifft, kann heute allerdings nicht entschieden werden.

10.2 Die Verwendung von Illustratoren

Wie beschrieben, liefert mimisches Ausdrucksverhalten zwar wichtige Informationen über den affektiven Zustand einer Person, die Gesichtsaktivität erfüllt jedoch zu einem beträchtlichen Teil auch andere Funktionen. Gemäss der etablierten Einteilung von Ekman & Friesen (1969a), müssen neben dem Emotionsausdruck zumindest auch die Kategorien Illustratoren (= *conversational signals*), Adaptoren (= *manipulators*), Embleme sowie Regulatoren unterschieden werden. Theoretisch könnte man sich vorstellen, dass diese Verhaltensweisen ihre phylogenetischen Wurzeln im Emotionsausdruck haben. Mit der Zeit haben sich jedoch Teile dieses Verhaltens von den Emotionen abgekoppelt und sind in Form von Illustratoren und Regulatoren als kommunikative Signale ins Repertoire sozialen Verhaltens integriert worden.

Allerdings besteht nach wie vor eine enge Verbindung zwischen Emotionsausdruck und Illustratoren. Rinn (1984, 1991) konnte zeigen, dass bestimmte mimische Konfigurationen, die gemäss Ekman & Friesen (1969a) sowie Ekman (1979) als Illustratoren klassifiziert werden (zum Beispiel AU 4 oder AUs 1+2), physiologisch betrachtet unwillkürliche Reaktionen extrapyramidalen Ursprungs sind, wie dies auch für den spontanen Affektausdruck der Fall ist. Andere Teile des Ausdrucksverhaltens, wie etwa die Embleme, stammen nicht aus dem Emotionsrepertoire, sondern haben sich direkt als bedeutungstragende Elemente etabliert, analog etwa den Mechanismen, die man bei der Entwicklung der Sprache annimmt (vgl. Ekman & Friesen, 1969a).

Während sich Embleme und Adaptoren im Verhaltensstrom relativ einfach funktional definieren lassen, ist die Identifikation von Illustratoren schwieriger. Das Problem stellt sich v.a. deshalb, weil das gleiche mimische Erscheinungsbild in bestimmten Fällen sowohl die Funktion eines Illustrators haben wie auch Bestandteil eines Affektausdrucks sein kann. Da eine Innervation (zum Beispiel AU 4) also mehr als nur eine Funktion erfüllen kann, hängt es vom Decodierer ab, welche Bedeutung er dem Signal zuordnet. So kann er beispielsweise die Innervation von AU 4 als Zeichen von Konzentration oder als Ärgerausdruck interpretieren. Es wäre also wichtig, über den Kontext Kriterien zu definieren, wann ein Ausdruck vom Empfänger als interaktiver Affekt verstanden wird und wann er als Illustrator decodiert wird.

Hierzu einige vorläufige Überlegungen: Es wäre denkbar, dass es für die Bedeutungszuordnung eine Rolle spielt, ob der Ausdruck während des Sprechens auftritt oder unmittelbar vor Sprechbeginn des Senders. Aufgrund unsystematischer Beobachtungen vermuten wir, dass zum Beispiel ein mimischer Ausdruck von Verachtung interaktiv auf den Empfänger bezogen wird, wenn er in einem Vorwurf eingebaut ist. Er wird dann als Affektausdruck interpretiert und bedeutet 'ich verachte dich'. Wird der Ausdruck hingegen vor der Äusserung gezeigt, so wird das gleiche Muster als Ausdruck eines Evaluierungsprozesses des Senders und damit als Illustrator aufgefasst.

10.3 Personenspezifisches Ausdrucksrepertoire

Wie erwähnt, sieht der Gesichtsausdruck von Ärger nicht bei allen Vpn gleich aus, sondern es werden vermutlich personenspezifisch Bestandteile für den Ausdruck ausgewählt. Persönlichkeitsspezifische mimische Verhaltensweisen zeigen sich besonders auch bei der Kategorie der Adaptoren. Während sich die eine Person in Situationen der Unsicherheit beispielsweise dauernd auf die Lippen beisst (AU 32), rollt die andere die Lippen ein (AU 28). Sehr oft ist auch zu beobachten, dass typische mimische Illustratoren verwendet werden. So benützt beispielsweise eine Person die Kombination 1+2 als *punctuator* (Ekman & Friesen, 1969a), während eine andere die Kombination 1+4 bevorzugt.

Wie sich solche typischen Innervationen im Verlauf der Affektsozialisierung genau entwickeln, wurde bis heute noch nie empirisch untersucht. Allerdings ist die Hypothese naheliegend, dass häufig verwendete Innervationen nicht "zufällig" sind, sondern mit der personenspezifischen Form der Affektregulierung zu tun haben, die sich interaktiv auf eine bestimmte Weise manifestiert. So bewirkt die Verwendung der AU-Kombination 1+4 als Illustrator beim Interaktionspartner möglicherweise eine permanente Schonhaltung, da diese AU-Kombination ein Bestandteil des Emotionsausdrucks von Trauer ist und ein Mensch in einem solchen emotionalen Zustand geschont werden muss. Eine häufiges Auftreten von AU 9 (disgust) hingegen bewirkt beim Interaktionspartner möglicherweise ein permanentes Gefühl des Zurückgestossenwerdens.

Ähnliche Überlegungen wurden bereits von Tomkins (1975) formuliert, der beobachtete, dass Leute unabhängig von einer bestimmten emotionsauslösenden Situation bestimmte Innervationsmuster stereotyp zeigen, die eine relevante interaktive Wirkung haben. Krause (1981) beschreibt mimische Ausdrucksmuster während Stotteranfällen. Er nimmt an, dass im Ausdruck der persönliche intrapsychische Konflikt, welcher der Störung zugrundeliegt, in "gespeicherter Form" erhalten ist und sich dadurch immer wieder interaktiv manifestiert (vgl. Bänninger-Huber, 1991).

10.4 Paarspezifische Ausdrucksmuster

Als Produkt der gemeinsamen Beziehungsregulierung traten bei den beobachteten Dyaden paarspezifische Ausdrucksmuster auf. Eine Gruppe dieser Phänomene bezeichnen wir in Anlehnung an Leisi (1978) als sog. *Chiffren*. Chiffren sind paarspezifisch und haben nach Leisi für das Paar eine besondere, für Aussenstehende nicht direkt durchschaubare Bedeutung. Eine Chiffre ist eine kurze Formel, die sich auf den Zusammenhang und die Gefühle eines Paares bezieht. So werden fragmentierte Ausdrucksmuster benützt, die eine spezifische Bedeutung für das Paar haben, zum Beispiel "verdünnte Verachtung". Aufgrund der gemeinsamen Erfahrung kann hier auf minimale Ausdrucksmuster rekurriert werden, die beiden Interaktanden vertraut sind.

Daneben treten aber auch hochkondensierte Ausdrucksmuster auf, in denen gemeinsam erfahrene emotionale Situationen gespeichert sind. Dazu wäre etwa eine bestimmte Form eines synchron auftretenden verschmitzten Lächelns zu zählen. In diesem Lächeln ist eine Menge Kontextwissen gespeichert, das für Aussenstehende nicht ohne weitere Informationen aus der Situation erschliessbar ist. Gemäss unseren Beobachtungen sind Chiffren häufig gekoppelt an Verbalisierungen, die in einem bestimmtem Tonfall geäussert werden.

Eine weitere Kategorie dyadischer Ausdrucksphänomene sind die sog. Bindungszeichen (Argyle, 1987; Morris, 1977). Im Unterschied zu den Chiffren enthalten diese weniger verdichtete Informationen und sind damit für einen Beobachter direkter verständlich. Allerdings ist eine klare Abgrenzung gegenüber Chiffren nicht möglich, da Chiffren immer auch die Funktion haben, die emotionale Bindung (affective relatedness) zwischen zwei Personen zu bestätigen. Besonders häufig sind Bindungszeichen in Situationen der Verunsicherung zu beobachten, in unserem Fall zum Beispiel gerade im Anschluss an die Vorgabe der Instruktion. Bindungszeichen treten auf verschiedenen Komplexitätsstufen und unter Einbezug unterschiedlicher interaktiver Verhaltensweisen auf. Als Bindungszeichen funktionieren etwa Zuzwinkern, vermehrtes Anlächeln, erhöhtes Anblicken, oder die über die Dialogebene laufende Strategie, den Partner zum Lachen zu bringen. Man könnte sagen, dass Bindungszeichen eine Art mimischer "Berührungen" darstellen, die in unserem Setting nicht möglich sind. Bindungszeichen sind verwandt mit sog. Stimmfühlungslauten bei Tieren oder dem von Stern (1985) beschriebenen *attunement* zwischen Kleinkindern und Pflegepersonen.

Eine weitere Kategorie, die hier noch kurz erwähnt werden soll, nennen wir *"Go on-" und "Stopp-Signale"*. Es handelt sich um Signale auf einer Mikroebene, mit denen der Partner aufgefordert wird, seine Aktivität fortzusetzen oder zu beenden. Ein Beispiel für ein Stopp-Signal wäre etwa eine unilaterale Innervation von AU 2. Durch den Ausdruck des Zweifels wird die Aktivität des Partners gebremst. Wir vermuten, dass sich auch diese Signale im Verlaufe einer Beziehung etablieren und häufig paarspezifisch geformt sind.

Aus der Perspektive des Encodierenden betrachtet, hat die Mimik oft eine generelle Steuerungsfunktion, indem unspezifische Handlungsbereitschaften, bzw. Intentionen signalisiert werden, zum Beispiel im Sinne 'Jetzt kommt etwas'. Dies geschieht vielfach über Adaptoren, wobei andere im Kontext auftretende Verhaltensweisen wie Änderung der Blickrichtung, Abwendung des Kopfes sowie Kopfbewegungen wichtig für die Bedeutungseinschätzung dieser Signale sind.

10.5 Synchronisierungsphänomene

Synchronisierungsprozesse im Bereich des mimischen Verhaltens wurden ausser im Zusammenhang mit Ansteckungsphänomenen wie beispielsweise Lächeln (z.B. Krause & Lütolf, 1988; Wicki, 1988) noch kaum empirisch untersucht. In der Literatur (z.B. La France, 1979; Trout & Rosenfeld, 1980; Bernieri & Rosenthal, 1991) werden unter den Begriff "Synchronisierung" im wesentlichen die beiden Phänomene Körperhaltungsangleichung und Bewegungssynchronisation subsumiert. Referiert werden fast ausschliesslich Untersuchungen zu Körperhaltungsangleichungen (Körperposition, Bein-Fusshaltung, Arm-Handpositionen). Von Körperhaltungsangleichungen (bzw. von Kongruenz) wird dann gesprochen, wenn beide Interaktanden ihren Körper, speziell Kopf, Arme, Hände, Beine und Füsse in der gleichen Stellung halten. Dabei kann es sich um eine direkte Kopie oder auch um eine spiegelverkehrte Haltung handeln.

Für die meisten Autoren sind Körperhaltungsangleichungen Ausdruck einer affektiven Bindung zwischen zwei Interaktanden. Sie kommen häufiger vor zwischen Freunden, Kollegen, und Leuten, die sich gut kennen und gleiche Interessen zeigen. Charney (1966) bezeichnet Körperhaltungsangleichungen als Indikator für *relatedness*. Laut Dabbs (1969a) besteht die Funktion solcher Synchronisierungsprozesse in der Herstellung einer affektiven Bindung (*rapport*). Gemäss Scheflen (1964) treten Körperhaltungsangleichungen in Interaktionen zwischen Freunden auf, wenn sie eine zeitweilige Auseinandersetzung haben oder unterschiedliche Standpunkte einnehmen, so als ob sie damit die grundsätzliche Kontinuität ihrer Beziehung ausdrücken wollten.

Verschiedene Untersuchungen haben gezeigt, dass Interaktionen so manipuliert werden können, dass der imitierte Interaktand sein Gegenüber und sich selbst als positiver und die ganze Interaktion ebenfalls als angenehmer empfindet. Das Fehlen von Kongruenz deutet auf eine wenig starke (affektive) Verbindung zwischen den Interaktanden hin. Dieses wird oft begleitet von anderen Verhaltensweisen, die wenig Verbundenheit signalisieren (zum Beispiel Reduktion des gegenseitigen Anblickens).

Bewegungssynchronisation wurde hauptsächlich ausgehend von Condons Konzept der *Interactional Synchrony* (z.B. 1970, 1982) untersucht. Bewegungssynchronisation wird in diesem Ansatz unter dem Gesichtspunkt des Zusammenhangs zwischen Sprache und Bewegungen analysiert. Dabei wird *Interactional Synchrony* als eine Art rhythmische Begleitung des auditiven Wahrnehmungsprozesses verstanden. Im allgemeinen wird Bewegungssynchronisation definiert als gleichzeitiges Bewegen gleicher Körperteile, wobei ebenfalls Spiegelbild oder Kopie unterschieden werden.

Eine differenziertere Operationalisierung stammt von Schmais & Felber (1977). Von Bewegungssynchronisation wird gesprochen, wenn erstens ein gemeinsamer Rhythmus (egal, welcher Körperteile) zu beobachten ist, die Bewegungen eine gemeinsame Bewegungsqualität aufweisen und drittens gemeinsame Bewegungen des gleichen Körperteils in die gleiche Richtung auftreten. Wieweit sich diese Befunde auf die Mikroebene des mimischen Verhaltens übertragen lassen, ist offen. Es ist zu vermuten, dass Synchronisierungen auf der mimischen Ebene eine unterschiedliche Funktion zukommt, da in der mimischen Kommunikation sehr häufig Resonanzphänomene vorkommen. Äquivalente Verhaltensweisen treten sehr häufig gleichzeitig bei beiden Partnern auf, zum Beispiel synchrones Lächeln.

Wir interpretieren Synchronisierungsprozesse als eine Form eines resonanten Zustandes, in dem beide Personen gleichzeitig aktiv sind. In Anlehnung an die

Terminologie für die Beschreibung der Mechanismen der Hörer-Sprecher-Regulierung, könnte man von einem *simultaneous emotional floor* sprechen. Wie auch das gleichzeitige Sprechen, sind Synchronisierungen zeitlich begrenzt, wenn auch aus anderen Gründen. Vermutlich können generell in Beziehungen resonante Zustände nicht allzulange dauern, Wechselseitigkeit im Sinne von response oder attunement ist notwendig, d.h., es muss im Verlauf einer Interaktion immer wieder zu einer asymmetrischen Rollenverteilung kommen.

Nicht jede Synchronisierung ist allerdings als Resonanzphänomen zu verstehen. Synchronisierungen können auch dann auftreten, wenn beide Interaktionspartner - möglicherweise aufgrund einer gemeinsamen inneren Uhr - im gleichen Moment das selbe tun, zum Beispiel nach längerem schweigendem Nachdenken die Sprecherrolle übernehmen. Obwohl Synchronisierungen nur kurz andauern, handelt es sich dabei um wichtige Abläufe im Hinblick auf die Evaluierung der affective relatedness. Daraus, dass beide im selben Moment das gleiche Verhalten zeigen, wird dem Interaktionspartner suggeriert, dass beide auch das gleiche denken und fühlen. Aus diesen Momenten kann eine intensive Befriedigung und ein beglückendes Gefühl starker affective relatedness resultieren. Nicht auszuschliessen ist, dass Synchronisierungsprozesse auch eine defensive Funktion erfüllen können. Im Moment der Synchronisierung ist keine Regulierungsarbeit nötig, es ist damit auch kein Platz für einen Konflikt.

10.6 Einige Überlegungen zum Decodierprozess

Möchte man die interaktive Wirkung der verschiedenen mimischen Ausdrucksphänomene erfassen, so ist es wichtig, Modelle über den Ablauf des Decodierprozesses zu entwickeln, m.a.W. es stellt sich die Frage, welche mimischen Stimulusinformationen aufgrund welcher (intrapsychischer) Beurteilungsprozesse zu welchen Urteilen führen. Darüber, wie solche Decodierprozesse in realen Interaktionssituationen ablaufen, in welchen der Gesichtsausdruck nur eine Informationsquelle unter vielen darstellt, weiss man bis heute noch sehr wenig. Wie aus dem Bereich der Personenwahrnehmung und der Eindrucksbildung bekannt ist (zusammenfassend in Wallbott, 1990) ist anzunehmen, dass bei der Decodierung mimischen Verhaltens Wissen über den verbalen, nonverbalen und situativen Kontext einfliesst. Zudem spielt auch der intrapsychische kognitiv-affektive Zustand des Decodierers eine wichtige Rolle (zum Beispiel *mood-congruity effects*, Bower, 1981).

Diese Frage wurde im Paar-Projekt im Rahmen verschiedener Nachbefragungen ansatzweise untersucht. Einige Wochen nach dem Stopp-Experiment (vgl. 7.5) wurden den Versuchspersonen als Stimulusmaterial ausgewählte Partnerfotos präsentiert. Diese Fotos stammten jeweils aus einer wenige Sekunden dauernden Interaktionssequenz, welche im Hinblick auf das affektive Regulierungsgeschehen zuvor mikroanalytisch ausgewertet worden war. Die Vpn wussten nicht, aus welchem Teil der Interaktion die Fotos stammten, welche ihnen in zufälliger Reihenfolge vorgelegt wurden. Die Vpn wurden aufgefordert, zu jedem Foto mitzuteilen, ob ihnen der Gesichtsausdruck bekannt vorkommt, ob sie ihn als typisch für den Partner erachten, in welchen Situationen er auftritt, wie der Partner sich dabei fühlt und wie man selbst darauf reagiert. Mit dieser Vorgehensweise sollte abgeklärt werden, wieweit es den Vpn möglich war, ohne Kontextwissen mimische Ausdrucksmuster ihrer Partner zu decodieren. Weiter interessierte, welche Charakteristika der mimischen Ausdrucksmuster für welche Bedeutungszuordnungen der Vpn verantwortlich sind. Die Aussagen der Vpn wurden mit einem selbstentwickelten Kategoriensystem (Moser, Bänninger-Huber & Steiner, 1989) erfasst, aber nicht systematisch ausgewertet. Dennoch kann man aufgrund der unsystematischen Beobachtungen sagen, dass die Vpn erstaunlich "gut" in der Lage sind, die mimischen Ausdrucksmuster ihrer Partner zu erkennen, d.h. es lassen sich thematische Übereinstimmungen der Äusserungen zu den Fotos mit dem realen Geschehen während der Mikrosequenz beobachten. Da nicht anzunehmen ist, dass sich die Vpn an die reale Gesprächssituation erinnerten, aus der die Fotos stammten, könnte man schliessen, dass die Fotos bei den Vpn einen Zugang zu beziehungstypischen affektiven Konstellationen mit Ihrem Partner schaffen. Diese Aussage lässt sich allerdings nicht stringent validieren, da ein Aussenkriterium fehlt, welches völlig unabhängig von unserer Interpretation das reale Geschehen erfassen würde.

Weiter zeigen die Beschreibungen eines Fotos oft eine typische Sukzession: Der erste Eindruck ist offenbar sehr wichtig. Einschätzungen wie typisch-untypisch, vertraut-fremd, angenehm-unangenehm werden sofort gemacht. Dann wird Bezug genommen auf bestimmte auffällige mimische Merkmale (zum Beispiel "spitzer Mund", "schmunzeln"). Schliesslich wird eine für das Gesicht typische Situation konstruiert bzw. aus der Erinnerung abgerufen (zum Beispiel "so schaut der K. jeweils "drein" wenn er müde ist und etwas anderes denkt"; "er hat letzthin im Fernsehen ein Interview gegeben, da hat er auch so "drein" geschaut, er hat wahrscheinlich gedacht, so sehe er gescheit aus") und in manchen Fällen werden dann - ausgehend von diesem Konzept - die vorher gemachten Einschätzungen nochmals validiert und präzisiert. Wieweit diese Sukzession den realen Decodierprozess widerspiegelt, ist eine offene Frage. Bei diesen Vorgehen handelt es sich um eine erste Annährung an das Problem. Der Vorteil dieses Ansatzes liegt darin, dass die Stimulusinformationen mit FACS exakt beschrieben werden und mit dem Urteil in Beziehung gesetzt werden kann. Dies kann dazu verhelfen, adäquatere und präzisere Modelle über den Decodierprozess zu entwickeln. Wie dieser Prozess allerdings on-line abläuft, wird über Verhaltensbeobachtung und Selbstberichte nie direkt erfassbar sein, da es sich um einen intrapsychischen Prozess handelt, der in den meisten Fällen vermutlich automatisch und unbewusst abläuft.[2]

---

[2] Dies wäre allerdings ein geeignetes Anwendungsgebiet für eine Computersimulation, welche dabei helfen könnte, die "internen" Abläufe der Urteilsbildung präziser zu modellieren (vgl. z.B. Wehrle, 1994).

11. Methode zur mikroanalytischen Untersuchung affektiver Regulierungsprozesse

Die im Paarprojekt entwickelte Methode ermöglicht die mikroanalytische Beschreibung kognitiv-affektiver Prozesse in dyadischen face-to-face Interaktionen, wobei das affektive Regulierungsgeschehen in ausgewählten Sequenzen in Form eines Prozessmodells beschrieben wird. FACS-Daten von zwei Interaktionspartnern können miteinander verknüpft und unter Einbezug des emotionalen Kontexts interpretiert werden.

11.1 Herstellung der Videoaufnahmen

Untersucht wurden Therapien, die an der Beratungsstelle des Psychologischen Instituts der Universität Zürich durchgeführt und auf Video aufgezeichnet wurden. Die Videoaufnahmen wurden in einem speziell dafür eingerichteten Aufnahmestudio hergestellt, wobei die darin festinstallierten Videokameras von einem Nebenraum aus fernbedient wurden (für nähere Angaben siehe Thomann, 1993). Jede Person wird jeweils von einer Kamera einzeln von vorne gefilmt, so dass sog. *split-screen* Aufnahmen resultieren. Diese zeigen nebeneinander das Gesicht der beiden Interaktanden in Nahaufnahme mit dem auf 1/50 Sekunde genau eingeblendeten Zeitcode. Solche technisch hochwertigen Videoaufnahmen bilden die Voraussetzung für die spätere FACS-Codierung.

11.2 Durchführung der FACS-Codierung

Codiert wurden (in den ausgewählten Sequenzen) alle AUs, welche im FACS-Manual (Ekman & Friesen, 1978) beschrieben sind inklusive miscellaneous actions, Kopfpositionen und Lidschläge. Intensitäten (x,y,z) wurden für alle AUs, bei denen diese Differenzierungsmöglichkeit im Manual vorgesehen ist, bestimmt. Je ein zusätzlicher Code für *"Anblicken des Partners"* (AU 66) sowie für hörbares Lachen (03) wurde eingeführt. Die on-off-Codierung von Sprechen/Nicht-Sprechen ist in FACS mit einem Code (AU 50) abgedeckt.

11.3 Datenaufbereitung

Die FACS-Daten wurden auf einem PC erfasst und mit Hilfe des Programmpakets FACSER überprüft und weiterverarbeitet. FACSER ist ein Programmpaket, welches im Rahmen des Paar-Projekts zur Erfassung und Auswertung von nonverbaler Daten erstellt worden ist (Steiner, 1987, 1990). FACSER enthält Prozeduren für interaktive Dateneingabe, Datenmanipulation, statistische Auswertungen, das Drucken von Reports und die Erstellung graphischer Verlaufsplots (= *micro-plots*). Diese können auf einem Plotter (in Farbe) oder auf einem Laserdrucker (schwarzweiss) ausgedruckt werden. Affektprädiktionen im EMFACS-Dictionary von Ekman & Friesen (1982) können mit FACSER ebenfalls „abgefragt“ werden.

Das Datenmaterial einer Mikrosequenz wird graphisch in Form eines micro-plots aufbereitet. Im oberen Teil der Graphik wird das Verhalten des Klienten oder der Klientin, auf der unteren Hälfte dasjenige der Therapeutin dargestellt. Die Darstellung umfasst ein in Zehntelssekunden eingeteiltes zeitliches Raster, die FACS-Codierungen, die analoge Darstellung der Kopfpositionen sowie die Lidschläge (Rechtecke) und das Hinblicken zur anderen Person (ausgezogene Linie) (vgl. Abbildungen in den Kap. 14, 15 und 16).

Zur Illustration wird der Gesichtsausdruck von Klient und Therapeutin zusätzlich fotografiert. Die Pfeile markieren die Zeitpunkte, zu denen jeweils ein Foto von den Apizes der auftretenden mimischen Ereignisse gemacht worden ist. Dabei wird ein neues Ereignis durch das Hinzukommen oder Wegfallen einer AU (Lidschläge ausgenommen) definiert. Aus Gründen des Persönlichkeitsschutzes wurden in der vorliegenden Arbeit die Klientenfotos durch Zeichnungen ersetzt (vgl. 13.1).

Im Anschluss an die FACS-Codierung und die graphische Aufbereitung der nonverbalen Daten in Form der micro-plots wird jeweils ein Prozessmodell für die ausgewählte Sequenz entwickelt (siehe nächster Abschnitt). Um den Überblick über den therapeutischen Kontext der untersuchten Mikrosequenzen zu erleichtern, werden Verbatim-Protokolle der untersuchten Therapieabschnitte hergestellt. Diese werden mittels des von Mösch (1987) entwickelten Verfahrens zur Segmentierung prädikatzentrierter Einheiten aufbereitet und mit einer auf eine Sekunde genauen Zeitmarke versehen (vgl. auch Moser, Bänninger-Huber & Steiner, 1989, S. 14).

11.4 Die Entwicklung von Prozessmodellen des affektiven Regulierungsgeschehens und die Darstellung einer „epistemologischen Systematik“

Bei der Entwicklung eines Prozessmodells über das affektive Regulierungsgeschehen in einer ausgewählten Sequenz besteht das Ziel darin, alle erfassten nonverbalen Phänomene zu beschreiben und theoriegeleitet zu interpretieren. Mimisches Verhalten wird immer in seiner Bedeutung für die intrapsychische und interaktive Affektregulierung beschrieben. Die verbalen Äusserungen werden für das psychologische Verständnis der interaktiven Situation herangezogen.

Für ausgewählte interaktive Sequenzen, die in der Regel 5 bis 20 Sekunden dauern, wird ein Prozessmodell des affektiven Geschehens entwickelt, in das Wissen aus vier hierarchisch angeordneten Ebenen eingeht (Bänninger-Huber, Moser & Steiner, 1990; Bänninger-Huber, 1992). Wie diese Beschreibungsebenen miteinander zusammenhängen, wird im folgenden anhand einer vier Stufen umfassenden „epistemologischen Systematik“ (Bänninger-Huber & v. Salisch, 1994) erklärt.

Grundsätzlich wird zwischen zwei Konzeptebenen und zwei Datenebenen unterschieden. Sogenannte *high-level Konzepte* bilden die höchste Beschreibungsebene. Diese Konzeptebene enthält relativ abstrakte, in sich geschlossene Modellvorstellungen zu emotionalen Prozessen in Beziehungssituationen sowie Modelle über die Organisation einer Dyade. High-level Konzepte können aus verschiedenen

Teilgebieten der Psychologie stammen, etwa aus der Emotionsforschung, der Sozialpsychologie, der Klinischen Psychologie oder der Psychoanalyse, aber auch aus benachbarten Disziplinen wie etwa der Neurobiologie oder der Humanethologie.

Beispiele für solche Konzepte aus der Sozialpsychologie sind etwa Mehrabians (1972) Dimensionen *like-dislike*, *potency* und *responsiveness* oder Berscheids (1983) Konzept des *emotional investment* in Paarbeziehungen. Die Emotionsforschung formuliert die Konzepte *belonging*, *recognition*, *being* (de Rivera, 1984). Aus der Psychoanalyse sind die Begriffe Übertragung und Gegenübertragung bekannt, aus dem Bereich der Neurobiologie stammt das Modell der *strukturellen Koppelung* (Maturana & Varela, 1987). In der Humanethologie wird zum Beispiel die Signalfunktion von emotionalen Darbietungen, insbesondere von Drohgebärden (Camras, 1977) konzeptualisiert. Für meinen Ansatz von besonderer Bedeutung ist ein Modell der Regulierung von Beziehungssituationen (Moser, 1985; Moser, v. Zeppelin & Schneider, 1991). Beispiele für entsprechende Konzepte sind *Selbst-* und *Beziehungsregulierung*, *affective relatedness*, *Resonanz* oder *emotional involvement* (siehe Kap. 12.2).

Auf der nächst tieferen Ebene liegen die *low-level Konzepte*. Es sind dies Konzepte aus unterschiedlichen Emotionstheorien, unterschiedliche Definitionen von Emotionen und unterschiedliche Vorstellungen zum Zusammenhang von Emotionen, Kognitionen, psychophysiologischen Parametern und Ausdrucksverhalten. Beispiele für Konzepte auf dieser Ebene sind: Basisemotionen (z.B. Ekman, 1992), *occurrent emotions* vs. *experienced emotions* (Moser, 1983), *stimulus evaluation checks* (Scherer, 1984, 1988), *action tendencies* (Frijda, 1986b) oder das Konzept der *Affektzeigeregeln* von Ekman und Friesen (1969a).

Zu den low-level Konzepten gehören auch emotionstheoretische Beschreibungen interaktiver Ausdrucksprozesse. Diese können individuenbezogen sein (zum Beispiel Responsivität, Expressivität oder Verhaltensrepertoire einer Person), aber auch dyadisch, zum Beispiel *interactional synchrony* (Condon, 1979), *interpersonal coordination* (Bernieri & Rosenthal, 1991) oder *attunement* (Stern, 1985).
Es wird davon ausgegangen, dass sich diese unterschiedlichen affektiven Prozesse auf jeweils spezifische Art und Weise auf der Ebene verbaler und nonverbaler Phänomene, speziell der Mimik, äussern. Sie sind damit der direkten Beobachtung grundsätzlich zugänglich. Wir sprechen hierbei von *high-level Daten*, deren Identifizierung von Beobachterkonzepten abhängt.

Zu den high-level Daten gehören: Ausdrucksmuster von Grundemotionen; Ausdrucksmuster weiterer Affekte, die aufgrund von Annahmen über intrapsychische Prozesse theoretisch postuliert werden, wie etwa Schuld- und Schamgefühle, Verlegenheit, Enttäuschung oder narzisstische Kränkung; Verhaltensmuster, die neben mimischen Ausdrucksmustern auch andere nonverbale Signale wie Kopfabwendung oder Vokalisierungen enthalten; Lächeltypen (z.B. Ekman & Friesen, 1982b; Ekman, 1985/1990), verschiedene Formen des Weinens; Mischungen (*blends*), Maskierungen, Kontrollphänomene, Schmerz, Anspannung, Plus- und Minusgesichter (Zivin, 1977) und Drohgesichter (Camras, 1977).

Die unterste Beschreibungsebene bilden die *low-level Daten*. Dabei handelt es sich um verbale und nonverbale Daten, die direkt beobachtbar sind und objektiv, bzw. reliabel codiert werden können. Es sind dies einzelne AUs und AU-Kombinationen, Kopfpositionen, Blickrichtung, Adaptoren (Ekman, 1988), Tränen, Erröten, *on-off-patterns* der Sprache usw.

Zwischen den high-level Daten und den low-level Daten besteht eine Relation der Operationalisierung. Zwischen den beiden Datentypen und den theoretischen high- und low-level Konzepten werden Zusammenhänge in Form von Arbeitshypothesen postuliert. Diese sind theoretisch und zum Teil auch empirisch begründet (vgl. Kap. 6). Bekannteste Operationalisierungen sind die in den Affektprädiktionstabellen (Ekman & Friesen, 1978, 1982a) enthaltenen Emotionsinterpretationen sowie die unterschiedlichen Lächeltypen (z.B. Ekman & Friesen, 1982b). Eine Einschränkung besteht darin, dass nicht für alle Verknüpfungen zwischen low- und high-level Daten bereits empirisch überprüfte Operationalisierungen zur Verfügung stehen (vgl. Kap. 7). Dies gilt insbesondere für diejenigen Emotionen, die nicht in den Affektprädiktionstabellen von Ekman und Friesen (1978, 1982a) zu finden sind, da diese auf die Basisemotionen beschränkt sind. Überprüfte Operationalisierungen fehlen zum Beispiel weitgehend für Emotionen im Zusammenhang mit der Regulierung des Selbstbereiches, zum Beispiel Kränkungen oder Schamgefühle, und für Phänomene, die von den Vertretern der differentiellen Emotionstheorie theoretisch nicht differenziert ausmodelliert sind, wie etwa Synchronie, aber auch für dyadenspezifische Regulierungsphänomene.

12. Konzeptuelle Überlegungen zu den Funktionen von Affekten in der intrapsychischen und interaktiven Regulierung

12.1 Überlegungen zu den low-level Konzepten

Im folgenden werden einige grundlegende Annahmen zu den Funktionen von Emotionen in der intrapsychischen und interaktiven Regulierung (auf der Ebene der low-level Konzepte) im Kontext meines Ansatzes zusammenfassend dargestellt. Im Hinblick auf eine kohärente Darstellung ist nicht zu vermeiden, dass einzelne Aspekte, die bereits in dieser Arbeit beschrieben sind, hier wiederholt werden.

(1) Basisemotionen vs. strukturelle Emotionen

Basisemotionen sind durch spezifische mimische Ausdrucksmuster gekennzeichnet, die angeboren und universell sind (z.B. Ekman & Friesen, 1969a; Ekman, 1992). Diese Ausdrucksmuster haben eine kommunikative Funktion und sind wichtig für die Beziehungsregulierung in einer face-to-face Interaktion. Strukturelle Emotionen hingegen werden primär als Elemente intrapsychischer Regulierungsprozesse betrachtet (Moser, 1983, 1985) und sind im mimischen Verhalten nicht direkt beobachtbar.

Emotionen werden als Resultat kognitiver Bewertungsprozesse spezifischer Situationen aufgefasst, welche jeweils typisch für eine bestimmte Emotion sind (z.B. Arnold, 1960; Scherer, 1984, 1988, 1990; Ortony, Clore & Collins, 1988; Lazarus, 1991; Roseman, 1991). Bewertet werden sowohl innere als auch äussere situative Konstellationen. Im Gegensatz zu den Basisemotionen, die sich bereits bei Neugeborenen beobachten lassen, treten strukturelle Emotionen in der ontogenetischen Entwicklung später auf.

Das Auftreten struktureller Emotionen setzt die Entwicklung unterschiedlicher kognitiv-affektiver Fähigkeiten voraus. Diese umfassen gemäss der Theorie von Lewis (1992, 1993) ein bestimmtes Selbstkonzept (*self-awareness*) und entsprechende selbstbezügliche Verhaltensweisen (*referential self*), zum Beispiel die Fähigkeit, sich im Spiegel zu erkennen. Moser (1989) unterscheidet bezüglich der Affekte vier Entwicklungsstufen, die von einem direkten affektiven Regulierungssystem ausgehen und bis hin zur Entwicklung eines vom kommunikativen Verhalten abgekoppeltem Systems der inneren Modellbildung sowie des inneren Simulierens fortschreiten. Die einzelnen Entwicklungsstufen sind durch bestimmte Aspekte der Selbstentwicklung (*core self*; *sense of self* u.a.) entsprechend der Theorie von Stern (1985) definiert.

(2) Die motivationale Funktion von Emotionen

Wir nehmen an, dass Emotionen eine motivationale Funktion zukommt. Emotionen versetzen eine Person in eine bestimmte Handlungsbereitschaft und führen zu bestimmten Reaktionen (z.B. Frijda, 1986b). Eine Emotion kann das Verhalten einer Person beeinflussen, ohne dass die Emotion bewusst erlebt werden muss. Wir unterscheiden deshalb *experienced* und *occurrent emotions* (Moser, 1983; Frijda, 1986b; Krause, 1990).

Experienced und occurrent emotions können (a) intrapsychische Prozesse, (b) interaktives Verhalten wie zum Beispiel Gesichtsausdruck, Tonfall, spezifische Verbalisierungen sowie (c) zielgerichtetes Verhalten (i.S. von Handlungen) motivieren.

(3) Wünsche und auslösende Situation

Mit Moser (1983, 1985) gehen wir davon aus, dass bei Affekten charakteristische Wünsche zur auslösenden Situation gehören. Die Konstellation, in welcher die Wünsche auftreten, sind typisch für den jeweiligen Affekt. Gemäss der Theorie von Krause (1990) sind in einem Affekt phylogenetisch präprogrammierte Objektbeziehungen, d.h. eine bestimmte Beziehung zwischen Subjekt und Objekt sowie eine korrespondierende Wunschstruktur gegenüber dem Objekt, "enthalten". De Rivera (1977) versteht den Ausdruck einer Basisemotion als Ankündigung einer Handlung, zu der ein Subjekt, ein Objekt sowie ein spezifischer Interaktionswunsch gehören. In Anlehnung an De Rivera (1977) beschreibt auch Moser spezifische Interaktionswünsche, welche in der frühen Pflegeperson-Kind Interaktion über die Basisemotionen kommuniziert werden. So erhält gemäss Moser (1989, S. 3) das Pflegeobjekt durch den Ausdruck von Freude ein Signal der Bestätigung, dass es durch seine Präsenz und seine Aktivität den vom Kind gewünschte Beitrag zur Regulierung wahrnimmt. Freude hat für das Objekt die Funktion einer positiven Verstärkung. Der zugehörige Interaktionswunsch kann dann in Form folgender Instruktion formuliert werden: 'Das, was Du machst, gefällt mir, fahre damit fort!' Ärger wird dann empfunden, wenn ich das Objekt, auf das sich der Ärger bezieht, anders haben möchte, wobei gleichzeitig die affektive Bindung aufrechterhalten werden soll. Die entsprechende Instruktion wäre: 'Das, was Du machst stört mich. Hör damit auf, bleib aber bei mir!' Dies etwa im Gegensatz zur Verachtung, welche bereits den Wunsch ausdrückt, der Partner möge abwesend sein (De Rivera, 1977; Haviland, 1978; siehe auch Bänninger-Huber, Moser und Steiner, 1990).

(4) Die Funktion von Emotionen in der intrapsychischen und interaktiven Regulierung

Emotionen spielen sich nicht nur innerhalb einer Person, sondern zwischen zwei oder mehreren Personen ab. Das heisst, es gibt eine intrapsychische und interaktive Form der Emotionsregulierung, die miteinander auf bestimmte Art und Weise verknüpft sind. Mimische Verhaltensweisen sind ein gutes Beispiel für die Verknüpfung zwischen intrapsychischen und interaktiven Regulierungsprozessen. Sie sind nicht nur Ausdruck eines intrapsychischen Zustandes, sondern weisen gleichzeitig eine interaktive Bedeutung auf. Über die expressiv-kommunikative Komponente emotionaler Prozesse wird einem Interaktionspartner signalisiert, welches Verhalten von ihm gewünscht und welches eigene folgen wird (Moser, 1983; Frijda, 1986b, 1993b; Krause, 1990).

(5) Die soziale Bewertung von Emotionen

Das "Haben" (Erleben/Auftreten) sowie das Zeigen von (bestimmten) Emotionen unterliegt einer sozialen Bewertung. Daraus ergeben sich Prozesse der Affektkontrolle, die ein Individuum im Verlauf seiner Affektsozialisierung erlernt. Wichtige Mechanismen der Affektkontrolle sind neben den bereits beschriebenen Affektzeigeregeln die sog. *feeling rules* (Hochschild, 1983; vgl. auch Krause, 1990). Diese Regeln machen Aussagen darüber, welche Emotionen in welcher Intensität und welcher Situation erwünscht oder unerwünscht sind und wie diese allenfalls "gezeigt" werden sollen. (zum Beispiel ist es unerwünscht, wenn die Sekretärin an der Beerdigung ihres Chefs lauter weint (und damit mehr Trauer zeigt) als dessen Ehefrau; erwünscht hingegen ist, wenn ein Ehemann nach einem Seitensprung Reue (als Ausdruck von Schuldgefühlen) zeigt, die es der Gattin erlauben, ihm zu verzeihen usw.; näheres siehe 6.7)

(6) Emotionen sind Prozesse

Emotionen sind keine "statischen" Zustände, sondern Prozesse. Sie verändern sich im Verlauf der Zeit, sie können stärker und schwächer werden oder auch "zerfallen" (Pfeifer, 1982; Frijda et al. 1992; Frijda, 1993b). Nach Moser (1987) können Affekte verschiedene Zustände annehmen. Von den sog. *trigger*-Emotionen, welche sehr kurz sind und denen primär eine Signalfunktion zukommt werden die längerdauernden *Zustandsaffekte* (sog. *state*-affects) unterschieden. Emotionen können einander ablösen, eine Emotion kann zu einem Auslöser einer anderen Emotion werden. Betrachtet man Emotionen als Prozesse, so ist es schwierig, zwischen ihrer jeweiligen Antezedenz, Essenz und Konsequenz zu differenzieren, da enge Wechselwirkungen zwischen den Teilprozessen wirksam sind (Scherer, 1990).

12.2 Wichtige high-level Konzepte

12.2.1 Modell der Affektregulierung in Beziehungssituationen

Einen relevanten theoretischen Ausgangspunkt bilden die von Moser (1983, 1985) sowie Moser, von Zeppelin & Schneider (1981, 1987, 1991) vorgelegten Modellvorstellungen über die Regulierung von Objektbeziehungen. Die Entwicklung dieser Modellvorstellungen basiert auf Erfahrungen in der psychoanalytischen Praxis sowie Methoden und Konzepten der Emotionspsychologie, der Cognitive Science und der Künstlichen Intelligenz. So wurden u.a. auch Methoden der Computersimulation angewendet, mit dem Ziel, die postulierten Modelle zu testen und auszudifferenzieren. Im Laufe der Jahre ist von dieser Forschergruppe ein sehr umfassendes und komplexes Theoriegebäude erarbeitet worden (vgl. Moser et al., 1991; Leuzinger-Bohleber, Schneider & Pfeifer, 1992). Im folgenden werden diejenigen Teile dieses Theoriegebäudes zusammenfassend dargestellt, welche für den vorliegenden Untersuchungsansatz unmittelbar relevant sind.

(1) Die intrapsychische und interaktive Regulierung kognitiv-affektiver Prozesse und deren Verknüpfung

Das Modell von Moser et al. (1987, 1991) differenziert zwischen der Regulierung intrapsychischer und der Regulierung interaktiver Prozesse und setzt diese beiden Aspekte miteinander in Beziehung. Unterschieden werden entsprechend zwei Bereiche der Regulierung, nämlich die Selbst- bzw. Beziehungsregulierung. Die Regulierung der Beziehung geschieht unter Einhaltung von Randbedingungen, welche die jeweiligen Selbstregulierungssysteme der beiden Interaktionspartner setzen. Dabei ist eine ungestörte Selbstregulierung der einzelnen Person die Voraussetzung für eine hohe Intensität der affektiven Beteiligung (= *emotional involvement*) in ihrer Beziehung. Beispielsweise kann sich eine Person von (intrapsychischen) Schuldgefühlen entlasten, indem eine andere Person ihr (interaktiv) eine "böse Tat" vergibt, worauf sich eine Person (durch den Abbau der Störung der Selbstregulierung) wieder besser fühlt. Dies erleichtert wiederum die Interaktion und bildet die Grundlage dafür, dass wieder eine emotionale Nähe zwischen den beiden Personen entstehen kann.

(2) Die Unterscheidung von drei Regulierungsebenen

Im Modell von Moser, von Zeppelin & Schneider (1987) werden drei Ebenen der Regulierung differenziert: 1) ein direktes affektives System, 2) ein System der objektgebundenen konkreten Modellbildung und 3) ein System, das mit internen mentalen Modellen (= inneres Simulieren) arbeitet. Diese Ebenen der Regulierung entsprechen den von Moser (1989) postulierten ontogenetischen Stufen der Affektentwicklung. Gemäss dieser Theorie verläuft die Entwicklung ausgehend von einem direkten affektiven Regulierungssystem hin zur Ausbildung eines vom kommunikativen Verhaltens abgekoppelten Systems der inneren Modellbildung sowie des inneren Simulierens. Es handelt sich also um vorwiegend kognitive Formen der Regulierung, in welchen jedoch affektive Prozesse nach wie vor eine Rolle spielen.

Auf den beiden Regulierungsebenen 2 und 3 wird die Objektbeziehung dauernd dadurch reguliert, dass eine Person jeweils ein Modell über sich, den Partner und das Interaktionsgeschehen entwickelt. Dieses Modell wird "ad hoc"-Modell genannt. Es enthält langfristige Vorgaben aus der Selbstbereichen der Interaktionspartner und erfährt kurzfristige Modifikationen durch die unmittelbare Erfahrung in der Interaktion.

(3) Aspekte kognitiver und affektiver Prozesse

Das affektive System ist in der Regel mit den beiden kognitiven Systemen verkoppelt. Es gibt jedoch Situationen, in denen das affektive System in den "Vordergrund tritt". Wir nehmen an, dass dies beispielsweise dann der Fall ist, wenn die kognitive Regulierung eine Störung erfährt bzw. versagt (Bänninger-Huber, Moser & Steiner, 1990). Affekte leiten auch jede neue Situation ein, bevor die kognitive Regulierung zu funktionieren beginnt (vgl. auch Bänninger-Huber, Moser & Steiner, 1990).

"Das affektive System ist ein präsymbolisches, älteres Informationsverarbeitungssystem, das - ontogenetisch betrachtet - die Voraussetzung für die Entwicklung kognitiver Repräsentionen bildet" (Moser, Bänninger-Huber & Steiner, 1989). Affektive Prozesse sind 1) nicht notwendigerweise von Phantasien begleitet. Sie enthalten keine Symbolisierungsprozesse (im Unterschied zu sprachlichen und anderen Repräsentationen. Sie arbeiten (3) mit "cue-Konfigurationen" (zum Beispiel mimischen Ausdrucksmustern) und besitzen eine eigene Art der Speicherung (affektive Repräsentation). Die affektive Regulierung (Regulierungsebene 1) läuft ständig in einer Objektbeziehung mit und leistet einen Beitrag zur Einhaltung der gewünschten Sicherheit, der Autonomie und des Selbstwertgefühls.

(4) Affektive Grössen der Objektbeziehung

Der affektive Aspekt der Objektbeziehung wird nach von Zeppelin & Moser (1987) als *affective relatedness* (im folgenden als *affektive Bindung*) bezeichnet. Diese hat eine gewisse Intensität und zeigt eine bestimmte Struktur der Verknüpfung der beiden Subjekte. Die erste Komponente wird als emotional involvement bezeichnet, die zweite wird in *affective resonance* und *affective response* eingeteilt (vgl. von Zeppelin & Moser, 1987).

Die affective resonance beschreibt eine Beziehungssituation, in der Subjekt und Objekt im gleichen affektiven Zustand sind. Ein typischer Prozess zur (intendierten) Herstellung dieses Zustandes ist die Affektinduktion. Affective response hingegen bezeichnet eine Situation, in welcher affektive Kommunikation auf eine gewünschte Veränderung der aktuellen Beziehungssituation und auf das involvierte Objekt gerichtet ist. In gewisser Hinsicht gibt es Vorformen dieser Beziehungsarten beim Kleinkind, die in der Entwicklungspsychologie beschrieben worden sind: *sharing affective state* und *intentional communication* (vgl. Stern, 1985).

Emotional involvement umschreibt die Intensität der affektiven Beteiligung. Seine Äusserungsformen sind in den Zeichen der Distanzregulierung zu suchen. Diese geschieht in der psychotherapeutischen Situation meist nicht lokomotorisch (der Klient ergreift selten die prinzipiell vorhandene Möglichkeit, wegzugehen und damit die direkte Objektbeziehung zu unterbrechen, wie dies in Alltagssituation vorkommt). Doch lässt sich die Regulierung der Intensität des emotional involvements über nichtverbale Indikatoren der Zu- und Abwendung verfolgen. Direkt, d.h. aus den Phänomenen heraus, lässt sie sich nicht quantifizieren, denn es handelt sich vermutlich um eine vom aussenstehenden Beobachter gesetzte Grösse, mit der dieser die vielen multimodalen Wahrnehmungen der Interaktionspartner, die ihr gefühlsmässiges Engagement betreffen, zusammenbündelnd registriert. Es scheint aber, dass das Subjekt eine Beziehung intern derart gestaltet und repräsentiert, dass es die Intensität des emotional involvements in einer quantifizierbaren Dimension erlebt.

Die Möglichkeit, Veränderungen des emotional involvements über nichtverbale Indikatoren zu erfassen, ist deshalb von Interesse, weil ein Intensitätswechsel gleichzeitig verbunden ist mit einer Veränderung der affektiven Regulierung der Beziehung, die wiederum beobachtbare Phänomene (zum Beispiel Kopfneigung, Blickkontakt, Abwendung des Körpers oder Ausdrehen des Kopfes) erzeugt (Moser, Bänninger-Huber & Steiner, 1989).

12.2.2 Objektbeziehungsstrukturen beeinflussen die affektive Regulierung

Eine weitere Grundannahme des vorliegenden Untersuchungsansatzes geht von der psychoanalytischen Modellvorstellung aus, dass sich im Verlauf der ontogenetischen Entwicklung internalisierte Objektbeziehungsstrukturen herausbilden, die das aktuelle Erleben und das Verhalten in Beziehungen beeinflussen[1] (ähnliche Formulierungen finden sich z.B. bei Fairbairn, 1952; Kohut, 1971; Kernberg, 1975; Sandler, 1987; Fast, 1992; Rohde-Dachser, 1993). Objektbeziehungsstrukturen beeinflussen die affektive Regulierung. Die für eine Person typische Formen der Affektregulierung gehen als Beziehungsangebote in sämtliche Beziehungen ein. Der Interaktionspartner reagiert auf solche Angebote mit bestimmten Reaktionen, Gefühlen, Wünschen und Phantasien, die wiederum von seinen eigenen Objektbeziehungsstrukturen geprägt sind.

Die interaktiven Aspekte der affektiven Regulierung sind der Beobachtung und Beschreibung zugänglich. Solche Prozesse entwickeln sich auch in der therapeutischen Interaktion. Der Therapeut interessiert sich besonders für die Beziehungsangebote des Klienten. Daher kontrolliert der Therapeut seine eigenen Verhaltensweisen stärker als in Alltagssituationen und reagiert "professionell". Aus diesem Grund ist anzunehmen, dass sich die Beziehungsangebote des Klienten in der therapeutischen Situation besonders deutlich manifestieren. Sie werden damit der Beobachtung durch den Therapeuten und damit der Bearbeitung prinzipiell zugänglich. In der Psychoanalyse werden für diese Prozesse Begriffe wie "Inszenierung, *enactment*, Szene oder Bereitschaft zur Rollenübernahme (z.B. Argelander, 1970; Sandler, 1976; Klüwer, 1983; Jacobs, 1986; McLaughlin, 1987, 1991; Modell, 1990; Fingert Chused, 1991; Roughton, 1993) verwendet.

---

[1] Vergleichbare Konzeptualisierungen finden sich auch bei Vertretern anderer Therapierichtungen, die von einem interpersonalen Therapieansatz ausgehen, so z.B. Grawe (1987) oder Safran (1990a).

II. Die Untersuchung psychotherapeutischer Interaktionen

13. Zum Vorgehen

13.1 Einleitung

In diesem Teil der Arbeit werden die empirischen Studien dargestellt, die sich mit der Untersuchung therapeutischer Interaktionen befassen. Als erstes wird über eine Studie berichtet, in welcher das Konzept der prototypischen affektiven Mikrosequenzen (PAM), das im Rahmen des Paar-Projekts entwickelt wurde, weiter untersucht wurde. Insbesondere wurde der Frage nachgegangen, ob vergleichbare prototypische affektive Mikrosequenzen auch in Therapien beobachtet werden können und welche Rolle diese für die Affektregulierung in bestimmten Situationen einer Therapie spielen. Entsprechend der Reaktionen der Therapeutin auf spezifische interaktive Verhaltensweisen des Klienten konnten sog. "gelingende" von "nicht-gelingenden PAMS" unterschieden werden.

Als zweites wird eine Untersuchung beschrieben, die der Frage nachgeht, welche affektiven Regulierungsprozesse im Anschluss an nicht-gelingende PAMS auftreten. In dieser Studie wurde ausserdem ansatzweise beschrieben, wie die psychoanalytischen Konzepte "Übertragung" und "Gegenübertragung" mit affektiven Prozessen auf der Mikroebene des interaktiven Verhaltens in Beziehung gesetzt werden können. Dieser Aspekt wurde zum Teil in Zusammenarbeit mit Dr. Henri Schneider untersucht.

Drittens wird ein umfangreiches Teilprojekt dargestellt, in welchem (in Zusammenarbeit mit Christine Widmer) die folgenden zusammenhängenden Fragestellungen bearbeitet wurden. Zum einen wurde untersucht, wie sich Schuldgefühle in psychotherapeutischen Interaktionen manifestieren. Wie etablieren sich Schuldgefühle in bestimmten Konstellationen der therapeutischen Interaktion und welche Rolle spielen derartige Verläufe für den therapeutischen Prozess? Wie erkennt eine Therapeutin die Schuldgefühle eines Klienten und wie reagiert sie darauf? Gibt es spezifische mimische Verhaltensweisen, die für Schuldgefühle typisch sind und sich mittels FACS operationalisieren lassen?

Weiter wurde untersucht, ob sich in der aktuellen Beziehung zur Therapeutin auftretende interaktive Beziehungsmuster identifizieren lassen, die mit der spezifischen Objektbeziehungsstruktur der Klientin zusammenhängen und sich in der aktuellen Beziehung zur Therapeutin inszenieren. Welche Rolle könnten solche interaktive Beziehungsmuster, die im Vergleich zu affektiven Mikrosequenzen länger dauern, für die Affektregulierung in der Therapiesituation spielen?

Ausserdem wurde in Ansätzen eine Methode erarbeitet, die es erlaubt, komplexe klinische Konzepte (zum Beispiel Übertragung, Gegenübertragung, Agieren), welche die therapeutische Interaktion betreffen, mit beobachtbaren Phänomenen der therapeutischen Interaktion in Beziehung zu setzen. Verbale und nonverbale Aspekte der psychotherapeutischen Interaktion, welche traditionellerweise getrennt erfasst und beschrieben werden, wurden aufeinander bezogen.

Bevor im folgenden die erwähnten Studien dargestellt werden, sollen Leser und Leserin auf ein Dilemma aufmerksam gemacht werden, welches bei der detaillierten Untersuchung von Psychotherapien mit einer mikroanalytischen Methode entsteht. Auf der einen Seite sollen, dem deskriptiven Forschungsansatzes entsprechend, die Darstellungen des therapeutischen Verlaufs möglichst authentisch und für die Leserschaft nachvollziehbar sein, auf der anderen Seite stehen die Anrechte von Klientinnen und Klienten auf Anonymität. Meines Erachtens hat der Perönlichkeitsschutz Vorrang. Dies nicht nur aus ethischen und klinischen Überlegungen, sondern auch in Hinblick auf weitere Forschungsarbeiten, da es bei unsorgfältiger Handhabung des Persönlichkeitsschutzes verständlicherweise schwierig werden wird, auch in Zukunft Versuchspersonen zu gewinnen. Aus diesen Gründen wird im folgenden auf die Präsentation von Verbatimprotokollen verzichtet. Die Fotos der Klienten, welche die affektiven Mikrosequenzen illustrieren, wurden durch Zeichnungen ersetzt. Die Angaben zu den Personen wurden auf das Nötigste beschränkt.

13.2 Die untersuchten Therapien

Untersuchungsmaterial bilden zwei an der Beratungsstelle des Psychologischen Instituts der Universität Zürich von mir als Therapeutin[1] durchgeführte psychoanalytische Therapien, die vollständig auf Video aufgezeichnet wurden. Die erste Therapie begann im Dezember 1983 und dauerte insgesamt 52 Stunden. Die Split-Screen-Aufnahmen wechseln alle fünf Minuten zwischen Nahaufnahmen der Köpfe und Aufnahmen der Körper. Der Patient, Herr A., war ein Mann Mitte dreissig. Nach einer Lehre und längerer Berufstätigkeit hatte er ein Hochschulstudium begonnen. Nach einer nichtbestandenen Prüfung wechselte er die Fachrichtung. Doch auch hier bestand er die Zwischenprüfungen nicht. Dass in einigen Monaten die Wiederholung der Prüfung bevorstand, war der von ihm genannte Anlass dafür, psychologische Hilfe zu suchen.

Die zweite Psychotherapie mit zwei Wochenstunden begann anfangs Juni 1991 und dauerte bis Ende April 1992. Sie umfasste insgesamt 67 Sitzungen. Die Aufnahmen, die im Split-Screen Verfahren hergestellt wurden, zeigen gleichzeitig die Köpfe von Klientin und Therapeutin in Nahaufnahme. Bei der Klientin (Frau D.)

[1] Dieser Umstand hat mehrere Vorteile. Zum einen gewährt die eigene Beteiligung einen unmittelbareren Zugang zum in der therapeutischen Interaktion ablaufenden Affektregulierungsgeschehen. Auch erleichtert das Wissen um den Gesamtverlauf der Therapie das Verständnis einzelner Sequenzen. Zudem spielen Datenschutzgründe im Hinblick auf die Therapeuten eine Rolle.

handelt es sich um eine 32jährige Frau, die eine neurotische Persönlichkeitsstörung mit depressiver Symptomatik aufwies.

Nach den einzelnen Therapiestunden erfolgte jeweils eine Visionierung der Videoaufzeichnungen, auf deren Grundlage schriftliche Stundenprotokolle erstellt wurden. Das Ziel dieser Vorgehensweise war, im Hinblick auf die Interpretation (später) ausgewählter affektiver Mikrosequenzen möglichst viel Information über die Psychodynamik der Klientin sowie die Übertragungsprozesse festzuhalten. Zudem sollte die intensive Visionierung der Therapiestunden eine möglichst detaillierte Besprechung des therapeutischen Geschehens in den Supervisionsstunden fördern.

Die Therapie wurde vierzehntäglich bei einer erfahrenen Psychoanalytikerin supervidiert. Diese Sitzungen wurden ebenfalls auf Tonband aufgezeichnet und anschliessend in Form von schriftlichen Zusammenfassungen und/oder Verbatimprotokollen aufbereitet, um damit das in den Supervisionssitzungen erarbeitete Verständnis für die klinischen Beschreibungen des Übertragungsgeschehens zu dokumentieren.

Zusätzlich zu diesen eigentlichen Supervisionsstunden fanden mehrere Sitzungen mit der Supervisorin statt, in denen ausgewählte Videosequenzen visioniert und diskutiert wurden. Ebenfalls mit der Supervisorin wurden psychodynamische Aspekte in der Abklärungsstunde sowie in weiteren, ausgewählten Therapieausschnitten erarbeitet.

Durch die Durchführung einer zweiten Therapie konnte einerseits zusätzliches Untersuchungsmaterial gewonnen werden, was besonders für die Frage der Generalisierbarkeit, bzw. Fallspezifität der Aussagen von Bedeutung ist. Zudem konnten durch die therapiebegleitende intensive klinische Auseinandersetzung mit dem zweiten Fall (u.a. in Form von Supervisionen) unmittelbare, aktuelle Informationen über den therapeutischen Prozess wie zum Beispiel Gegenübertragungsgefühle der Therapeutin gewonnen werden, die mit affektiven Mikroprozessen in der therapeutischen Interaktion in Beziehung gesetzt werden konnten.

14. Prototypische affektive Mikrosequenzen (=PAMS) und ihre Bedeutung für die Affektregulierung in der therapeutischen Interaktion

14.1 Das Konzept der prototypischen affektiven Mikrosequenz

Untersucht wurden Therapeut-Klient Interaktionen im Hinblick auf die Frage, welche affektiven Prozesse zu beobachten sind, wenn beim Klienten Störungen in der Selbstregulierung auftreten. In einer Therapie werden v.a. für den Klienten schwierige und konflikthafte Themen besprochen. Dadurch können kurzfristig negative Emotionen auftreten (zum Beispiel Verwirrung, Angst, Ärger, Kränkung, Schamgefühle), die als Störungen im Bereich der Selbstregulierung des Klienten aufgefasst werden. Dem Therapeuten kommt die Aufgabe zu, solche Störungen aufzufangen und zu "dosieren". Er muss die Interaktion so mitgestalten, dass es dem Klienten immer wieder möglich ist, positive Emotionen zu erleben, die ihm helfen, die auftretenden affektiven Störungen auszubalancieren.

Das Konzept, das wir für die Beschreibung dieser Regulierungsprozesse verwenden, ist das der prototypischen affektiven Mikrosequenzen. PAMS sind kurzdauernde Abläufe der affektiven Beziehungsregulierung (im Bereich von wenigen Sekunden Dauer). Sie sind ein Mittel der Beziehungsregulierung und ein "Produkt" der Regulierungstätigkeit zweier an einer Interaktion beteiligten Personen und sind jeweils typisch für deren spezifische Beziehungsregulierung (Bänninger-Huber, Moser & Steiner, 1990; Bänninger-Huber & Steiner, 1992). Es handelt sich um eine gegenseitige strukturelle Koppelung, um eine Co-Ontogenese im Sinne von Maturana & Varela (1987), in welcher jeder Partner seine Anpassung und Organisation bis zu einem gewissen Sinn bewahrt.

PAMS kommen v.a. dann vor, wenn die Beziehungsregulierung eine Perturbation erfährt. In psychotherapeutischen Interaktionen treten Perturbationen zum Beispiel dann auf, wenn durch die Besprechung eines schwierigen Themas beim Klienten ein intrapsychischer Konflikt reaktiviert wird oder droht, reaktiviert zu werden. PAMS kennzeichnen Stellen, an denen etwas neues auftaucht, das von einer Person mit seinem bestehenden "ad hoc-Modell" nicht bewältigt werden kann[1]. Während an der Regulierung einer Beziehung normalerweise kognitive und affektive Prozesse beteiligt sind, wird in PAMS verstärkt auf affektive Regulierungsmechanismen zurückgegriffen.

Die therapeutische Kommunikationssituation ist durch eine asymmetrische Rollenverteilung gekennzeichnet. Die Steuerung des Dialogs wird über weite Strecken

[1] Dieser Begriff bezeichnet die Art und Weise, wie eine Person eine Situation mit einer anderen Person repräsentiert, d.h. eine Situation, die im Hinblick auf emotionale Wünsche, Aufrechterhalten des Selbstwertgefühl etc. reguliert werden muss (vgl. 12.2).

dem Klienten überlassen und sein affektives Regulierungsgeschehen steht im Zentrum der Aufmerksamkeit. Die Aufgabe des Therapeuten ist es, die auftretenden Emotionen zu registrieren, empathisch mitzuerleben und zu thematisieren, die eigenen Reaktionen aber zu kontrollieren (Krause & Lütolf, 1989). Diese relative Abstinenz des Therapeuten lässt erwarten, dass sich in Therapien die Affektregulierung des Klienten besonders deutlich ausdrückt.

Es ist anzunehmen, dass bei einem Klienten verschiedene Typen affektiver Mikrosequenzen auftreten, die entsprechend der "Übertragungslage" variieren. In den folgenden vier Beispielen wird ein bestimmter Typus prototypischer affektiver Mikrosequenzen beschrieben, d.h. eine spezifische Form der Manifestation der spezifischen Objektbeziehungsstruktur des untersuchten Klienten, von dem wir annehmen, dass er unmittelbar der Wiederherstellung eines positiven Selbstgefühls nach einer Störung dient.

Gemäss ihres Verlaufs, d.h. je nach Reaktion der Therapeutin, unterscheiden wir vorläufig sog. "gelingende" sowie "nicht-gelingende" prototypische affektive Mikrosequenzen (die Beurteilung erfolgt dabei aus der Sicht des Klienten und nicht im Hinblick darauf, ob der Verlauf einer PAM therapeutisch "produktiv" ist). Gelingende affektive Mikrosequenzen sind dadurch charakterisiert, dass es dem Klienten gelingt, via Lächeln und/oder Lachen mit der Therapeutin einen resonanten Zustand herzustellen. Unsere Annahme ist, dass diese gegenseitig erlebte Resonanz dem Klienten dazu verhilft, aktuell auftretende Störungen im Bereich der Selbstregulierung auszubalancieren. Dies scheint dem Klienten ein basales Gefühl von Sicherheit zu vermitteln. Dieses bildet die Voraussetzung dafür, dass der Klient auf der verbalen Ebene mit seiner Erzählung fortfahren und sich mit schwierigen Aspekten seines Erlebens beschäftigen kann.

Nicht-gelingende PAMS zeichnen sich dadurch aus, dass dem Klienten die Herstellung von Resonanz mit der Therapeutin mittels Lächeln und/oder Lachen *nicht* gelingt. Statt dessen reagiert die Therapeutin mit einer verbalen Intervention, die sich auf die vom Klienten geschilderten negativen Emotionen bezieht, über welche der Klient vor der PAM spricht. In solchen Fällen wird die Selbstregulierungsstörung des Klienten also nicht gemeinsam mit der Therapeutin aufgehoben, sondern die Aufhebung wird an den Selbstregulierungsbereich des Klienten zurückgegeben.

14.2 Lächeln und Lachen als regulative Phänomene

Im Zusammenhang mit der Ausregulierung von Störungen sind die beiden nonverbalen Phänomene Lächeln und Lachen von besonderer Bedeutung (siehe Kap. 9). Sowohl Lächeln als auch Lachen spielen eine wichtige Rolle bei der Etablierung und Aufrechterhaltung der Beziehung zwischen zwei Personen. Lächeln und Lachen dienen dazu, über den Ausdruck positiver Emotionen das affektive Band zwischen zwei Personen zu festigen. Lächeln und Lachen sind sehr ansteckende Phänomene, der zur Herstellung affektiver Resonanz benützt werden können.

Lachen und Lächeln sind auch wichtig im Kontext negativer emotionaler Reaktionen. Ein Lächeln kann dem Interaktionspartner trotz dem gleichzeitigen Ausdruck negativer Emotionen Verbundenheit signalisieren. Lachen kann eigene unangenehme Affekte sowie beim Partner auftretende negative emotionale Reaktionen unterbrechen oder beenden.

14.3 Vorgehen bei der Identifizierung und Beschreibung prototypischer affektiver Mikrosequenzen in Therapien

Die Vorgehensweise, wie sie für die Bestimmung und Beschreibung prototypischer affektiver Mikrosequenzen erarbeitet worden ist, umfasst mehrere Schritte. Die erste Aufgabe besteht in der Identifizierung affektiver Mikrosequenzen aus dem interaktiven Prozess. Diese Bestimmung erfordert eine intensive Visionierung der Videoaufnahmen in Realzeit und slow-motion und wird mit Vorteil in einem Team durchgeführt. Da das Entstehen einer Selbstregulierungsstörung in einer Therapiesituation primär ein innerer Prozess ist, ist der Grund für einen Störungsauslöser also nicht objektiv bestimmbar, sondern muss über das kognitiv-affektive Verständnis der Situation erschlossen werden. Beobachtbar sind jedoch bestimmte Anzeichen für das Vorliegen einer Störung. Gesucht wird deshalb nach Auffälligkeiten, die Indikatoren für affektive Ereignisse als Folge von Störungen sein können wie zum Beispiel verschiedene Formen von Lächeln und Lachen, ausgeprägte mimische micro-expressions, insbesondere Indikatoren negativer Emotionen, Versprecher, unflüssige Sprache, Pausen oder erhöhte Frequenz von Adaptoren. Als zusätzliche Suchheuristik ist im Laufe der Erfahrungen, die in diesem Teilprojekt gemacht wurden, das Identifizieren bereits definierter Typen (gelingender vs. nicht-gelingender) affektiver Mikrosequenzen dazu gekommen. Anfang und Ende einer auf diese Weise bestimmten Sequenz werden so festgelegt, dass es möglich ist, den Prozess, bei dem die Perturbation ausgelöst wurde, nachzuvollziehen und zu beobachten, wie mit der Perturbation umgegangen wird.

Da die detaillierte Beschreibung affektiver Mikrosequenzen sehr zeitaufwendig ist, können nur einzelne Ausschnitte in einzelnen Therapiestunden genauer analysiert werden. Die im folgenden präsentierten prototypischen affektiven Mikrosequenzen aus der Therapie von Herrn A. stammen alle aus der dritten Therapiestunde. Weitere Mikrosequenzen wurden in der 13., 31., 32. und 34. Therapiestunde identifiziert.

14.4 Gelingende und nicht-gelingende prototypische affektive Mikrosequenzen

In der Therapie von Herrn A., die im folgenden als Beispiel verwendet wird, sieht der prototypische Verlauf gelingender Mikrosequenzen wie folgt aus: Der Klient spricht über persönliche Schwierigkeiten (zum Beispiel Lernstörungen, Probleme in seiner Beziehung zur Freundin, zu den Eltern usw.). Die Beschäftigung mit diesem Thema führt über eine (drohende) Konfliktreaktivierung zu einer Störung im Bereich der Selbstregulierung. In dieser Phase werden Anzeichen für das Vorliegen einer Störung interaktiv beobachtbar, zum Beispiel Versprecher, unflüssige Sprache, Abbruch von Sätzen, Pausen, erhöhte Frequenz von Adaptoren sowie Indikatoren negativer Emotionen.

Die typische Strategie des Klienten besteht nun darin, dass er auf der verbalen Ebene ein Thema aufgreift, das die affektive Bindung zwischen Therapeutin und Klient erhöht. Sehr oft handelt es sich um eine Art Witz, den der Klient mit abgewendetem Kopf macht. Der Klient späht zur Therapeutin hin, sehr wahrscheinlich um die Wirkung seiner Verbalisierung zu evaluieren. Auf dem Gesicht der Therapeutin sind schwache Indikatoren negativer Emotionen beobachtbar (AUs 1 und/oder 4, manchmal AU 10, oft auf dem trace level), die ihr ein "bekümmertes" Aussehen verleihen.

Der Klient beginnt zu lächeln, manchmal auch hörbar zu lachen und wendet sein Gesicht der Therapeutin zu. Die Therapeutin "wehrt sich" vorerst gegen die intendierte Affektinduktion, indem sie verlängerte Lidschläge produziert. Die Therapeutin übernimmt das Lächeln, wobei Indikatoren negativer Emotionen im Gesicht der Therapeutin parallel zum Lächeln auftreten. Dann beginnt sie hörbar zu lachen. Es kommt zu einem gegenseitigen Anblicken im resonanten Zustand. Die Aufhebung der Resonanz geschieht zum Beispiel durch Abwendung des Klienten, durch einen wiederholten längeren Lidschlag der Therapeutin oder durch eine Intervention.

Nicht-gelingende Mikrosequenzen zeichnen sich dadurch aus, dass dem Klienten die Herstellung von Resonanz mittels Lächeln und/oder Lachen nicht gelingt. Der Anfang dieses Typus affektiver Mikrosequenzen nimmt auf der interaktiven Ebene einen sehr ähnlichen Verlauf wie bei gelingenden Mikrosequenzen. Der Klient versucht, mittels eines verbalen Statements sowie eines Lächelns oder Lachens mit der Therapeutin einen resonanten Zustand herzustellen. Die Therapeutin verhält sich jedoch auf der mimischen Ebene nicht wie vom Klienten gewünscht, sondern lächelt (bzw. lacht) nicht. Sie reagiert hingegen nach einer gewissen Zeit mit einer verbalen Intervention, die sich auf die vom Klienten geschilderten negativen Emotionen bezieht. In diesen Fällen scheint die Therapeutin dem Lächeln und Lachen des Klienten nicht die Bedeutung eines Resonanzangebots zuzuweisen, das für die Behebung der Selbstregulierungsstörung des Klienten nötig ist, sondern dies als Abwehr negativer Affekte zu interpretieren, die es zu thematisieren und zu bearbeiten gilt.

14.5 Prozessmodelle prototypischer affektiver Mikrosequenzen

Im folgenden werden nun die detailliert ausgearbeiteten Beschreibungen verschiedener Mikrosequenzen dargestellt. Die Beispiele stammen aus der dritten Therapiestunde mit Herrn A., werden aber nicht entsprechend der Chronologie ihres Auftretens beschrieben, um die Unterschiede deutlicher herausarbeiten zu können. Als erstes folgen zwei Beschreibungen, die dem oben beschriebenen prototypischen Verlauf gelingender PAMS entsprechen. Aufgrund des interaktiven Verhaltens des Klienten werden sie "fishing-for-resonance Szenen" genannt. Als drittes Beispiel wird eine PAM dargestellt, die ebenfalls zu den gelingender PAMS zu zählen ist, sich aber in gewissen Aspekten von den fishing-for-resonance Szenen unterscheidet und deshalb einen anderen Namen trägt ("Der Nichtlateiner"). Ein viertes Beispiel beschreibt eine nicht-gelingende affektive Mikrosequenz ("Wischi-Waschi-Charakter").

Im Anschluss an die Darstellung der Prozessmodelle und entsprechenden Überlegungen zur Funktion gelingender und nicht-gelingender PAMS für das Affektregulierungsgeschehen in diesen Sequenzen, wird u.a. die Frage aufgeworfen, welche Unterschiede im Verhalten des Klienten wohl für das Gelingen, bzw. Nicht-Gelingen von Mikrosequenzen verantwortlich sein könnten. Zudem wird in Ansätzen beschrieben, welche Rolle solche Mikrosequenzen für den therapeutischen Veränderungsprozess spielen könnten. Die zu den Prozessmodellen zugehörigen micro-plots und Abbildungen folgen unmittelbar auf die Beschreibungen der einzelnen Mikrosequenzen.

14.5.1 Die "fishing-for-resonance Szene" (27:23.00 bis 27:26.00)

Die fishing-for-resonance Szene dauert etwa 4 Sekunden und tritt ungefähr 27 Minuten nach Stundenbeginn auf (vgl. entsprechender micro-plot in Abb. 14.4). Dieser PAM geht eine Äusserung des Klienten voran, auf welche die Therapeutin mit einer Intervention reagiert. In dieser Phase sind verschiedene Anzeichen für eine Affektregulierungsstörung des Klienten zu beobachten. Der Klient erzählt, er merke, dass es viele Dinge gäbe, die er bezweifle, dass er sich irgendwie selber hemme, indem er die positiven Aspekte zuwenig berücksichtige. Der Klient spricht sehr stockend (er benützt Wortwiederholungen, Füllaute, Wortkorrekturen) und macht mitten im Satz eine Pause von 5 Sekunden. In dieser Zeit hält er den Kopf abgewendet und zeigt verschiedene Mundbewegungen, die als Spannungszeichen interpretiert werden können (Moser, Bänninger-Huber & Steiner, 1989). Er presst die Lippen zusammen, fährt sich mit der Zunge mehrmals über die Lippen und zieht hörbar Luft durch die Nase. Nachdem er den Satz beendet hat, schaut er zur Therapeutin hin, schüttelt den Kopf und presst erneut die Lippen zusammen. Die Therapeutin reagiert darauf mit der Aussage, dass der Klient das Zweifeln an und für sich als etwas Unangenehmes erlebe und für sich negativ bewerte. Der Klient unterbricht die Therapeutin und sagt: "du, es macht einen, es bedrückt einen". Er begleitet diese Aussage mimisch mit Indikatoren negativer Emotionen (AUs 7 und 15). Der Klient beginnt die affektive Mikrosequenz damit, dass er ein Beispiel für eine Situation bringt, die bei ihm kürzlich negative Emotionen hervorgerufen hat. Er sagt: "wenn ich nur schon diese Wahlen anschaue da wo'. Er bezieht sich mit diesem abgebrochenen Satz auf den Ausgang der Bundesratswahlen, die am Vortag stattgefunden haben, und die zu seiner Enttäuschung nicht zur Wahl einer Frau geführt haben. Er führt damit ein Thema ein, von dem er annimmt, dass die Therapeutin die gleiche Einstellung dazu hat wie er. Wir interpretieren dies als einen Versuch des Klienten, auf der thematischen Ebene die affektive Bindung zwischen ihm und der Therapeutin zu erhöhen.

Während seiner Äusserung hält er seinen Kopf leicht gesenkt und abgewendet (Abb. 14.1, K1). Bei Zeitmarke 27:23.46 späht er von unten herauf zur Therapeutin hin, ohne vorerst den Kopf mitzudrehen (Abb. 14.1, K2). Möglicherweise möchte er mit diesem Blick abklären, ob seine Verbalisierung die gewünschte Wirkung auf die Therapeutin gehabt hat.

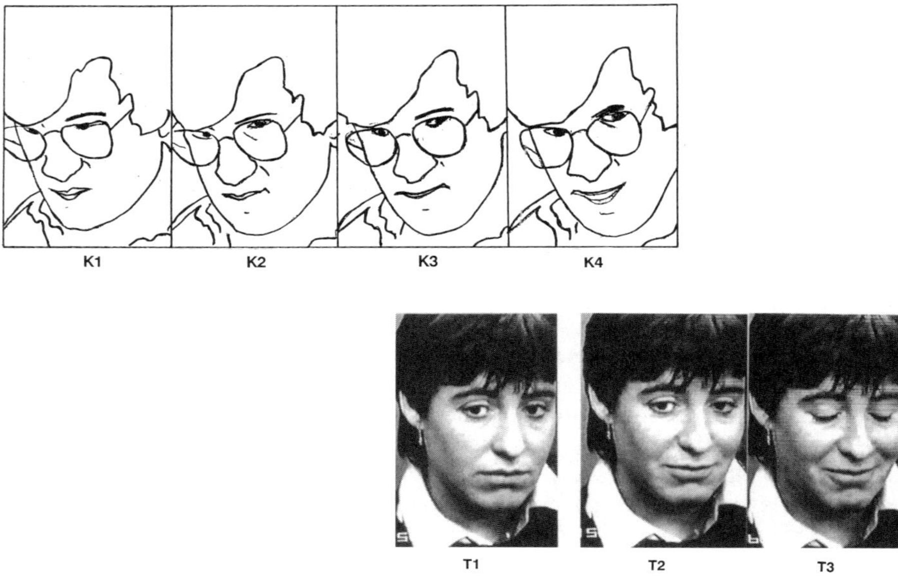

Abbildung 14.1: „Videostandbilder“ der fishing-for-resonance Szene (Teil 1)

Abbildung 14.2: „Videostandbilder“ der fishing-for-resonance Szene (Teil 2)

K10 K11 K12

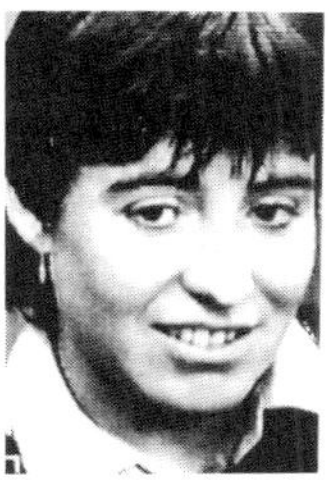

T7

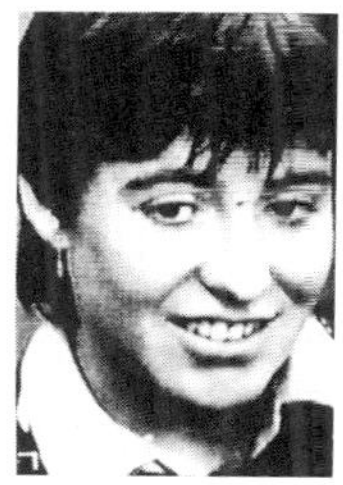

T8

Abbildung 14.3: „Videostandbilder" der fishing-for-resonance Szene (Teil 3)

Auf dem Gesicht der Therapeutin sind sehr schwache Indikatoren negativer Emotionen sichtbar, nämlich die AU-Kombination 1+10 auf dem trace level (Abb. 14.1, T1). AU 1 ist ein Bestandteil des Ausdrucksmusters von Trauer. AU 10 kann keiner Basisemotion eindeutig zugeordnet werden, sondern ist gemäss Affektprädiktionstabellen (Ekman & Friesen, 1978, 1982a) Bestandteil des Ausdrucksmusters von Ärger, Ekel oder Verachtung. Wir vermuten, dass es sich dabei um von der Therapeutin empathisch mitvollzogene, negative Affekte des Klient handelt, die sich auf dessen vorangegangenen Äusserung beziehen ("es bedrückt einen") und die sich im Gesicht der Therapeutin widerspiegeln. Nur 1/10 Sekunde später reagiert der Klient mit einem Lächeln (12x) (Abb. 14.1, K3 und K4). Dieses Lächeln kann als *phoney smile* kategorisiert werden (vgl. Ekman & Friesen, 1982b, Bänninger-Huber & Steiner, 1987, Bänninger-Huber & Rauber-Kaiser, 1989). Phoney smiles sind willkürliche Lächeln, werden jedoch meist automatisch und unbewusst produziert. Sie werden dann gezeigt, wenn einem Interaktionspartner eine freundliche Grundhaltung signalisiert werden soll (vgl. 9.3). Die Therapeutin schaut zum Klient hin, so dass sie sein Lächeln potentiell wahrnehmen kann.

Auf die Äusserung des Klienten antwortet die Therapeutin vorerst mit einem Zuhörersignal ("mhm"). Nach einer halben Sekunde reagiert sie ebenfalls mit einem Lächeln (AU 12x). Ihr Lächeln ist jedoch begleitet durch die Innervationen der AUs 10x, 15x and AU 17 (Abb. 14.1, T2). Aufgrund des mimischen Erscheinungsbildes könnte man dieses Lächeln der Kategorie der *miserable smiles* zuordnen. Gemäss Ekman & Friesen (1982b) gibt man mit einem miserable smile einem Interaktionspartner zu verstehen, dass man sich unglücklich fühlt, das negative Gefühl aber momentan unter Kontrolle hat.

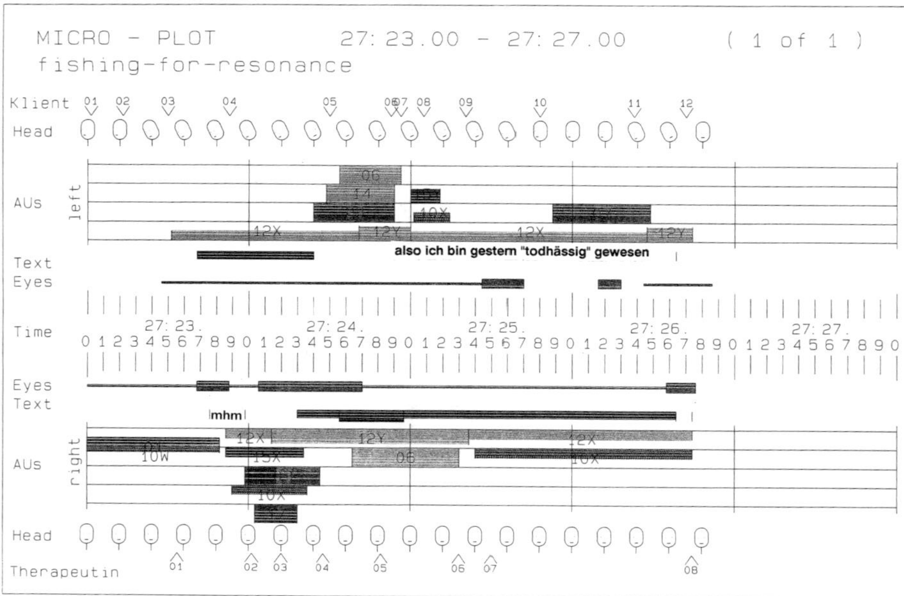

Abbildung 14.4: Micro-plot der fishing-for-resonance Szene. Die Darstellung umfasst ein in Zehntelssekunden eingeteiltes zeitliches Raster, die FACS-Codierungen, die analoge Darstellung der Kopfpositionen sowie die Lidschläge (Rechtecke) und das Hinblicken zur anderen Person (ausgezogene Linie). Die Pfeile markieren die Zeitpunkte, zu denen jeweils ein Foto gemacht worden ist. Im oberen Teil der Graphik wird das Verhalten des Klienten, auf der unteren Hälfte dasjenige der Therapeutin dargestellt.

In unserem Fall muss diese postulierte Funktion etwas modifiziert werden. Wir vermuten, dass die Indikatoren für negative Emotionen in diesem Lächeln zum einen deshalb zustande kommen, weil die Therapeutin mit der negativen Bewertung des Klienten bezüglich des Themas "Wahlen" übereinstimmt, so dass diese Indikatoren ihr eigenes emotionales Erleben widerspiegeln. Zum andern vollzieht sie die negativen Emotionen des Klienten empathisch mit. Indem sie dies auf ihrem Gesicht ausdrückt und gleichzeitig lächelt, signalisiert sie dem Klienten 'Ich weiss, dass es elend ist, aber ich bin ja bei dir'. Das miserable smile der Therapeutin bestätigt also das Vorhandensein negativer Emotionen und signalisiert gleichzeitig emotionale Verbundenheit.

Weiter ist denkbar, dass die im miserable smile enthaltenen Indikatoren negativer Emotionen gleichzeitig Ausdruck davon sind, dass sich die Therapeutin vorerst gegen die Affektinduktion durch den Klienten wehrt. Für diese Hypothese spricht, dass die Therapeutin fast unmittelbar (6/100 sec.) nach der Übernahme des Lächelns einen aussergewöhnlich lange dauernden Lidschlag (64 Hundertstelsekunden) produziert (Abb. 14.1, T3; Abb. 14.2, T4). Aufgrund wiederholter Beobachungen im Datenmaterial ist zu vermuten, dass die Therapeutin diese verlängerten Lidschläge dann produziert, wenn sie die Herstellung eines resonanten Zustandes vermeiden möchte, die den Klienten von seinen negativen Emotionen wegführen würde. Durch eine kurze Unterbrechung der Blickzuwendung kann die Gefahr einer weiteren "ungewollten" Affektinduktion für den Moment gebannt (vgl. Bänninger-Huber, Moser & Steiner, 1990) sowie das "erzwungene" emotional involvement reduziert werden. Das kurze, hörbare Lachen der Therapeutin, welches sie parallel zum miserable smile produziert, hat vermutlich die Funktion, ihr zu helfen, mit ihren eigenen negativen Affekten in dieser Situation fertig zu werden. Gleichzeitig signalisiert sie damit dem Klienten auf der Ebene der Beziehungsregulierung, dass seine Verbalisierung eine Wirkung auf sie hat.

Noch während des Lidschlags der Therapeutin wendet der Klient seinen Kopf zu ihr hin (Abb. 14.2, K5). Bei Zeitmarke 27:24.68 verstärkt er sein Lächeln durch eine Innervation des Orbicularis occuli (6+12y) (Abb. 14.2, K6). Dieses relativ intensive Lächeln wird durch die gleichzeitige Innervation von AU 23 sowie einem leichten Zusammenpressen der Mundwinkel (14 trace) modifiziert. Daraus resultiert ein sog. *blend*, d.h. ein "gemischtes" Lächeln (Ekman, 1985). Bei diesen blends werden zwei oder mehr Emotionen gleichzeitig erlebt und im gleichen Ausdruck encodiert. In diesem Fall handelt es sich einerseits um ein Lächeln als Ausdruck einer positiven Emotion, sowie um relativ unspezifische Indikatoren negativer Affekte, die wir als Spannungszeichen interpretieren. (Ob diese darauf zurückzuführen sind, dass die Therapeutin auf die versuchte Lächelinduktion allzu zögernd reagiert hat, kann nicht entschieden werden.)

Nur knapp zwei Zehntelssekunden später lässt sich die Therapeutin durch die Intensivierung des Lächelns des Klienten anstecken (bei Zeitmarke 27:40.60). Sie produziert die AU-Kombination 6+12y+25, ein *felt smile* (Abb. 14.2, T5). Damit befinden sich die beiden Interaktionspartner für eine kurze Zeit in einem resonanten Zustand, der die affective relatedess erhöht (Abb. 14.2, K7). Dies scheint es dem Klienten zu ermöglichen, auf der Dialogebene fortzufahren, indem er seine Ärgergefühle gegenüber dem Ausgang der Wahlen beschreibt ("also ich bin gestern todhässig gewesen"). Parallel zur Verbalisierung lächelt der Klient weiterhin, allerdings etwas weniger stark. Der Resonanzfaden reisst also nicht. Zusätzlich zum Lächeln produziert er die AU-Kombination 10x +15y (Abb. 14.2, K8, K9) sowie AU 7, Indikatoren negativer Emotionen, die zu seiner verbalen Aussage passen. Sobald die Therapeutin "merkt", dass sich der Klient mit seiner Verbalisierung wieder seinen negativen Gefühlen zuwendet, reduziert auch sie ihr Lächeln und übernimmt auch wieder empathisch den negativen Affekt des Klienten (AU 10x) (Abb. 14.2, T6; Abb. 14.3, T7, T8). Der Prozess der empathischen Übernahme von Affekten auf der Ebene des mimischen Verhaltens in Therapien ist im übrigen kaum empirisch untersucht. Sind zum Beispiel die Ausdrucksmuster von empathisch nachvollzogenen Affekten in der Regel weniger intensiv als unmittelbar erlebte? Werden beim Klienten auftretende Ausdrucksmuster von der Therapeutin direkt imitiert oder sind diese Ausdruck eines inneren Zustandes der Therapeutin, der aufgrund ihres empathischen Verstehens der emotionalen Situation des Klienten zustandekommt? (vgl. den Begriff der primären Empathie, u.a. Basch, 1983; von Zeppelin & Moser, 1987).

Bei Zeitmarke 27:26.44 wendet der Klient nach einer etwa 1 Sekunde dauernden Abwendung (Abb. 14.3, K10) seinen Kopf wieder der Therapeutin zu, schaut zu ihr hin und verstärkt sein Lächeln (Abb. 14.3, K11, K12). Die Therapeutin reagiert auf der Dialogebene mit einem Zuhörersignal: "ja", produziert aber sofort erneut einen Lidschlag. Möchte sie wohl eine erneute Affektinduktion damit vermeiden?

Die Bedeutung der fishing-for-resonance Szene für die Affektregulierung des Klienten

Wir vermuten, dass die Herstellung von Resonanz in der "fishing-for-resonance Szene" gleichzeitig mehrere positive Auswirkungen auf die Selbstregulierung des Klienten hat. Sein Lächeln hilft ihm, möglicherweise über interne Feedback-Prozesse, seine negativen Emotionen zu bewältigen, die aus der Beschäftigung mit dem schwierigen Thema vor der Mikrosequenz entstanden sind. Die Therapeutin zeigt mit der Übernahme des Lächelns des Klienten ihre Verführbarkeit. Dies ermöglicht es dem Klienten zu erleben, dass er die Kontrolle über die Situation hat und vermittelt ihm ein grundlegendes Gefühl von Autonomie. Die Tatsache, dass es ihm überhaupt gelingt, die Therapeutin zum Lächeln und Lachen zu bringen, erhöht gleichzeitig sein Selbstwertgefühl.

Die Regulierungsstörung im Selbstbereich des Klienten ist damit vorerst behoben und führt dazu, dass der Klient auf der verbalen Ebene mit seiner Erzählung fortfahren kann. (Er berichtet darüber, unter welchen Umständen er vom Ausgang der Wahlen erfahren hat und wie er darauf reagiert hat.) Dieses Thema ist allerdings wenig persönlich und führt ihn nach kurzer Zeit (35 Sekunden) in eine Sackgasse. Es kommt zu einer Unterbrechung auf der Dialogebene und eine weitere Sequenz vom Typus fishing-for-resonance, die wir "Flirt-Szene" nennen, beginnt.

Die Flirt-Szene, die insgesamt 20 Sekunden dauert, ist ebenfalls gekennzeichnet durch eine erhöhte Frequenz von Lächeln und Auftreten von Lachen bei Klient und Therapeutin. Diesem Geschehen geht eine Interruptsituation voraus: Nach einer längeren Pause sagt der Klient: "jetzt weiss ich nicht mehr, was ich sagen soll". Sein intensives Lächelns beginnt abrupt. Die Therapeutin schaut zum Klienten hin und nimmt das Lächeln nach kaum einer halben Sekunde auf, obwohl der Klient nicht zu ihr hinblickt. Sie verstärkt ihr Lächeln, lacht hörbar und sagt: "Sie können auch nichts sagen". Der Klient lacht nun auch und meint: "wieso eigentlich nicht, wir können uns ja gegenseitig anschauen". Dies tun die beiden tatsächlich, dabei lächeln sie sich relativ lange intensiv an.

Die Hypothese ist, dass der Klient solange PAMS vom Typus fishing-for-resonance wiederholt, bis das gewünschte Niveau von Sicherheit, Autonomie und Selbstwertgefühl erreicht ist (vgl. Moser, von Zeppelin & Schneider, 1987). Dies ist hier offensichtlich erst nach der Flirt-Szene der Fall. Die Häufigkeit, mit welcher der Klient affektive Mikrosequenzen von diesem Typ inszeniert, hängt vermutlich damit zusammen, dass der Klient generell unter einem grossen Regulierungsdruck steht. Aufgrund verschiedener Anhaltspunkte im Therapiematerial ist nämlich anzunehmen, dass für den Klienten die therapeutische Situation an und für sich eine grundlegende Konfliktsituation darstellt, die durch eine Selbstwertproblematik verstärkt wird. Für die Aufrechterhaltung seines Selbstwertgefühls ist es für ihn nötig, sich als Menschen "ohne Fehl und Tadel" zu präsentieren. Um jedoch von der Therapeutin für seine Probleme, mit denen er in die Therapie gekommen ist, Hilfe zu erhalten, wird er gezwungen, ihr seine Unfähigkeit und Schwierigkeiten zu schildern. Dieser Konflikt bewirkt, dass selbst wenig emotional belastende Themen zu Störungen in der Selbstregulierung führen.

Wir denken, dass es deshalb bei diesem Klienten besonders wichtig ist, Störungen in der Beziehungsregulierung sehr schnell wieder aufzuheben. Wäre die Therapeutin nicht bereit, das Beziehungsangebot des Klienten aufzunehmen, wäre die Gefahr eines Therapieabbruchs gross. In diesem Sinne kann man Sequenzen vom Typ fishing-for-resonance Szene" als sog. gelingende prototypische affektive Mikrosequenzen bezeichnen, die es dem Klienten ermöglichen, über die Herstellung von Resonanz die negativen Folgen einer Regulierungsstörung zu beheben. Dies bildet die Voraussetzung dafür, dass sich der Klient überhaupt wieder mit konfliktiven, schwierigen Themen beschäftigen kann.

14.5.2 "fishing-for-resonance II" (17:03.00 bis 17:07.00)

Dieser prototypischen affektiven Mikrosequenz geht eine Verbalisierung des Klienten voran, die durch drei längere Pausen unterbrochen wird. Der Satz, welcher der Klient sagen möchte, ist "wenn ich mich also konzentrieren kann, äh, oder wenn ich die Motivation finde, weil die Motivation, wie gesagt, das ist auch nicht ganz also optimal." Nach "wenn ich" unterbricht der Klient den Satz für knappe 6 Sekunden. Er fährt fort "mich also konzentrieren kann, äh, oder wenn ich die Motivation" und macht erneut eine Pause, in der die Therapeutin dem Klienten zu Hilfe kommt, indem sie damit beginnt, den Satz des Klienten zu Ende zu führen: "mhm, also wenn Sie...". Der Klient unterbricht jedoch den Versuch der Therapeutin und spricht den Satz selbst fertig ("finde"). Der Klient sagt weiter "weil die Motivation, wie gesagt, das ist auch nicht ganz also" und unterbricht den Satz erneut für drei Sekunden und ergänzt schliesslich "optimal". In dieser Phase sind Adaptoren zu beobachten. Der Klient produziert diverse Mundbewegungen (AUs 18, 23, 24, 28), streicht sich mit der Zunge über die Lippen und hält den Zeigefinger an seinen Mund. Für das Vorliegen einer Störung spricht auch, dass der Klient inhaltlich noch einmal das gleiche sagt, wie er es bereits vorher getan hat, seine Aussage nur etwas anders formuliert. Möglicherweise kann dies als Kontrollversuch auf der kognitiv-verbalen Ebene angesehen werden, indem die Wiederholung desselben Inhalts es dem Klienten ermöglicht, den Dialog aufrechtzuerhalten, ohne seine Situation neu kognitiv elaborieren zu müssen.

Das Wort "optimal" wird begleitet durch eine Innervation von AU 2, eine Bewegung des äusseren Frontalismuskels, der vom Klient sehr oft als personenspezifischer Illustrator (Ekman, 1985; Bänninger-Huber, Moser & Steiner, 1989) anstelle der üblichen AU-Kombination 1+2 verwendet wird (Abb. 14.5, K1; vgl. auch die entsprechenden micro-plots in Abb. 14.8). Damit betont er seine verbale Aussage. Gleichzeitig zu dieser AU 2 Innervation produziert er jedoch einen etwas über sieben Zehntelssekunden dauernden Lidschlag. Das gleichzeitige Auftreten dieser beiden Verhaltensweisen wirkt auf einen Beobachter widersprüchlich. Auf der einen Seite produziert der Klient mit der AU 2 ein Signal, das primär auf den Interaktionspartner bezogen ist und damit die affektive Bindung potentiell erhöht, auf der anderen Seite indiziert der verlängerte Lidschlag eine Reduktion des emotional involvement (Abb. 14.5, K2). Zum Zeitpunkt 17:02.90 blickt der Klient, der sich bisher in Abwendung befunden hat, zur Therapeutin hin, vermutlich, um die Beziehung zur Therapeutin wieder aufzunehmen und gleichzeitig die Reaktion der Therapeutin auf seine Verbalisierung zu überprüfen (Abb. 14.5, K3). Insgesamt wirkt dieser Verlauf sehr induktiv, da der Klient gleichzeitig auch noch eine leichte Kopfdrehung in Richtung Therapeutin macht. Die Therapeutin zeigt auf ihrem im Gesicht eine AU 1 auf dem trace level, ein Bestandteil des Ausdrucksmusters von Trauer. Analog zur Interpretation der oben beschriebenen fishing-for-resonance Szene vermuten wir, dass es sich dabei um einen von der Therapeutin empathisch nachvollzogenen negativen emotionalen Zustand handelt, der sich auf die vorangegangene Aussagedes Klienten bezieht (er könne sich nicht konzentrieren, ihm fehle die Motivation). Dabei hält sie den Kopf zum Klienten hingewendet und blickt zu ihm hin (Abb. 14.5, T1). Noch bevor der Klient seine Augen wieder öffnet, reagiert sie verbal mit einem Zuhörersignal und sagt "mhm". Damit nimmt die Therapeutin inhaltlich keine Stellung zur vorherigen Aussage des Klienten, mimisch verhält sie sich vorerst neutral. Die Bewahrung dieses neutralen Gesichtsausdrucks scheint jedoch nicht so einfach zu sein, denn die Therapeutin schliesst gleichzeitig die Augen mit einem über sechs Zehntelssekunden dauernden Lidschlag (Abb. 14.5, T2).

Aufgrund wiederholter Beobachtungen im Datenmaterial ist zu vermuten, dass die Therapeutin diese verlängerten Lidschläge dann produziert, wenn sie eine Affektinduktion vermeiden möchte, die den Klienten von seinen negativen Emotionen wegführen und somit seine Abwehr unterstützen würde (vgl. auch die fishing-for-resonance Szene I).

Der Klient reagiert mit einer sehr kurzen AU 17 (Abb. 14.5, K4), möglicherweise einem mimischen Korrelat einer narzisstischen Kränkung (vgl. Nelevic & Timmel, 1984; Bänninger-Huber, Moser & Steiner, 1990), verursacht durch die mangelnde Bereitschaft der Therapeutin, auf seinen Appell einzugehen. Bei Zeitmarke 17:03.40 öffnet die Therapeutin ihre Augen wieder und es kommt zu einem vier Zehntelssekunden dauernden gegenseitigen Anblicken. Der Klient produziert einen Lidschlag, wendet den Blick wieder ab (Abb. 14.5, K5) und beginnt in leichter Abwendung zu lächeln (AU 12x), (Abb. 14.5, K6). Dieses Lächeln könnte Resultat einer kognitiven Elaboration sein (vgl. dazu Bänninger-Huber, Moser & Steiner, 1989), d.h., es könnte dem Klienten etwas in den Sinn gekommen sein, das eine positive emotionale Reaktion ausgelöst hat. Bei Zeitmarke 17:05.48 sagt er "darum bin ich ja da", macht einen Lidschlag (Abb. 14.6, K7) und innerviert für eine knappe Zehntelssekunde AU15x, einen Indikator für eine negative Emotion (Abb. 14.6, K8).

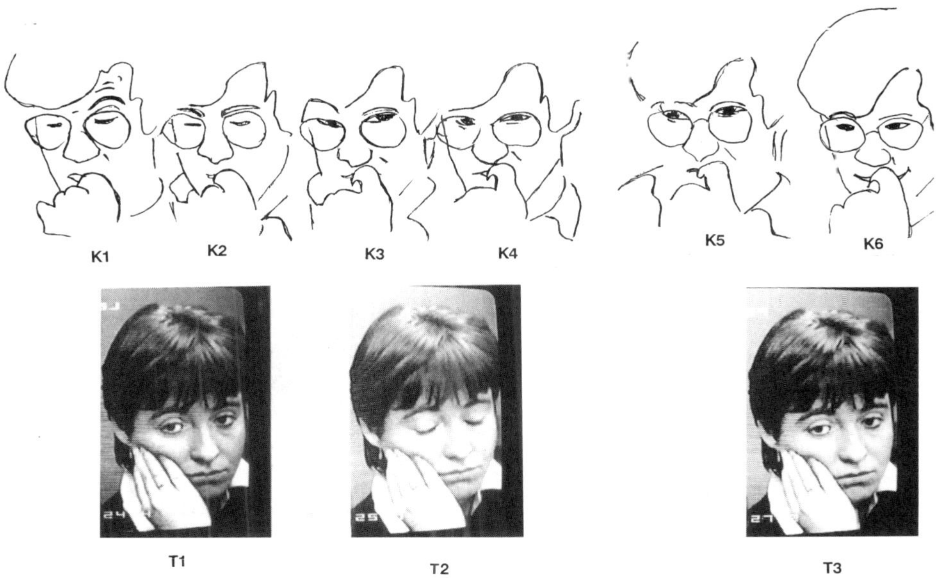

Abbildung 14.5: „Videostandbilder“ der fishing-for-resonance Szene II (Teil 1)

Zum Zeitpunkt 17:06.42, d.h. nach einer knappen halben Sekunde lässt sich die Therapeutin durch das Lächeln des Klienten anstecken. Sie produziert ein schwaches Lächeln (AU 12 trace level, Abb. 14.6, T4)), ein *phoney smile*, das eine freundliche Grundhaltung signalisiert. Während sie ihr Lächeln ein wenig intensiviert (AU 12x), schliesst sie wiederum die Augen für einen verlängerten Lidschlag. Gleichzeitig zeigen sich auf ihrem Gesicht Indikatoren negativer Emotionen (AUs 10y+15x+17), die ihr Lächeln modifizieren (Abb. 14.6, T5). Dabei ist anzunehmen, dass die Indikatoren negativer Emotionen einerseits durch das empathische Nachempfinden der durch den Klient geschilderten emotionalen Situation hervorgerufen wird (er beklagt sich über Motivationsstörungen). Andererseits ist zu vermuten, dass sie gleichzeitig Ausdruck davon sind, dass sich die Therapeutin daran stört, vom Klienten in einen resonanten Zustand versetzt zu werden. Wie in der bereits beschriebenen fishing-for-resonance Szene I kann diese AU-Kombination der Kategorie der *miserable smiles* zugeordnet werden, indem dieses Muster dem Klienten zwar eine gewisse emotionale Verbundenheit signalisiert, jedoch auch das Vorhandensein negativer Emotionen bestätigt.

K7 K8 K9 K10 K11

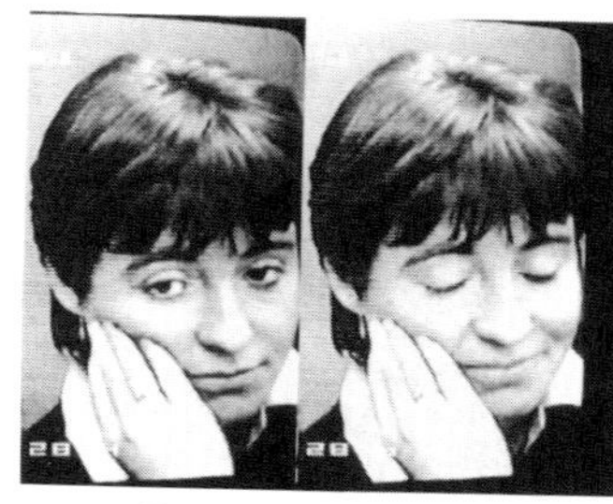

T4 T5

Abbildung 14.6: „Videostandbilder“ der fishing-for-resonance Szene II (Teil 2)

K12

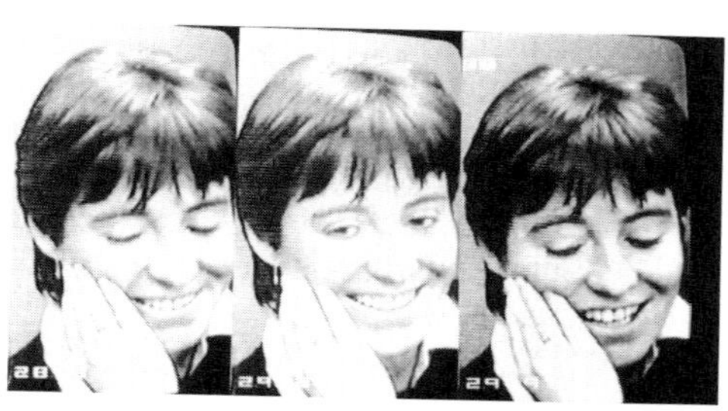

T6 T7 T8

Abbildung 14.7: „Videostandbilder“ der fishing-for-resonance Szene II (Teil 3)

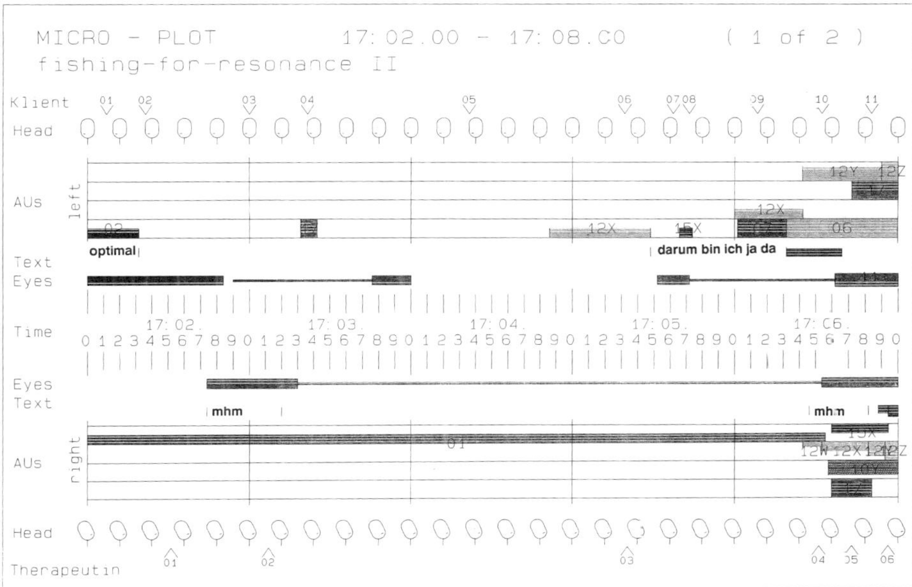

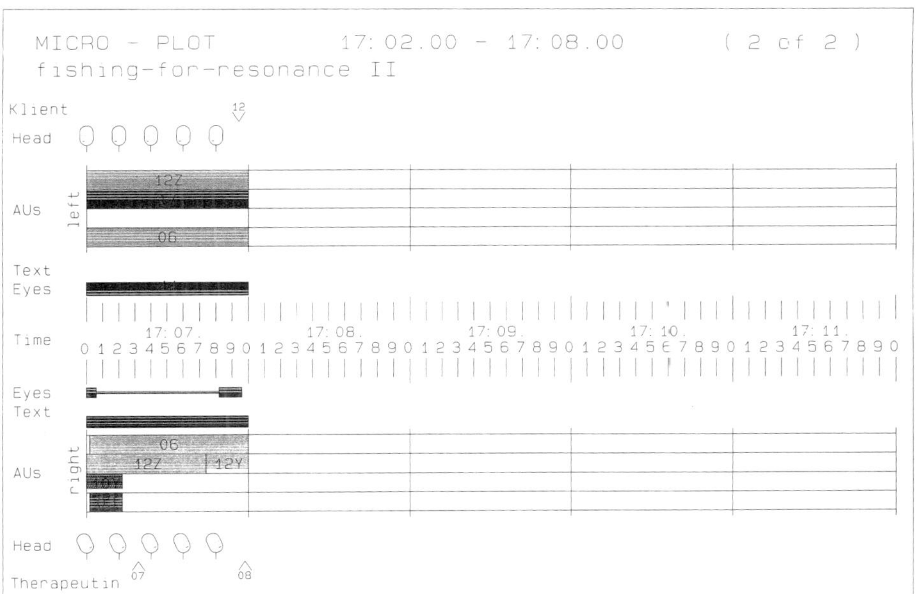

Abbildung 14.8: Micro-plots der fishing-for-resonance Szene II

Zum Zeitpunkt 17:06.82 wechselt der Ausdruck der Therapeutin. Die AUs 15x und 17 fallen weg und sie beginnt ihr Lächeln zu verstärken (Abb. 14.7, T6). Bei Zeitmarke 17:07.02 lacht sie kurz hörbar und intensiviert ihr Lächeln zusätzlich durch die Innervation von AU 6. Nach Beendigung des Lachens ist auch AU 10y von ihrem Gesicht verschwunden und sie zeigt ein *felt smile* (6+12z+26; Abb. 14.7, T7). Ab Zeitmarke 17:07.24 befinden sich die beiden Interaktionspartner in dem vom Klienten induzierten resonanten Zustand. Gemäss unserer Hypothese, wonach einem Lachen primär eine Interruptfunktion zukommt (z.B. Bänninger-Huber, Moser & Steiner, 1990), ermöglicht das Lachen der Therapeutin einerseits, die oben beschriebenen, eigenen negativen Emotionen zu beenden. Weiter vermuten wir, dass das Lachen auch aufgrund des Resultats der kognitiven Evaluierung der Therapeutin zustandekommt: Sie ist zunächst etwas verblüfft über die Aussage des Klienten, und es braucht eine gewisse Zeit, bis sie merkt, was er meint: 'Zum Glück habe ich Fehler, sonst könnten wir es gar nicht so schön haben miteinander'. Durch das Lachen kann die aus dem Unverständnis resultierende Spannung abgeführt werden.

Wir vermuten, dass für das Zustandekommen der Affektinduktion in dieser Mikrosequenz neben den mimischen Verhaltensweisen auch der Inhalt der Verbalisierung des Klienten "darum bin ich ja da" eine wichtige Rolle spielt. Die Verbalisierung hat die Bedeutung eines Kompliments: Der Klient gibt der Therapeutin damit zu verstehen, dass er ihr zutraut, dass diese Probleme mit ihrer Hilfe gelöst werden können. Dies erleichtert es der Therapeutin, sich vom Klient zu einem resonanten Zustand verführen zu lassen. Dass die Verführung gelingt, ist am echten Lächeln der Therapeutin gegen Ende der Mikrosequenz ersichtlich. Zum Zeitpunkt 17:07.82 produziert die Therapeutin dann einen weiteren Lidschlag (Abb. 14.7, T8), senkt ihren Blick und beginnt, immer noch intensiv lächelnd (6+12y), eine Intervention. Die Verbalisierung dient aber nicht nur der Erhöhung der affektiven Bindung zwischen Therapeutin und Klient, sondern hat auch eine Beschwichtigungsfunktion, d.h. die gefürchtete Entwertung kann dadurch vermieden werden, indem der Klient der Therapeutin signalisiert, dass er selbst weiss, dass er "Fehler" hat, die Therapeutin aber nicht mehr von ihm erwarten kann, da er sonst nicht in der Rolle eines Klienten wäre. Damit kann er vermeiden, dass er als jemand angesprochen wird, der Probleme hat, d.h. er behält die Kontrolle über die Situation, was für seine Autonomiegefühle wichtig ist.

Diese Mikrosequenz hat für die Affektregulierung des Klienten im wesentlichen die gleiche Bedeutung wie bereits im Hinblick auf die erste fishing-for-resonance Szene beschrieben wurde. Die Herstellung eines gegenseitig erlebten resonanten Zustandes zwischen Klient und Therapeutin durch gegenseitiges Lächeln und Lachen vermittelt dem Klienten die notwendigen Selbstgefühle, die für die Ausregulierung einer Störung im Selbstbereich des Klienten notwendig sind. Gleichzeitig erfüllt dieses Regulierungsgeschehen auch eine defensive Funktion, indem die Thematisierung der negativen Emotionen des Klienten für eine kurze Zeit unterbrochen wird.

Deutlich wird hier, dass eine Erhöhung der affektiven Bindung zwischen Klient und Therapeutin auch positive Auswirkungen auf die Sicherheitsgefühle der Therapeutin hat. Das Erleben dieser emotionalen Nähe ermöglicht es ihr, im Anschluss an diese Mikrosequenz ein Thema anzusprechen, das sie schon seit längerer Zeit thematisieren wollte ("Das ist überhaupt noch ein Punkt, den wir vor der Türe angeschnitten haben..."). Auch die Therapeutin braucht eine gewisse Sicherheit, dass der Klient eine Intervention erträgt, bzw. zumindest ein Stück weit annehmen kann.

14.5.3 "Der Nichtlateiner" (19:12:00 bis 19:24.00)

Dieser Mikrosequenz gehen zwei längere Interventionen der Therapeutin voraus, in denen sie dem Klienten erklärt, dass es sinnvoll sei, sich im Verlauf der Therapie nicht nur auf das Thema "Prüfungen" zu konzentrieren, sondern sich für das Verständnis der Prüfungsstörungen auch mit Erfahrungen aus anderen Lebensbereichen zu beschäftigen. Durch diese Interventionen stellt die Therapeutin klar, dass der durch die vorangegangene Mikrosequenz vom Typus fishing-for-resonance ("Darum bin ich ja da" 17:03 bis 17:07) hergestellte resonante dyadische Zustand beendet ist. Indem sie sich auf ihr Expertenwissen beruft (18:02 "... und die Erfahrungen haben auch gezeigt ..."), akzentuiert sie ihre Therapeutenrolle, bzw. die Asymmetrie der Rollenverteilung zwischen Therapeutin und Klient. Die Botschaft, die sie damit vermittelt, könnte etwas pointiert wie folgt umschrieben werden: 'Jetzt reden wir über das, was wir in der Therapie machen, und das ist nicht nur gegenseitiges Anlächeln. Der Klient akzeptiert diese Intervention verbal (18:25 "Ja, ich kann es mir vorstellen"), beginnt dann sich mit möglichen Ursachen seiner Prüfungsstörungen zu beschäftigen, ohne den Vorschlag der Therapeutin, auch über andere Lebensbereiche zu sprechen, aufzunehmen. Er kommt zum Schluss, dass seine Prüfungsstörungen viel mit dem Auswendiglernen und dem Gedächtnis zu tun haben. Er habe viele Dinge einfach nicht präsent. Ein krasses Beispiel dafür sei die Systematik ("Systematik, das ist ganz extrem").

Die Mikrosequenz beginnt bei Zeitmarke 19:12.00 und endet bei 19:24.00. Der weitere Verlauf unmittelbar nach dieser Mikrosequenz (bis 19:30.00) wurde ebenfalls mit Fotos illustriert (vgl. Abb. 14.11 und 14.12) und in Form von micro-plots dargestellt (vgl. Abb. 14.13). Die entsprechende Beschreibung wurde jedoch nicht im Detail ausgearbeitet. Im Verlauf der Mikrosequenz sagt der Klient folgendes: "Das sind Namen, wo, ich bin Nichtlateiner, und lateinische Namen zum Beispiel, die haben zum Teil für mich selber gar keine Bedeutung, ausser dass es eine Buchstabenreihe ist".

Die Mikrosequenz beginnt mit der Verbalisierung des Klienten "das sind Namen, wo..." (Abb. 14.9, K1). Während er spricht, befindet er sich in Abwendung. Parallel zum Aussprechen des Wortes "Namen" (19:12.78) produziert er eine knapp zwei Zehntelssekunden dauernde Innervation der AU-Kombination 10x+15y (Abb. 14.9, K2). Es handelt sich um Elemente des Ausdrucksmusters Ärger/disgust, die hier vermutlich primär die Funktion eines Illustrators haben, indem sie die negative Einstellung des Klienten zum geäusserten Sachverhalt ausdrücken. Die Therapeutin blickt zum Klienten hin, hält den Kopf ganz wenig abgewendet (Abb. 14.9, T1) und zeigt einen neutralen Gesichtsausdruck.

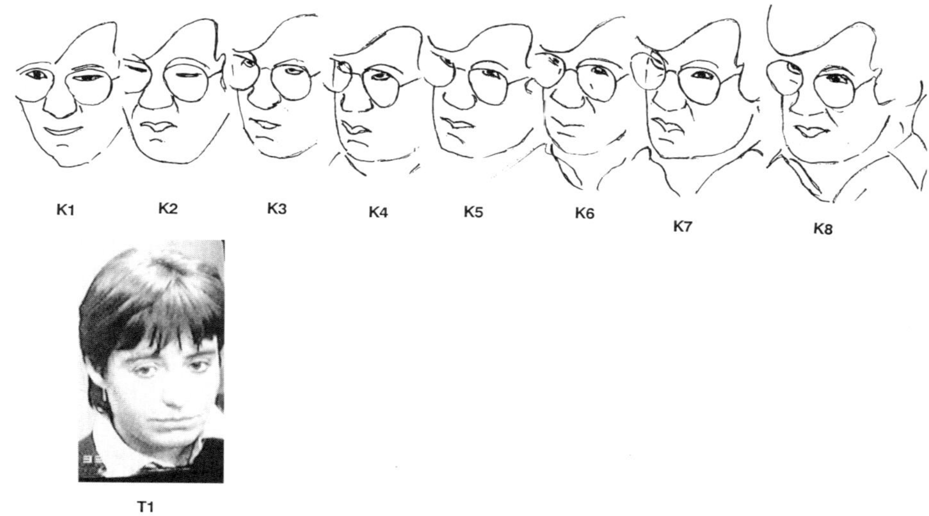

Abbildung 14.9: „Videostandbilder“ der prototypischen affektiven Mikrosequenz "Der Nichtlateiner" (Teil 1)

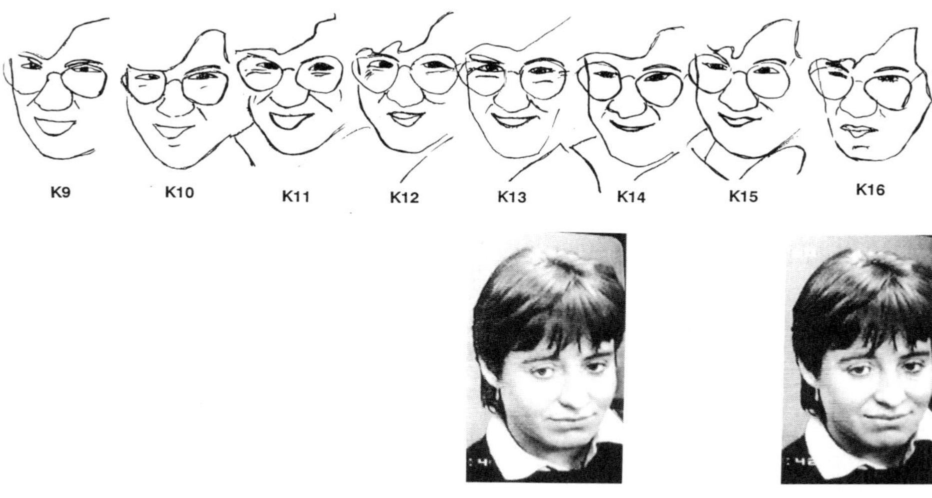

Abbildung 14.10: „Videostandbilder“der prototypischen affektiven Mikrosequenz "Der Nichtlateiner" (Teil 2)

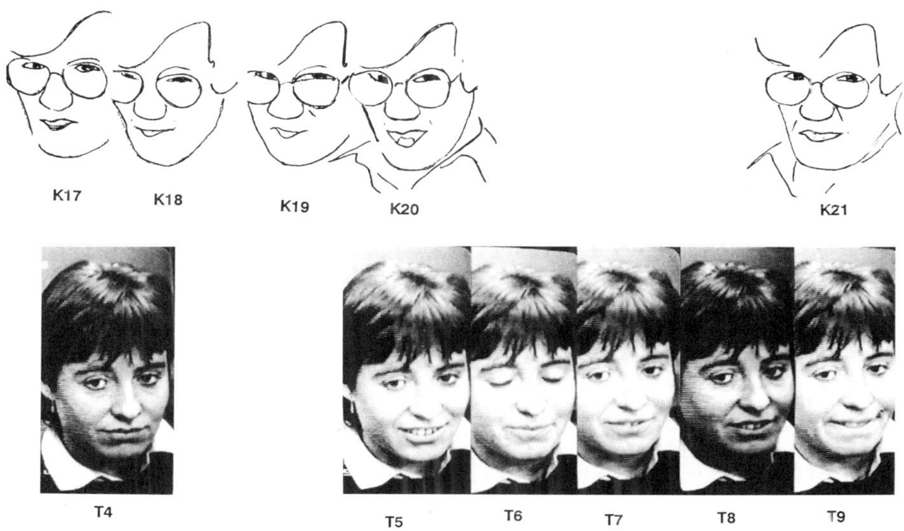

Abbildung 14.11: „Videostandbilder" der prototypischen affektiven Mikrosequenz "Der Nichtlateiner" (Teil 3)

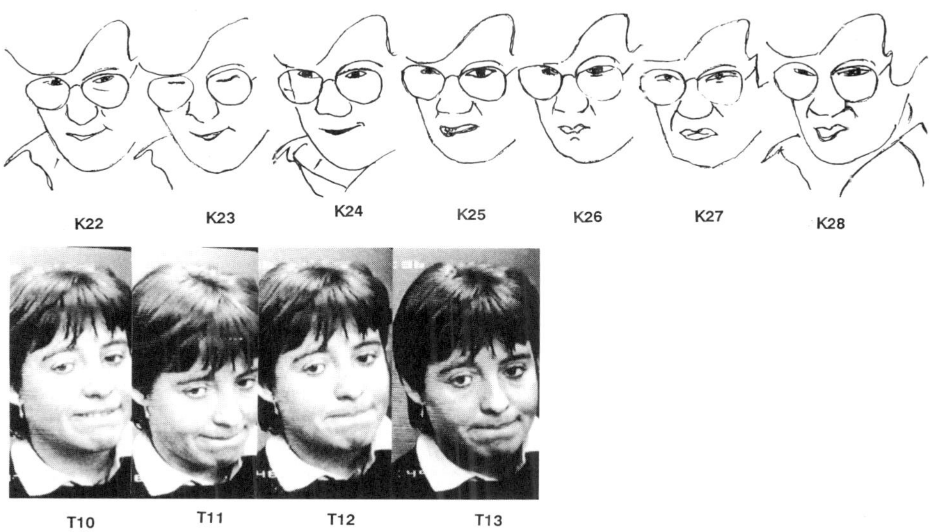

Abbildung 14.12: „Videostandbilder"der prototypischen affektiven Mikrosequenz "Der Nichtlateiner" (Teil 4)

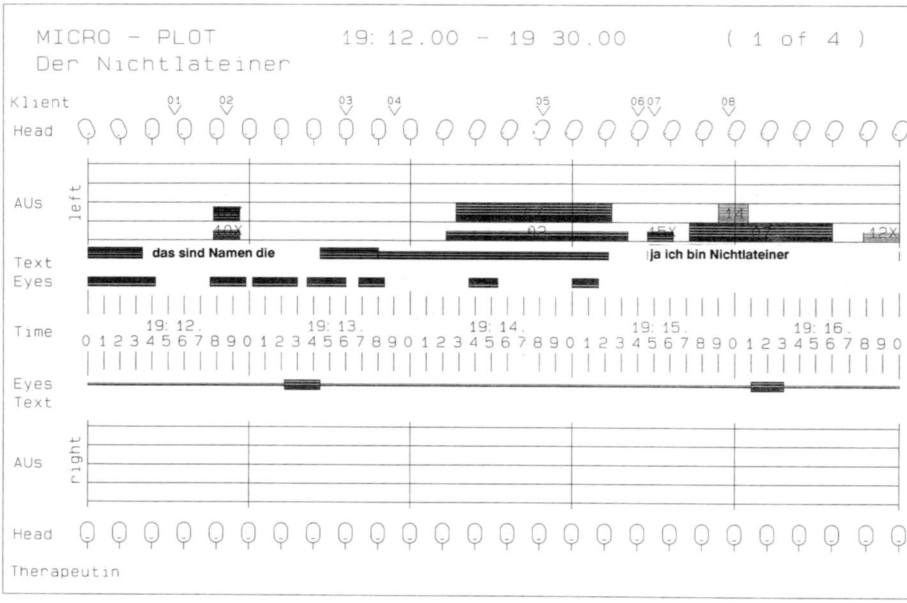

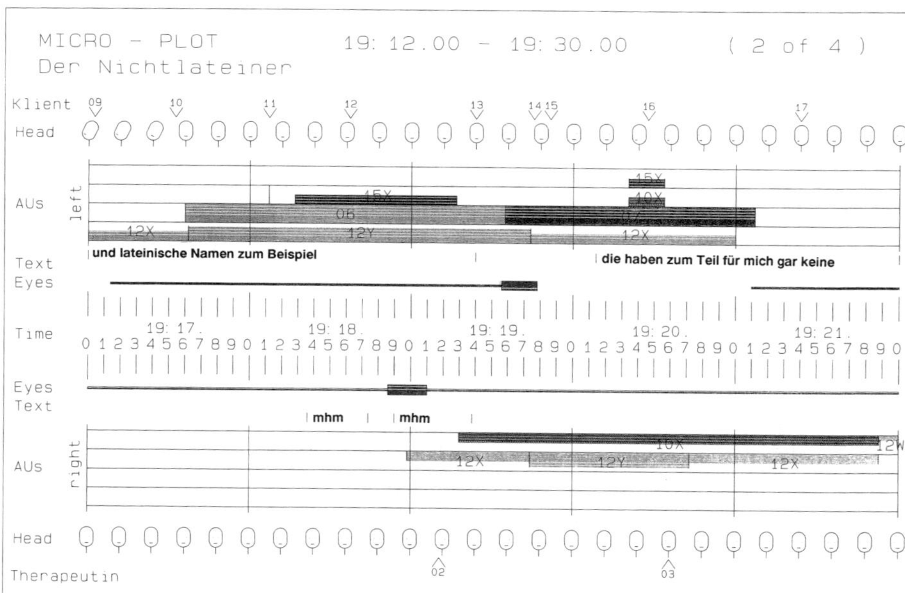

Abbildung 14.13: Micro-plots der der prototypischen affektiven Mikrosequenz "Der Nichtlateiner"

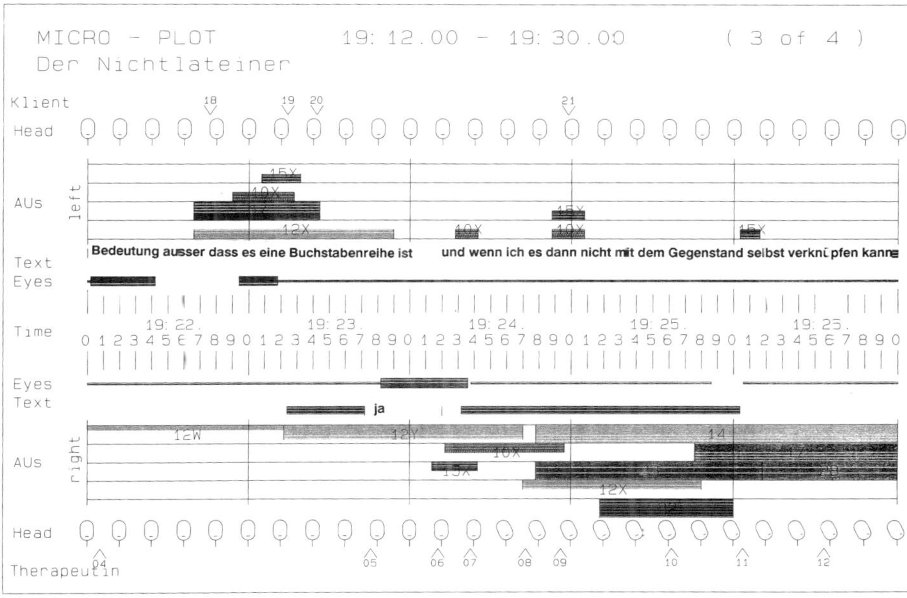

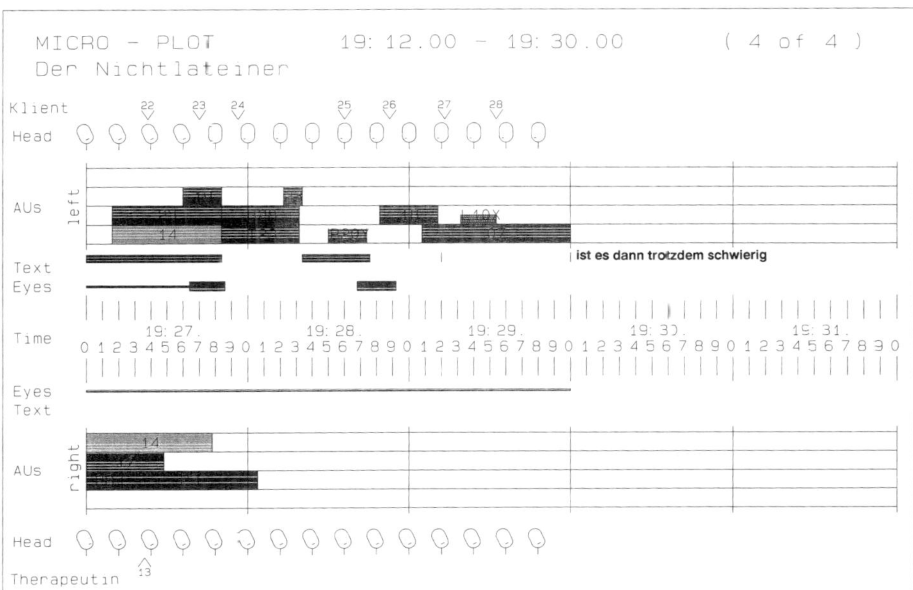

Abbildung 14.13: Fortsetzung

Nach dem Wort "wo" bricht der Klient seine Verbalisierung ab, d.h. er beendet den Satz nicht, was auf eine Störung im Bereich der kognitiven Regulierung hinweist. Nach diesem Interrupt beginnt er zu stöhnen. Weiter schüttelt er den Kopf, dreht die Augen nach oben und produziert eine Serie von insgesamt sechs Lidschlägen (Abb. 14.9, K3 und K4). Immer noch in Abwendung zieht er dreimal hintereinander kurz die Augenbrauen seitlich hoch (AU 2), ohne zwischendurch den Frontalismuskel wieder vollständig zu entspannen und innerviert gleichzeitig AU 7 (Abb. 14.9, K5). Für einen Beobachter wirkt diese Sequenz etwas theatralisch. Man könnte deshalb vermuten, dass diese Ausdrucksweisen die Funktion sog. *mock- expressions* haben, wie sie von Ekman & Friesen (1975, S. 14) beschrieben werden. In einer mock-expression wird eine Emotion vorgespielt und in etwas übertriebener Form darstellt. Eine mock-expression kann dazu verwendet werden, eine verpönte Emotion zu zeigen, ohne dafür die Verantwortung übernehmen zu müssen. Durch die Darbietung solcher mock-expressions kann eine Person zwar zeigen, wie sie sich fühlt und dies auch dem Interaktionspartner signalisieren. Reagiert dieser dann aber nicht dem Wunsch gemäss verständnisvoll darauf, kann er einen nicht auslachen, da "in Wirklichkeit" nur eine gespielte Emotion gezeigt wurde.

In unserem Fall vermuten wir aufgrund der verbalen Aussage des Klienten und unserem Verständnis der emotionalen Situation, dass diese Verhaltensweisen des Klienten seine Verzweiflung darüber, dass er nicht in der Lage ist, sich diese schwierigen Wörter zu merken, darstellen sollen. Indem er die Verzweiflung aber in übertriebener Form ausdrückt, entwertet er diesen Anspruch. Gleichzeitig gibt der Klient der Therapeutin zu verstehen, dass er die Verzweiflung eigentlich im Griff hat, die gestellte Aufgabe aber als Zumutung empfindet. Mit dieser Strategie kann er sich davor schützen, von einem Objekt entwertet zu werden. Zudem kann er hoffen, durch den Ausdruck von Verzweiflung bei der Therapeutin Gefühle der Anteilnahme und des Verständnisses zu wecken.

Bei Zeitmarke 19:15.46 spricht der Klient weiter "Ja, ich bin Nichtlateiner". Es sind weiterhin Zeichen negativer Emotionen beobachtbar, nämlich AU 15x (Abb. 14.9, K7), AU 14 (Abb. 14.9, K8) sowie AU 7. Diese Innervationen, die sehr oft im Kontext von Ärger-Reaktionen beobachtbar sind (vgl. Moser, Bänninger-Huber & Steiner, 1989), deuten zusammen mit dem Tonfall darauf hin, dass die Störung noch nicht behoben ist, sondern dass er sich nach wie vor über die an ihn herangetragene Zumutung ärgert. Beim Aussprechen des zweiten Teils des Wortes ("Lateiner") beginnt er noch in Abwendung zu lächeln (AU 12x) (Abb. 14.10, K9), wendet dann Kopf und Blick der Therapeutin zu (Abb. 14.10, K10) und spricht weiter (19:17:00) "und lateinische Namen zum Beispiel". Während er spricht, verstärkt er sein Lächeln (AU 12y), innerviert zusätzlich AU 6 (Abb. 14.11, K11) und fügt eine knappe Sekunde später AU 15x dazu (Abb. 14.10, K12). Daraus resultiert ein *masking smile* (6+12y+15x), ein Lächeltypus, der im allgemeinen die Funktion hat, eigene negative Emotionen zu kontrollieren und es ermöglicht, diese in sozial akzeptabler Weise auszudrücken (vgl. u.a. Ekman & Friesen, 1982, Bänninger-Huber & Steiner, 1987).

Die Therapeutin reagiert auf dieses intensive masking smile vorerst nicht mit einem Lächeln, sondern zuerst mit einem Zuhörersignal ("mhm", 19:18.36). Sie nickt deutlich mit dem Kopf, produziert einen Lidschlag sowie ein zweites "mhm". Damit signalisiert sie dem Klienten Verständnis für seine Schwierigkeiten. Zum Zeitpunkt 19:18.98 lässt sie sich vom Lächeln des Klienten anstecken und lächelt ebenfalls, wenn auch sehr schwach (AU 12, trace level, Abb. 14.10, T2). Ihr Lächeln modifiziert sie allerdings durch eine zusätzliche Innervation von AU 10x, einem Indikator von Ärger/Verachtung (Abb. 14.10, T3). Es ist denkbar, dass es sich dabei um ein empathisches Nachempfinden der vom Klienten ausgedrückten negativen Emotionen handelt, das zu einem *miserable smile* (siehe oben) führt. Bei 19:19:50 entsteht schliesslich ein kurzer resonanter Zustand: Beide Interaktionspartner schauen sich gegenseitig an und lächeln gleichzeitig (Abb. 14.10, K13).

Der Klient beendet diesen Zustand mit einem Lidschlag (19:19.56) und wendet den Blick wieder von der Therapeutin ab. Er reduziert die Intensität seines Lächelns (AU 12x), innerviert parallel dazu AU 7 (Abb. 14.10 K14 und K15) und fährt mit seiner Verbalisierung fort ("die haben zum Teil für mich selber gar keine"). Zum Zeitpunkt 19:20.34 innerviert er zusätzlich für etwa zwei Zehntelssekunden die AU-Kombination 10x+15x (Abb. 14.10, K16), Indikatoren negativer Emotionen (Ärger/Verachtung), die sich wahrscheinlich auf seine Aussage beziehen, so dass daraus die AU-Kombination 7+10x+12x+15x resultiert. Noch während er spricht, wendet er seinen Blick und seinen Kopf für eine Sekunde zur Therapeutin hin und ergänzt den Satz mit dem Wort "Bedeutung". In dieser Phase treten beim Klienten keine codierbaren AUs auf (Abb. 14.11, K17).

Die Therapeutin schaut immer noch (19:22.08) zum Klienten hin und zeigt ein schwaches Lächeln auf dem trace level (Abb. 14.11, T4). Zwei Sekunden später produziert der Klient noch einmal das gleiche Ausdrucksmuster (AUs 7+10x+12x+15x), während er fortfährt "ausser dass es eine Buchstabenreihe ist" (Abb. 14.11, K18 bis K20). Die auftretenden Indikatoren negativer Emotionen interpretieren wir als Ausdruck davon, dass das Thema, über das er spricht, bei ihm negative Emotionen auslöst, die er vermutlich auch erlebt. Gleichzeitig bildet das Lächeln einen Resonanzfaden zwischen dem Klienten und der Therapeutin. Sobald der Klient der Therapeutin wieder seinen Blick zuwendet (bei Zeitmarke 19:23:20), intensiviert die Therapeutin ihr Lächeln (12y) (Abb. 14.11, T5). Bei Zeitmarke 19:23.70 sagt sie "ja", produziert aber wieder, wie in den fishing-for-resonance Szenen, einen relativ lange (knapp sieben Zehntelssekunden) dauernden Lidschlag, was darauf hindeuten könnte, dass sie sich vor einer erneuten Induktion schützen möchte (Abb. 14.11, T6).

Die Bedeutung der prototypischen affektiven Mikrosequenz "Der Nichtlateiner" für die Affektregulierung des Klienten

Wir vermuten, dass das Lächeln von Klient und Therapeutin in dieser Mikrosequenz die Funktion hat, die durch die Beschäftigung mit einem schwierigen Thema ausgelösten negativen Emotionen des Klienten abzuwehren. Aufgrund des oben beschriebenen Grundkonflikts (siehe fishing-for-resonance Szene I) ist anzunehmen, dass das Eingeständnis, Mühe mit dem Auswendiglernen zu haben, bei ihm negative Selbstgefühle auslöst (möglicherweise Scham und/oder niedriges Selbstwertgefühl). Der Klient möchte mit seinem wiederholten Lächeln seine Unfähigkeit, etwas auswendig zu lernen, verharmlosen, indem er diese Eigenschaft als etwas darstellt, über das man eigentlich lachen sollte. Intrapsychisch betrachtet dient das Lächeln somit der Abwehr von negativen Selbstgefühlen. Auch unter dem Aspekt der Beziehungsregulierung betrachtet, hat sein Lächeln diese Funktion. Die Intensität und Art seines Lächelns (gleichzeitiges Hinblicken) ist sehr induktiv: Die Therapeutin wird "gezwungen", mitzulächeln und bei seiner Abwehr mitzumachen. In ihrem miserable smile am Anfang der Mikrosequenz ist zwar noch ein Indikator einer negativen Emotion enthalten, bei ihrem zweiten Lächeln nimmt sie mimisch jedoch den negativen Affekt nicht mehr auf, sondern reagiert lediglich auf das positive mimische Signal. Damit sind die negativen Affekte zumindest für eine kurze Zeit "vom Tisch". Die Gefahr, dass die Therapeutin ein für den Klienten unangenehmes Thema anspricht, ist für den Moment gebannt. Gleichzeitig erhöht der durch das Lächeln hergestellte resonante Zustand die affektive Bindung, was dem Klienten die für die Ausregulierung seiner Selbstregulierungsstörung notwendigen Gefühle der Sicherheit bringt. Indem die Therapeutin durch ihr Verhalten (Lächeln, Kopfnicken, mhms) Verständnis für sein "Versagen" signalisiert, kann er nachher etwas eingestehen, ohne sein Gesicht zu verlieren.

Auch wenn diese Mikrosequenz analog zu den oben beschriebenen fishing-for-resonance Szenen die Funktion hat, über die Herstellung eines resonanten Zustandes zwischen Klient und Therapeutin eine Selbstregulierungsstörung des Klienten auszuregulieren, bestehen einige Unterschiede dazu. Während der Klient zum Beispiel in den fishing-for-resonance Szenen auch über den verbalen Inhalt eine Erhöhung der affektive Bindung herstellt, indem er ein Thema anspricht, das für beide Beteiligten von verbindender affektiver Bedeutung ist, ist dies in der Mikrosequenz 'Der Nichtlateiner' nicht der Fall. Hier spricht der Klient eigene Schwierigkeiten an, d.h. ein Thema, das nur auf ihn bezogen ist. Dies ist möglicherweise auch der Grund dafür, dass die Therapeutin widerwilliger reagiert. Sie lässt sich zwar durch das Lächeln des Klienten anstecken, ihr Lächeln reflektiert aber nicht eigene positive Emotionen, sondern die Lächelübernahme geschieht eher in Form einer Imitation des Ausdrucks des Klienten. Dass das emotional involvement der Therapeutin in dieser Mikrosequenz kleiner ist, wird auch daran ersichtlich, dass sie nicht in hörbares Lachen ausbricht. Vielmehr scheint das Verhalten des Klienten bei ihr eine Störung hervorzurufen, die sich in Form einer ganzen Reihe von Adaptoren manifestiert, die im Anschluss an die Mikrosequenz auftreten.

Wie soll man dieses "Sich-anstecken-lassen" der Therapeutin im Hinblick auf den therapeutischen Prozess bewerten? Wird die Therapeutin dadurch zu einer Art von "Komplizin", die bei der Abwehr des Klienten mitmacht oder ist diese Reaktion nötig für die Affektregulierung des Klienten, der zu diesem Zeitpunkt nicht anders reagieren kann? Diese Frage lässt sich zum heutigen Zeitpunkt nicht eindeutig beantworten. Aufgrund der Kenntnis des weiteren Therapieverlaufs ist jedoch anzunehmen, dass das häufige Auftreten gelingender Mikrosequenzen für die Stabilisierung der affektiven Regulierung dieses Klienten von grösster Wichtigkeit ist.

14.5.4 "Wischi-Waschi-Charakter" (06:54.00 bis 07:12.00)

Wie bei der affektiven Mikrosequenz "Der Nichtlateiner" handelt es sich auch bei der Mikrosequenz "Wischi-Waschi-Charakter" um einen Versuch des Klienten, eine Selbstregulierungsstörung interaktiv auszuregulieren, indem er versucht, die Therapeutin über ein gemeinsames Lächeln in einen resonanten Zustand zu versetzen. Allerdings gelingt dies in diesem Fall nicht, so dass wir von einer nichtgelingenden affektiven Mikrosequenz sprechen.

Unmittelbar vor dieser Mikrosequenz beklagt sich der Klient darüber, dass er zwar oft über sich nachdenke, aber allein nicht weiter komme. Er sollte aber herausfinden, welches seine Wertbegriffe seien. Weiter falle es ihm generell sehr schwer, einer Sache gegenüber eine feste Position zu beziehen, und er verliere deshalb seine Ziele oft aus den Augen. Er sähe immer gleichzeitig die positiven und die negativen Aspekte ("sondern es kommt oft der Fall, dass ich mir überlege, dass es jetzt indem, wenn man es so anschaut, hat es positive Aspekte und für andere von einem anderen Gesichtspunkt aus also hat es einen anderen Aspekt, also"). Er schliesst diese Äusserung mit einer Innervation der AU-Kombination 10y+15y+17+18+25 ab, wobei er den Kopf gesenkt hält und nach unten blickt. Gemäss Affektprädiktionstabellen von Ekman & Friesen (1978, 1982a) enthält diese AU-Kombination Indikatoren für Ärger sowie disgust/Verachtung. Da dieses Ausdrucksmuster erst nach Abschluss der Verbalisierung auftritt, der Klient zudem den Kopf gesenkt hält und nicht zur Therapeutin hinblickt, ist zu vermuten, dass die gezeigten negativen Affekte die Einstellung des Klienten zu seinen vorherigen Aussagen reflektieren und möglicherweise mit einer drohenden Konfliktreaktivierung im Zusammenhang stehen.

Mit ihrer Verbalisierung: "Es ist einfach nicht so eindeutig" versucht die Therapeutin den vom Klient geschilderten kognitiv-affektiven Zustand in Worte zu fassen und den negativen Emotionen verständnisvoll zu begegnen. Während sie spricht, hält sie den Kopf leicht lateral gekippt und schaut zum Klienten hin (Abb. 14.14, T1; vgl. die entsprechenden micro-plots in Abb. 14.18). Beim Klienten treten in der Folge eine Reihe mimischer Innervationen auf, die gemäss unserer Erfahrungen im Paar-Projekt Begleitphänomene kognitiver Bewertungsprozesse sind. Der Klient hält seinen Kopf leicht abgewendet, fährt sich mit der Zunge über die gespannten Lippen (AUs 23+37, Abb. 14.14, K1) und blickt zum Zeitpunkt 06:54.78 für etwa 1 Sekunde zur Therapeutin hin (Abb. 14.14, K2). Er bestätigt die Verbalisierung der Therapeutin mit einem "nein, äh also ich" (Abb. 14.14, K3). Die Therapeutin spricht parallel zur Verbalisierung des Klienten das Wort "also" aus, sie verwendet damit eine Art erweitertes Zuhörersignal, die es dem Klienten überlässt, seine Aussage weiter zu präzisieren.

Zum Zeitpunkt 06:55.90 wendet der Klient seinen Blick wieder von der Therapeutin ab. Drei Zehntelssekunden später produziert er eine AU 7, d.h. ein Zusammenziehen der Augen (Abb. 14.14, K4), das wir wiederum als ein Begleitphänomen kognitiver Bewertungsprozesse interpretieren. Der Klient exploriert tatsächlich weiter und sagt: "Das ist so das..." (Abb. 14.14, K6). Bei Zeitmarke 06:56.88 innerviert die Therapeutin ebenfalls eine AU 7, die allerdings nur unilateral ist und weniger lang (total sechs Zehntelssekunden) dauert (Abb. 14.14, T3).

Zum Zeitpunkt 06:58.50 wird die Äusserung des Klienten durch eine vier Hundertstelsekunden dauernde AU 14, einem Zusammenpressen der Mundwinkel unterbrochen, die gemäss EMFACS-Affektprädiktionstabelle als Indikator für contempt interpretiert werden kann. Vermutlich kommt diese Innervation wiederum aufgrund eines kognitiven Bewertungsprozesses zustande: Der Klient denkt wahrscheinlich an etwas Unangenehmes. Genau während dieser Zeitspanne produziert die Therapeutin einen Lidschlag, sieht die Innervation von AU 14 des Klienten also nicht (Abb. 14.14, T4).

Bei Zeitmarke 06:59.00 innerviert der Klient immer noch AU 7 und hält den Kopf abgewendet, während er sagt "was vielleicht...." (Abb. 14.14, K7). Diese Verbalisierung wird durch knapp eine Sekunde dauernde Mundbewegungen (AUs 17+28, AUs 23, 24) abgeschlossen, die Funktion von Adaptoren (Ekman & Friesen, 1969; Bänninger-Huber, Moser & Steiner, 1990) haben (Abb. 14.15, K8 bis K10). In diesem gut zwei Sekunden dauernden Zeitraum produziert der Klient vier weitere Lidschläge. Nach einer Pause von insgesamt einer Sekunde fährt er auf der verbalen Ebene fort mit "mich so als Wischi-Waschi..." (Abb. 14.15, K11).

Er unterbricht erneut seine Verbalisierung. Er wendet mit leicht geöffnetem Mund (AU 26) seinen Blick der Therapeutin zu, vermutlich um die Wirkung seiner Verbalisierung auf die Therapeutin abzuschätzen und beginnt zu lächeln (AU 12x, Abb. 14.15, K12 und K13). Er ergänzt das angefangene Wort (Wischi-Waschi) mit dem Wort "Charakter". Zum Zeitpunkt 07:03.18 innerviert der Klient parallel zu diesem Lächeln die AU Kombination (L07+15x), so dass daraus ein masking smile resultiert (Abb. 14.15, K14). Dieser Lächeltyp hat die Funktion, negative Emotionen zu überdecken, bzw. in einer sozial akzeptablen Weise auszudrücken (z.B. Ekman & Friesen, 1982; Bänninger-Huber, Moser & Steiner, 1989). Intrapsychisch betrachtet, könnte dieses Lächeln dem Klienten also helfen, seine negativen Gefühle, die aus der Beschäftigung mit dem Thema des "Sich-nicht-Entscheiden-Könnens" resultieren, zu kontrollieren. Gleichzeitig könnte dieses Lächeln auf der Ebene der Beziehungsregulierung auch eine Schutzfunktion erfüllen, indem es der Therapeutin signalisiert 'Ich weiss, dass ich Fehler habe. Bitte sei so lieb und sage mir, dass das nicht so schlimm ist!' Die Therapeutin soll über ein gemeinsames Lächeln in einen positiven affektiven Zustand versetzt werden, der sie daran hindert, den Klienten weiter mit den durch das Thema evozierten negativen Emotionen zu konfrontieren.

Die gewünschte Affektinduktion misslingt jedoch, d.h., die Therapeutin erwidert das Lächeln nicht, sondern bleibt mimisch neutral und blickt weiter zum Klienten hin (Abb. 14.15, T5; Abb. 14.16, T6). Dieser verstärkt die Intensität seines Lächelns, womöglich in der (unbewussten) Hoffnung, dadurch der Therapeutin doch noch ein Lächeln zu entlocken (Abb. 14.K16). Dies gelingt aber nicht. Beim Klienten sind zwei schnell hintereinander ablaufende Lidschläge beobachtbar, und er wendet anschliessend (07:05.78) den Blick ab, was ein Zeichen von Irritation sein könnte, die auf sein "liegengelassenes Lächeln" (vgl. Bänninger-Huber, Moser & Steiner, 1990) zurückzuführen sein mag (Abb. 14.16, K17). Auf der verbalen Ebene fährt der Klient fort und sagt "macht so" (Abb. 14.16, K18) und beginnt zum

K1 K2 K3 K4 K6 K7

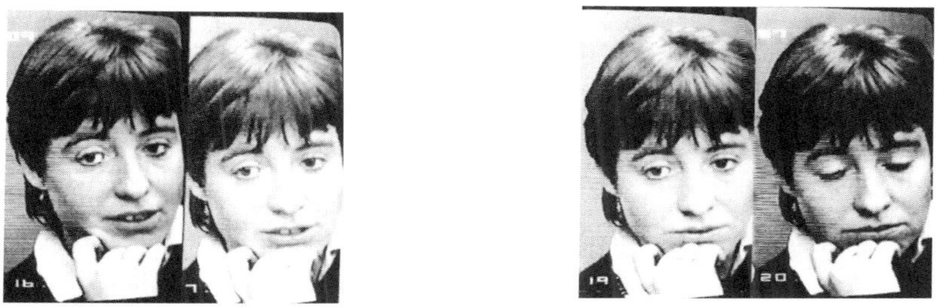

T1 T2 T3 T4

Abbildung 14.14: „Videostandbilder“ der prototypischen affektiven Mikrosequenz "Wischi-Waschi-Charakter " (Teil 1)

K8 K9 K10 K11 K12 K13 K14 K15

T5

Abbildung 14.15: „Videostandbilder“ der prototypischen affektiven Mikrosequenz "Wischi-Waschi-Charakter " (Teil 2)

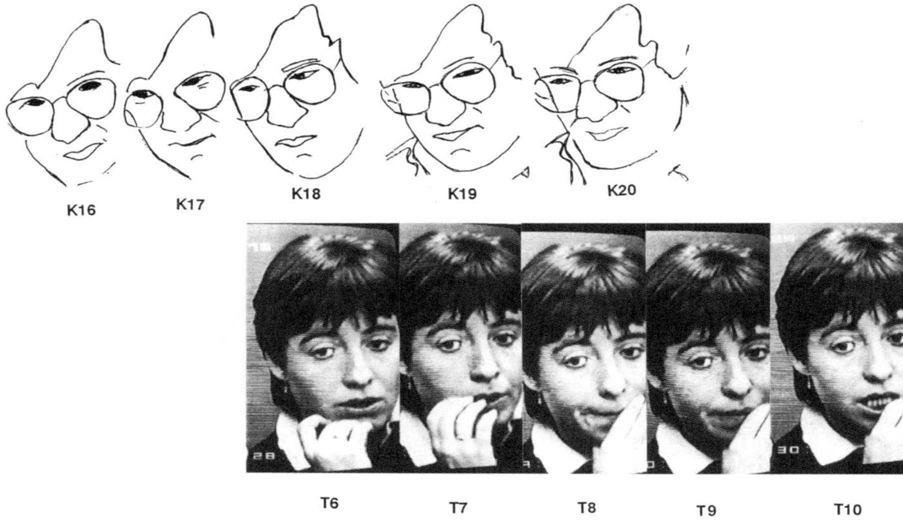

Abbildung 14.16: „Videostandbilder“ der prototypischen affektiven Mikrosequenz "Wischi-Waschi-Charakter " (Teil 3)

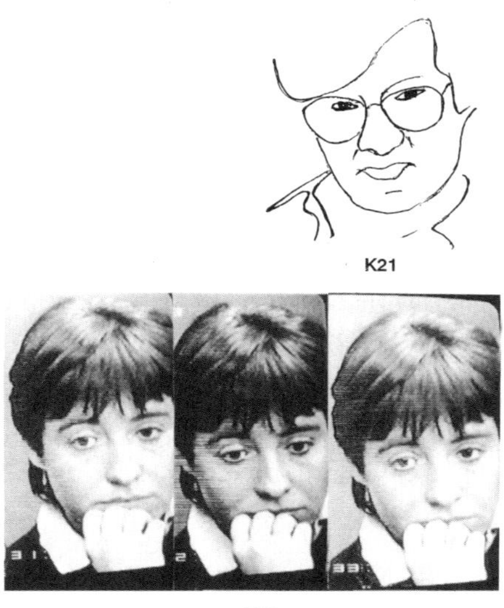

Abbildung 14.17: „Videostandbilder“ der prototypischen affektiven Mikrosequenz "Wischi-Waschi-Charakter " (Teil 4)

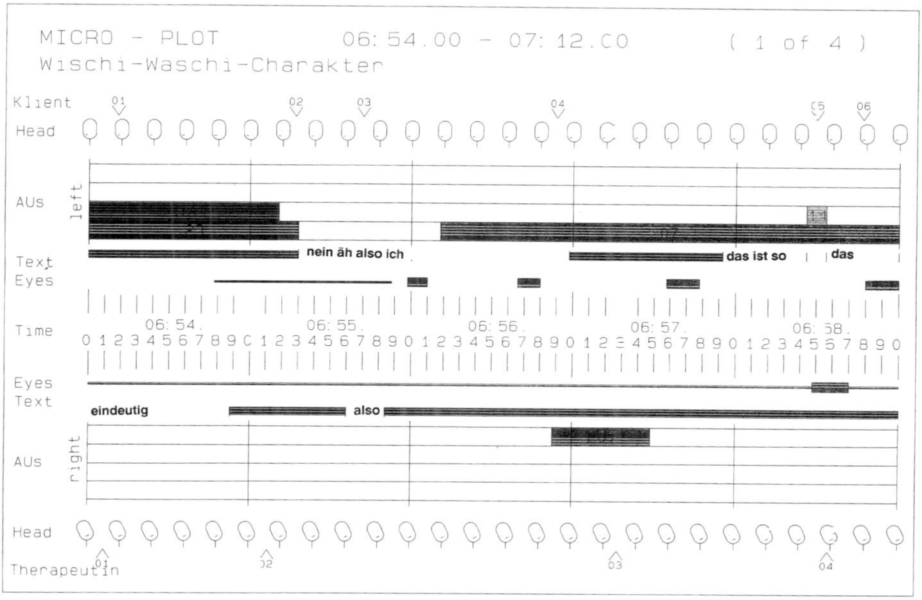

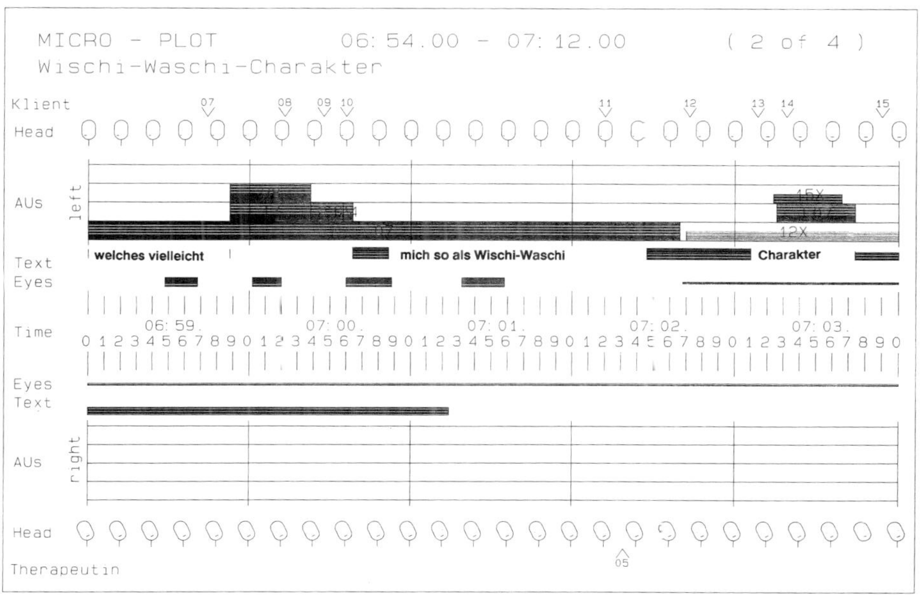

Abbildung 14.18: Micro-plots der der prototypischen affektiven Mikrosequenz "Wischi-Waschi-Charakter"

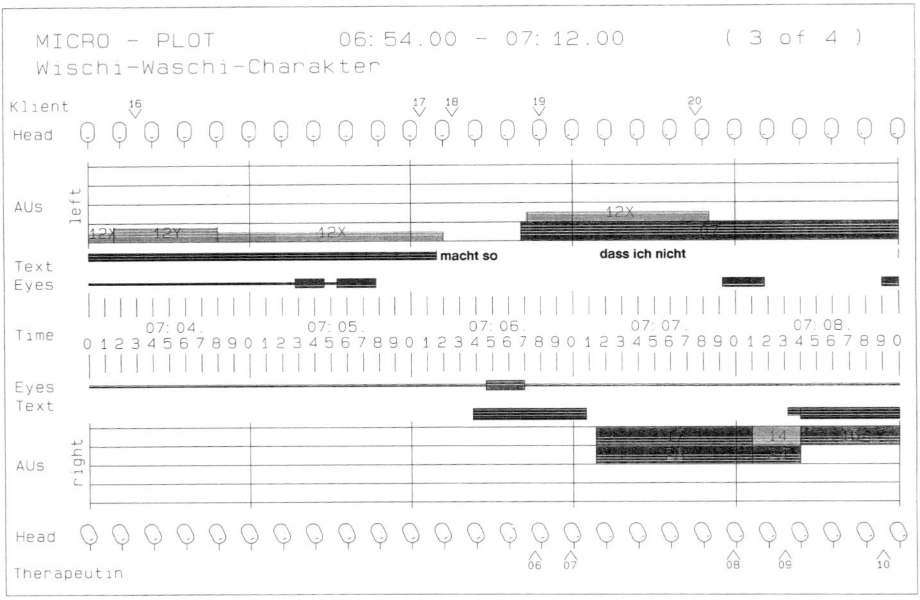

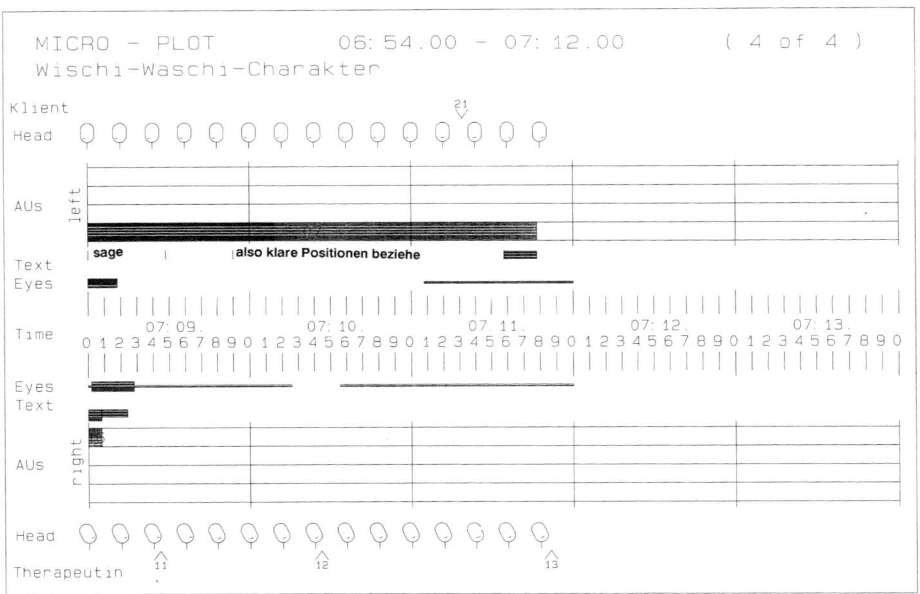

Abbildung 14.18: Fortsetzung

Zeitpunkt 07:06.72 erneut schwach zu lächeln (12x), wobei er gleichzeitig AU 7 innerviert (Abb. 14.16, K19 und K20). Da sich der Klient aber wieder in Abwendung befindet und sein Lächeln schwach ist, ist das Risiko einer erneuten Affektinduktion für die Therapeutin gering. Die Mikrosequenz endet damit, dass der Klient den angefangenen Satz, immer noch etwas stockend, zu Ende führt ("dass ich nicht sage, also klare Positionen beziehe") und wieder zur Therapeutin hinblickt (Abb. 14.17, K21).

Interessanterweise treten jetzt verschiedene Störungszeichen bei der Therapeutin auf (Abb. 14.16, T7, T8, T9, T10): Sie macht einen Lidschlag, greift mit der Hand an den Mund, wendet den Kopf etwas vom Klienten ab und produziert verschiedene Adaptoren in der Mundregion (AUs 17+28, AU 14, AU 23, AU 16), vergleichbare Bewegungen wie sie der Klient vor Beginn der Mikrosequenz zeigte. Zum Zeitpunkt 07:10.28 erfolgt zudem eine Blickabwendung (Abb. 14.17, T12).

Mehrere Gründe sind für das Zustandekommen dieser Störungszeichen denkbar. Einmal kann die Störung des Klienten via direkter Affektinduktion auf die Therapeutin übergegangen sein und bei der Therapeutin selbst eine Irritation ausgelöst haben (vgl. das Konzept der *nicht-intentionalen Empathie* von Borke, 1971). Weiter können die Störungszeichen Resultat eines inneren Konflikts der Therapeutin sein, der durch den Versuch des Klienten, sie in diesem Moment zum Lächeln zu bringen, ausgelöst wird. Auf der einen Seite möchte sie "lieb" und verständnisvoll mit Lächeln reagieren, wie man dies als freundlicher Mensch üblicherweise auf ein Lächeln tut. Auf der anderen Seite ärgert sie sich in ihrer Rolle als Therapeutin darüber, vom Klienten gezwungen zu werden, über etwas zu lachen, das sie gar nicht lustig findet. Drittens können diese Störungszeichen darauf zurückzuführen sein, dass die Therapeutin über den Prozess der situativen Empathie (vgl. Bischof-Köhler, 1988) versucht, sich in den affektiven Zustand des Klienten einzufühlen, jedoch noch nicht richtig versteht, was los ist. Die Störungszeichen wären demnach primär Resultat kognitiv-affektiver Bewertungsprozesse. Darauf könnte auch die Intervention der Therapeutin nach Beendigung der Mikrosequenz hinweisen, in der sie mit einer Frage versucht, sich ein konkreteres Bild über die Aussagen des Klienten zu verschaffen ("Also denken Sie jetzt an etwas Bestimmtes?").

Es scheint also so zu sein, dass die Therapeutin in dieser Sequenz nicht auf die vom Klienten gewünschte Herstellung eines positiven resonanten Zustandes reagiert, sondern die negativen Emotionen des Klienten aufnimmt. Dadurch wird es möglich, weiter an dem vom Klienten aufgebrachten Thema zu bleiben. Allerdings geht dies nur zu einem gewissen Grad, denn der Klient kann nicht tiefer explorieren, sondern verliert sich in allgemeinen Aussagen (Motivation im allgemeinen, gesellschaftliche Momente, Ziele in der Weltpolitik). Wir vermuten, dass dies wiederum eine Form einer Notfallstrategie des Klienten darstellt, indem er so über ein Thema spricht, dass das emotional involvement möglichst gering bleibt (vgl. Moser von Zeppelin & Schneider, 1968, 1987). Theoretisch denkbar wäre zum Beispiel auch die Äusserung von Grössenphantasien als weitere Strategie zur Restituierung seiner Selbstregulierung.

Man kann sich nun weiter überlegen, weshalb in dieser Mikrosequenz die vom Klienten gewünschte Herstellung von Resonanz via Lächeln nicht wie bei den oben beschriebenen Mikrosequenzen gelingt. Bei der Verbalisierung am Anfang der Sequenz handelt es sich wiederum, wie bei der Mikrosequenz "Der Nichtlateiner", nicht um ein Thema, das die affektive Bindung zwischen Therapeutin und Klient erhöhen würde, wie dies bei den fishing-for-resonance Szenen der Fall ist (zum Beispiel Thema "Wahlen" oder "Darum bin ich ja da"). Während das Wort "Nichtlateiner" noch eine relativ neutrale Beschreibung einer Inkompetenz ist, handelt es sich hier aber um eine Form von Selbstentwertung (Wischi-Waschi-Charakter). Auf der mimischen Ebene kommt hier dazu, dass der Klient sein Lächeln nicht mit einer AU 6 verstärkt, sondern nur für die Dauer von sieben Zehntelssekunden eine AU 12 mit der Intensität "y" innerviert. AU 6 ist ein wesentliches Unterscheidungskriterium zwischen der Kategorie der *felt smiles* und der *false smiles* (Ekman & Friesen, 1982b). In einer Untersuchung verschiedener Lächeltypen in einer therapeutischen Interaktion (Wicki, 1988; Wicki, Bänninger-Huber & Steiner, 1989) hat sich gezeigt, dass felt smiles häufiger zur Erwiderung eines Lächelns führen als andere Lächeltypen. Ob dies wesentliche Unterscheidungsmerkmale zwischen gelingenden und nicht-gelingenden Mikrosequenzen sind, muss anhand von weiterem Datenmaterial untersucht werden.

14.6 Diskussion

Die Anwendung einer Methode, die objektiv erfasste Beobachtungsdaten mit Modellvorstellungen über emotionale Prozesse in Beziehung setzt, macht es möglich, affektive Regulierungsprozesse in Therapeut-Klient Interaktionen detailliert zu beschreiben. Derartige Beschreibungen bilden die Voraussetzung für die Bearbeitung der Frage, welche Funktion spezifische affektive Austauschprozesse zwischen Klient und Therapeut für bestimmte therapeutische Veränderungen beim Klienten haben.

Untersucht wurden therapeutische Interaktionen im Hinblick auf die Frage, welche affektiven Prozesse ablaufen, wenn Störungen in der Affektregulierung eines Klienten auftreten. Dazu wurde das Konzept der prototypischen affektiven Mikrosequenz eingeführt, das sich in einer vorbereitenden Untersuchung als bedeutsam für die Beschreibung von Affektregulierungsprozessen in Paar-Interaktionen erwiesen hat.

Die Auswertungen haben gezeigt, dass sich nicht nur in Paar-Interaktionen, sondern auch im therapeutischen Setting prototypische affektive Mikrosequenzen identifizieren lassen. PAMS konnten in verschiedenen Therapiestunden der Therapie von Herrn A. identifiziert werden. Sie kommen sowohl am Anfang, in der Mitte sowie auch gegen Ende der Therapie vor. Es handelt sich also um Regulierungsphänomene, die sich wiederholt auf der Ebene des interaktiven Verhaltens manifestieren. Dabei konnten zwei Typen differenziert werden, nämlich gelingende sowie nicht-gelingende prototypische affektive Mikrosequenzen.

Gelingende prototypische affektive Mikrosequenzen sind dadurch gekennzeichnet, dass sie dem Klienten über die erfolgreiche Herstellung eines resonanten Zustandes mit der Therapeutin dazu verhelfen, Störungen im Bereich seiner Selbstregulierung zu beheben. Mimische Phänomene wie Lächeln und Lachen sind wichtig, um dem Klienten ein basales Gefühl von Sicherheit zu vermitteln. Dieses bildet

bildet die Voraussetzung dafür, dass sich der Klient immer wieder auf konfliktive Themen einlassen kann.

Im Gegensatz dazu haben nicht-gelingende Mikrosequenzen zur Folge, dass die durch die Beschäftigung mit einem konfliktiven Thema ausgelösten negativen Emotionen weiterhin bestehen bleiben und möglicherweise einer unmittelbaren Bearbeitung zugänglich werden. Zum heutigen Zeitpunkt kann allerdings noch nicht entschieden werden, welcher Typus von Mikrosequenzen (gelingend, nicht-gelingend) in welcher therapeutischen Situation zu einem produktiven Veränderungsprozess beiträgt. Offen ist auch die Frage, welche Rolle Perturbationen, die zum Beispiel durch eine Konfliktreaktivierung ausgelöst werden, bzw. deren Aufhebung, auf der Mikroebene des affektiven Regulierungsverhaltens im therapeutischen Veränderungsprozess spielen. So ist es denkbar, dass gerade das Erleben, dass eine Störung gemeinsam mit einem Objekt ausreguliert werden kann, von therapeutischer Wirksamkeit ist (vgl. dazu die Konzepte "optimum frustration" (Kohut, 1984; Terman, 1988) sowie "optimal responsiveness" (Bacal, 1985, 1988)). Gelingende und nicht-gelingende prototypische affektive Mikrosequenzen sind *eine* bestimmte Form der Manifestation der spezifischen Objektbeziehungsstruktur des von uns untersuchten Klienten. Daneben existieren aber auch andere Formen, in denen die Objektbeziehungsstruktur des Klienten entsprechend der aktuellen Übertragungslage inszeniert wird. Ob sich für diese Übertragungsformen auf der Ebene des interaktiven Verhaltens ebenfalls prototypische Mikrosequenzen finden lassen, muss weiter untersucht werden. Erste Beobachtungen weisen darauf hin, dass möglicherweise nicht alle inszenierten Objektbeziehungsstrukturen die gleichen zeitlichen Verlaufscharakteristika aufweisen, sondern dass gewisse Prozesse längere Zeiträume beanspruchen.

15. Prototypische affektive Mikrosequenzen und ihre Bedeutung im Übertragungsgeschehen: Versuch einer Konzeptualisierung

Das Ziel dieses Teilprojekts war es, verschiedene Fragestellungen und methodische Probleme, die im ersten Teilprojekt aufgeworfen worden waren, weiterzubearbeiten. Erstens interessierte die Problematik, welche Affektregulierungsprozesse im Anschluss an nicht-gelingende PAMS auftreten, wenn es also einem Klienten nicht gelingt, mit dem Therapeuten oder der Therapeutin mittels Lächeln oder Lachen einen resonanten Zustand herzustellen. Zweitens sollte die Frage aufgegriffen werden, inwiefern die beobachteten affektiven Regulierungsprozesse auf der Mikroebene des interaktiven Verhaltens die spezifische Objektbeziehungsstruktur eines Klienten reflektieren. Drittens sollte untersucht werden, wie bestimmte Gegenübertragungsgefühle der Therapeutin, die in den Supervisionssitzungen herausgearbeitet wurden, mit beobachtbarem interaktiven Verhalten des Klienten im Zusammenhang stehen.

15.1 Überlegungen zur Auswahl affektiver Mikrosequenzen

Entsprechend der skizzierten Fragestellungen wurde hinsichtlich der Identifizierung affektiver Mikrosequenzen aus dem interaktiven Verhalten eine Erweiterung der Suchheuristiken vorgenommen. Für die Auswahl affektiver Mikrosequenzen wurden nicht mehr nur Indikatoren für Selbstregulierungsstörungen des Klienten herangezogen, die interaktiv beobachtbar sind (wie zum Beispiel Lächeln, Lachen, Adaptoren, Versprecher, unflüssige Sprache), sondern auch bestimmte Vorstellungen, die sich aus der klinischen Auseinandersetzung mit der Therapie von Herrn A. ergeben haben. Folgende Auslesekriterien, die verschiedenen theoretischen Abstraktionsebenen (Bänninger-Huber, Moser & Steiner, 1990; Bänninger-Huber & v. Salisch, 1994) zugeordnet werden können, spielten dabei ein Rolle:

1. Ein von der Therapeutin nicht aufgenommenes Lächeln des Klienten sollte beobachtbar sein.

2. Ausgehend von der Frage, ob es Mikrosequenzen gibt, die typisch für die Inszenierung einer bestimmten Beziehungsstruktur in der therapeutischen Situation sind, wählten wir eine Episode aus, in welcher der Klient seine Beziehung zur Mutter schildert.

3. In der Erinnerung der Therapeutin waren in dieser Therapie Gegenübertragungsgefühle von (eigener) Entwertung und Zurückweisung durch den Klienten vorherrschend. Zudem fiel bei der Visionierung der Videobänder auf, dass der Kli-

ent sehr oft auf Interventionen der Therapeutin mit manifester verbaler Zurückweisung reagierte. Der zu beschreibende Ausschnitt sollte deshalb eine "Zurückweisungssequenz" enthalten.

Auf der Basis dieser Kriterien wurde ein Videoausschnitt von knapp dreieinhalb Minuten Dauer aus der 13. Stunde Therapiestunde von Herrn A. ausgewählt. Der Ausschnitt beginnt bei Zeitmarke 24:52 und endet bei 28:20, umfasst also mehr als nur die Sequenz, für die ein Prozessmodell ausgearbeitet wurde und auf die unten genauer eingegangen wird. Für die Gesamtsequenz wurde ein Verbatimprotokoll hergestellt und mittels des von Mösch (1987) entwickelten Verfahrens zur Segmentierung prädikatzentrierter Einheiten aufbereitet.

15.2 Die Beschreibung des Affektregulierungsgeschehens im Anschluss an nicht-gelingende PAMS

15.2.1 Charakterisierung des Verlaufs der Gesamtsequenz (24:52 bis 28:20)

Der Klient erzählt von Erlebnissen aus seiner Kindheit. Dabei kommt er darauf zu sprechen, dass seine Eltern früher immer miteinander gestritten hätten. Unklar sei ihm, wie sein Vater trotz dieser ständigen Streitigkeiten mit seiner Mutter sechs Kinder "gebastelt" habe. Seine Ausdrucksweise (verbaler Inhalt, Tonfall, Mimik) wirkt in dieser Phase relativ entwertend, verachtungsvoll und affektiv distanziert.

Die Therapeutin stellt die Frage, wann genau diese Streitereien begonnen hätten. Der Klient antwortet: "als ich ganz klein gewesen bin". Dabei ist ein sehr intensiver, etwa 1/2 Minute dauernder mimischer Ausdruck negativer Emotionen beobachtbar (25:31), während der Klient sich immer noch in Abwendung befindet, d.h., Kopf und Blick von der Therapeutin weggewendet hält.

Zum Zeitpunkt 25:46 wendet der Klient sein Gesicht der Therapeutin zu, beginnt zu lächeln und sagt, die Eltern hätten "regelmässig Lämpen" (Schwierigkeiten) gehabt. Dieses Lächeln wird von der Therapeutin jedoch nicht aufgenommen und erwidert, wie dies bei den gelingenden prototypischen affektiven Mikrosequenzen der Fall ist, sondern sie reagiert mit einer verbalen Intervention. Sie wirft die Frage auf, wie es wohl für den Klienten gewesen sei, dass die Mutter die Familie immer wieder für einige Tage allein liess, um den ehelichen Spannungen, welche in dieser Zeit durch eine aussereheliche Beziehung des Vaters noch zugenommen hatten, auszuweichen. Auf diese Intervention reagiert der Klient dann mit einer, wie wir vermuten, typischen, d.h. immer wieder auftretenden (repetitiven) Verhaltenssequenz: Er wendet Blick und Kopf ab, zeigt eine AU 14 sowie ein Zusammenpressen der Lippen (AUs 23 oder 24). Kurz darauf (26:07) fällt er der Therapeutin ins Wort und widerspricht ihr, indem er sagt, sie hätten immer eine Hausangestellte gehabt, die zuhause war und sich um die Kinder gekümmert habe. Der Klient fährt weiter, die Mutter sei immer eher ein Polizist gewesen, so zum Beispiel beim Abfragen der Hausaufgaben. Affektiv wirkt der Klient auch in dieser Phase seiner Erzählung verachtungsvoll und distanziert. Dazu kommt eine Störung auf der verbalen Ebene (Er verwechselt die Personalpronomina: Er scheint sich zu meinen,

K1 K2 K3 K4 K5 K6 K7

T1

Abbildung 15.1. „Videostandbilder“ der prctotypischen affektiven Mikrosequenz „Lämpen“ (Teil 1)

benützt aber ein Pronomen, das sich auf die Mutter bezieht (26:52; "... und *sie* abfragen...")). Der Klient fährt fort und sagt, dass die Mutter "schaurig streng" gewesen sei und beginnt dabei wiederum intensiv zu lächeln. Es sei ein "Horror" gewesen. Wenn sie ihn angeschrien habe, habe er die Aufgaben erst recht nicht gekonnt. Die Therapeutin erwidert auch hier das Lächeln des Klienten nicht, sondern setzt zu einer verbalen Intervention an (27:19): "... dass sie eigentlich also...". Der Klient fällt ihr abrupt ins Wort und betont, dass die wichtige Bezugsperson das Dienstmädchen gewesen sei, das etwa zwölf Jahre bei der Familie gelebt habe. Als die Therapeutin zur Frage ansetzt, wie alt der Klient zu der Zeit war, als die Mutter die Familie immer wieder für einige Tage verliess, wird sie von ihm sofort wieder unterbrochen. Bei Zeitmarke 27:33 sagt er "... erstaunlicherweise..." und wendet sein Gesicht der Therapeutin zu. Zusammen mit dem Hochziehen der Augenbrauen wirkt dieses Verhalten als eine Aufforderung an die Therapeutin, einen Kommentar zu seiner verbalen Äusserung zu geben. Die Therapeutin bleibt jedoch bei "ihrem" Thema und stellt zum zweiten Mal die Frage nach dem damaligen Alter des Klienten. Die Therapeutin spricht damit nicht mehr die Beziehung zur Mutter an, sondern beschäftigt sich mit der Chronologie der Ereignisse. Sie beginnt laut nachzudenken und zu rechnen, ist aber nicht sicher, ob das Resultat ihrer Rechnung stimmt. Sie scheint etwas aus dem Konzept geraten zu sein.

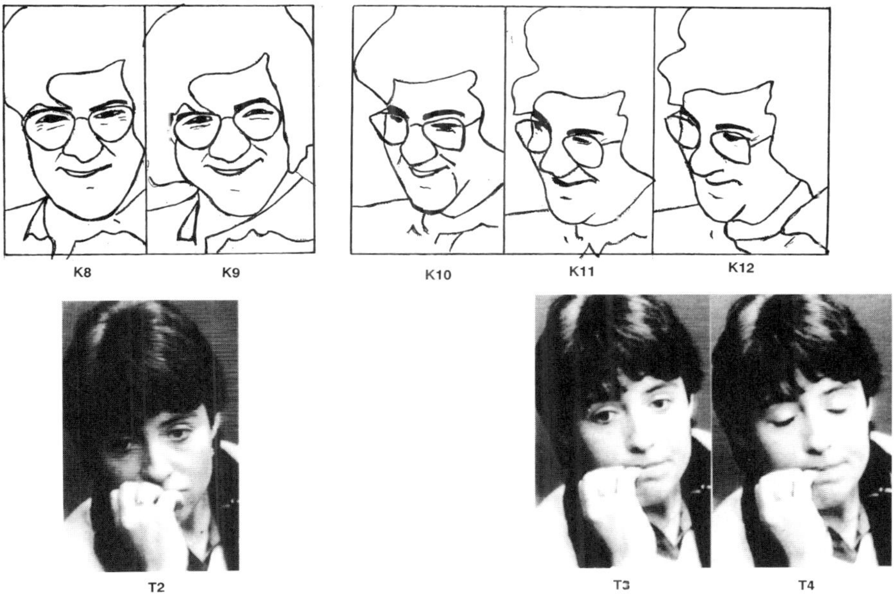

Abbildung 15.2: „Videostandbilder“ der prototypischen affektiven Mikrosequenz "Lämpen" (Teil 2)

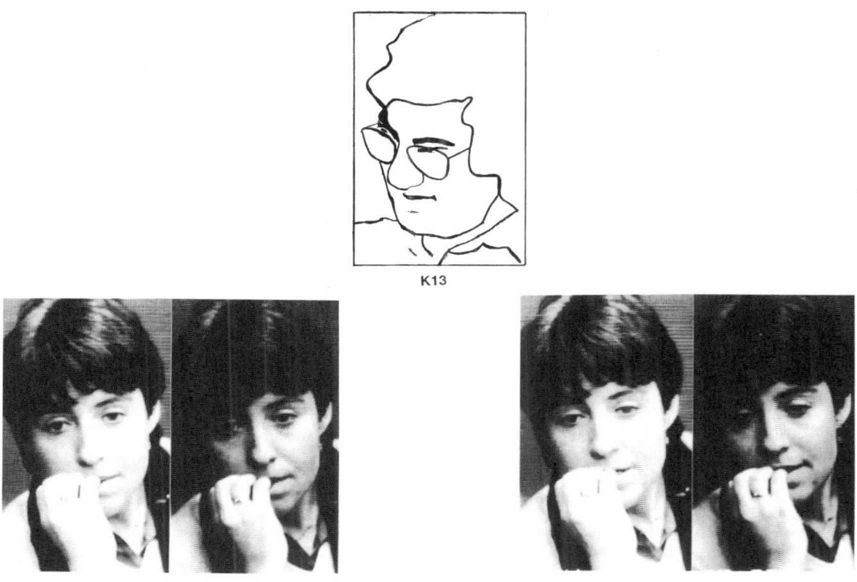

Abbildung 15.3: „Videostandbilder“ der prototypischen affektiven Mikrosequenz "Lämpen" (Teil 3)

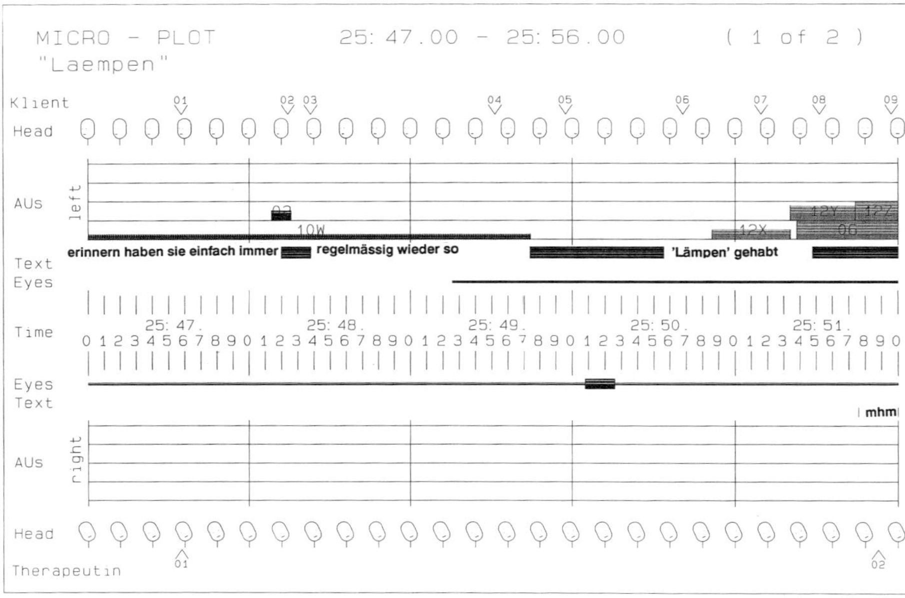

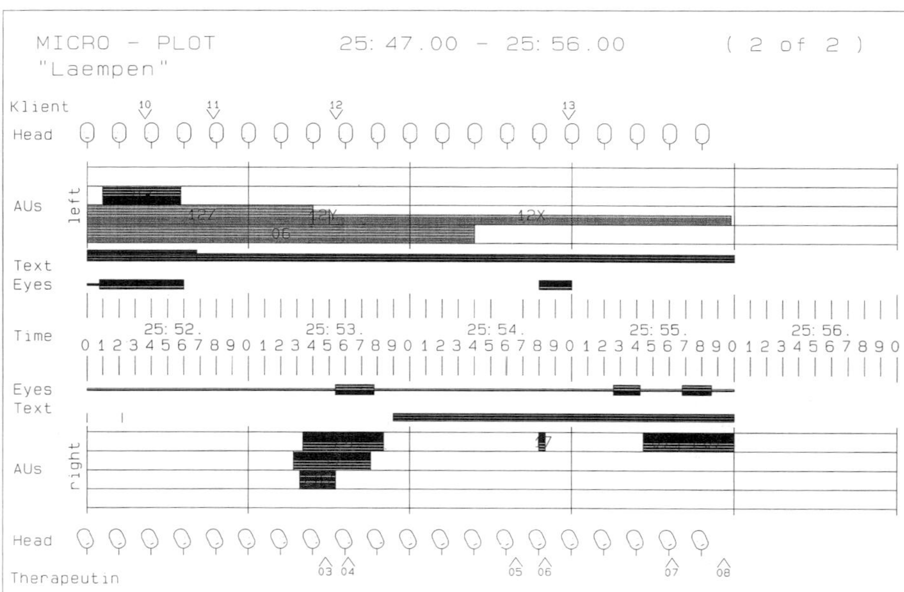

Abbildung 15.4: Micro-plots der der prototypischen affektiven Mikrosequenz "Lämpen"

Der Klient bestätigt das von der Therapeutin errechnete Ergebnis (das Alter des Klienten) und wirft die Frage auf, weshalb das Dienstmädchen wohl solange bei ihnen geblieben sei (..."warum weiss ich, versteh ich heute noch nicht also..."). Die Therapeutin ergänzt "...dass sie das ausgehalten hat..." und der Klient startet einen erneuten Versuch, die Therapeutin zum Lächeln bzw. zum Lachen zu bringen: Er sagt "...freiwillig meinen Sie...?". Seine Mimik, die dem für den Klienten typischen Verlauf einer gelingenden affektiven Mikrosequenz entspricht, ist hochinduktiv und der fishing-for-resonance Versuch gelingt: Die Therapeutin lächelt mit.

Interessant an diesem interaktiven Geschehen, welches unten ausschnittsweise genauer analysiert wird, ist insbesondere der Umstand, dass zweimal hintereinander ein analoger Verlauf beobachtbar ist: Der Klient berichtet von unangenehmen Erinnerungen aus seiner Kindheit und versucht, die Therapeutin zum Lächeln zu bringen. Die Therapeutin möchte die negativen Gefühle des Klienten aufnehmen, doch dieser fällt ihr ins Wort. Er führt darauf ein Thema ein, das für ihn nicht belastend, sondern affektiv angenehm ist.

15.2.2 Die Prozessmodelle der prototypischen affektiven Mikrosequenzen "Lämpen" und "ja also, ja aber"

Die detaillierte Beschreibung des Affektregulierungsgeschehens in Form eines Prozessmodells erfolgt für den Zeitraum zwischen 25:47.00 bis 26:13.00, umfasst also insgesamt 26 Sekunden der therapeutischen Interaktion. Aus praktischen Gründen und aufgrund theoretischer Überlegungen (vgl. unten) wurde eine Aufteilung dieses Interaktionsverlaufs in zwei Mikrosequenzen vorgenommen. Der erste Teil umfasst die Sequenz des von der Therapeutin nicht aufgenommenen Lächelns, mit dem der Klient das Wort "Lämpen" begleitet. Der zweite Teil beginnt mit der Intervention der Therapeutin, mit welcher sie sich auf die vom Klienten vorher geschilderten negativen Emotionen bezieht und der Reaktion des Klienten auf diese Intervention (Abwendung/Dreinreden). Für diesen zweiten Teil wird das Prozessmodell nur zusammenfassend dargestellt.

15.2.3 Beschreibung der Mikrosequenz "Lämpen"

Zu Beginn dieser Mikrosequenz hält der Klient seinen Kopf und Blick von der Therapeutin abgewendet. Auf dem Gesicht zeigt er eine schwache Innervation von AU 10 (trace level), ein Indikator für eine negative Emotion (Ärger/contempt) (Abb. 15.1, K1). Der Klient sagt folgendes: "soweit ich mich mag erinnern, haben sie (die Eltern) einfach immer regelmässig wieder so Lämpen gehabt". Parallel zum Aussprechen des Wortes "...immer..." produziert er eine minimale unilaterale Innervation von AU 2, eine Bewegung des äusseren Frontalismuskels, der vom Klienten sehr oft als personenspezifischer Illustrator (vgl. Ekman, 1985; Moser, Bänninger-Huber & Steiner, 1989) anstelle der üblichen AU-Kombination 1+2 verwendet wird (Abb. 15.1, K2). Damit betont er seine verbale Aussage. Zum Zeitpunkt 25:49.26 wendet er den Blick der Therapeutin zu (Abb. 15.1, K4), unterbricht seine Äusserung nach ..."wieder so..." für eine Sekunde (Abb. 15.1, K5) und macht eine Kopfbewegung in Richtung der Therapeutin. Die Therapeutin hält ihren Kopf leicht lateral gekippt zum Klienten hingewendet, blickt zu ihm hin und hält ihre rechte Hand vor den Mund (Abb. 15.1, T1). Im Moment, in dem der Klient die Kopfdrehung in Richtung Therapeutin macht (25:50.08), produziert die Therapeutin einen knapp zwei Zehntelssekunden dauernden Lidschlag.

Bei Zeitmarke 25:50.68 setzt der Klient seine Verbalisierung fort (..."Lämpen gehabt..."), bewegt seinen Kopf wieder etwas von der Therapeutin weg, bleibt ihr aber weiterhin zugewendet (Abb. 15.1, K6). Noch während er das Wort "...Lämpen..." ausspricht (zum Zeitpunkt 25:50.86), beginnt er zu lächeln (12x) (Abb. 15.1, K7). Er verstärkt die AU 12 und intensiviert sein Lächeln zum Zeitpunkt 25:51.38 zusätzlich durch eine Innervation von AU 6 (6+12y) (Abb. 15.2 K8), 6+12z (Abb. 15.2, K9), womöglich in der (unbewussten) Hoffnung, dass die Therapeutin doch noch sein Lächeln erwidern möge. Es ist schwierig, dieses Lächeln in die Kategorisierung verschiedener Lächeltypen einzuordnen, wie sie von verschiedenen Autoren postuliert wird (u.a. Ekman & Friesen, 1982b; Ekman, 1985; Stettner, Ivery & Haynes, 1986; Bänninger-Huber & Rauber-Kaiser, 1990). Rein morphologisch betrachtet, müsste das Lächeln als felt smile klassifiziert werden. Gemäss Ekman & Friesen (1982b), werden felt smiles dann gezeigt, wenn sich eine Person in einer positiven Affektlage befindet. Aufgrund unseres Verständnisses der affektiven Situation können wir vermuten, dass dies hier nicht der Fall ist. (Ein weiterer Hinweis dafür, dass es sich nicht um ein felt smile handelt, ist die Dauer dieses Lächelns, die sich über total 5 Sekunden erstreckt. Felt smiles hingegen dauern gemäss Ekman & Friesen (1982b) zwischen 2/3 bis 4 Sekunden.) Felt smiles können jedoch (Ekman, 1985) auch eine appetitive Funktion erfüllen, indem sie dazu dienen, bei einem Interaktionspartner Interesse zu wecken oder Zuneigung zu gewinnen. Kennzeichnend für diese Form des Lächelns ist aber, dass sie meist sehr induktiv ist. So konnte Wicki (1988) in einer Untersuchung verschiedener Lächeltypen in einer therapeutischen Interaktion zeigen, dass felt smiles häufiger zur Erwiderung eines Lächelns führen als andere Lächeltypen.

Dennoch erwidert die Therapeutin das Lächeln des Klienten nicht, reagiert jedoch verbal mit einem Zuhörersignal und sagt "mhm" (25:51.76) (Abb. 15.2, T2). Zum Zeitpunkt 25:52.06 wendet der Klient den Kopf ab und beginnt 4 Hunderstelsekunden später parallel zum Lächeln hörbar zu lachen (AU 3), wobei sein Lachen von einem überdurchschnittlich lange dauernden (54 Hundertstelsekunden) Lidschlag sowie von Kopfschütteln begleitet ist. Zusammen mit dem Kopfschütteln könnte dieses Lachen als ein Versuch des Klienten interpretiert werden, sich innerlich vom merkwürdigen Verhalten der Eltern zu distanzieren. Mit der Kopfabwendung reduziert der Klient seine affektive Bezogenheit zur Therapeutin, eine Reaktion, die vermutlich auf deren nicht-erwidertes Lächeln zurückzuführen ist (vgl. Mikrosequenz "Das liegengelassene Lächeln", Bänninger-Huber, Moser & Steiner, 1990).

Bei Zeitmarke 25:53.34 zeigt sich auf dem Gesicht der Therapeutin die AU-Kombination L07+17+24 (Abb. 15.2, T3). Die AU-Kombination 17+24 kann aufgrund der EMFACS-Prädiktionen (Ekman & Friesen, 1982a) der Affekt-Kategorie Ärger zugeordnet werden. Diese Kombination wird ergänzt durch eine unilaterale Innervation von AU 7 (Abb. 15.2, T4), die zwei Zehntelsekunden später von einem

Lidschlag überdeckt wird. Parallel dazu dreht die Therapeutin ihren Kopf etwas vom Klienten weg. Zudem nimmt die Therapeutin ihre Finger zwischen ihre Lippen.

Bei Zeitmarke (25:54.76) tritt erneut eine Innervation von AU 17 auf (Abb. 15.3, T6), die allerdings sehr schwach ist und nur 4 Hundertstelsekunden dauert. Die Therapeutin hält inzwischen ihren Kopf wieder dem Klienten zugewendet. Es folgen zwei weitere Lidschläge der Therapeutin und eine erneute Innervation von AU 7, die zuerst bilateral ist (Abb. 15.3, T7), nachher unilateral ausklingt (Abb. 15.3, T8). Unsere Hypothese ist, dass die von der Therapeutin gezeigten Innervationen zum einen darauf zurückzuführen sind, dass sie über den Prozess der situativen Empathie (vgl. Bischof-Köhler, 1988) versucht, sich in den affektiven Zustand des Klienten einzufühlen. Gleichzeitig sind sie Ausdruck ihrer Anstrengung und Konzentration bei der Vorbereitung ihrer Intervention.

Der Klient befindet sich weiterhin in starker Abwendung. Sein Lächeln, welches er immer mehr reduziert hat (von 6+12z über 6+12y zu 12x) (Abb. 15.2, K10, K11, K12), hört am Schluss der Sequenz ganz auf (Abb. 15.3, K13).

15.2.4 Einige Überlegungen zum Affektregulierungsgeschehen

Die Frage, welche (inneren) Prozesse des Klienten zu dem beschriebenen intensiven Lächeln geführt haben und weshalb sein Lächeln nicht von der Therapeutin erwidert wurde, führt zu verschiedenen Überlegungen auf einer interpretativen Ebene. Das Erzählen über die schwierige Situation zuhause könnte beim Klienten mit einem starken negativen Affekt verknüpft sein, den in diesem Moment zu erleben er nicht erträgt. Sein Lächeln würde ihm helfen, möglicherweise über interne Feedback-Prozesse, seine negativen Emotionen zu bewältigen. Unter einem interaktivem Aspekt hat dieses Lächeln, wie erwähnt, die Funktion, die affektive Bindung zum Interaktionspartner herzustellen. Eine mögliche Interpretation wäre, dass der Klient mit dem schwierigen Affekt im Zusammenhang mit den Streitereien der Eltern nicht allein gelassen werden möchte. Ein weiterer Grund für das Zustandekommen dieses Lächelns könnte sein, dass er die Therapeutin nach der längeren Gesprächsphase, in der er negative Emotionen ausgedrückt hat, mit dem Lächeln versöhnlich stimmen möchte.

Würde die Therapeutin mitlächeln, würde sie damit möglicherweise die Abwehr des Klienten (in Form des Bagatellisierens) unterstützen, indem sie dem Klienten signalisieren würde 'Ich finde das, was Sie früher zu Hause erlebt haben, auch nicht so schlimm, wieso sollen wir also weiter darüber sprechen'. Die Therapeutin lässt sich in dieser Mikrosequenz vom Klienten jedoch nicht in den gewünschten resonanten Zustand versetzen, sondern greift statt dessen mit einer nachfolgenden Intervention seine negativen Emotionen auf. Dieser weitere Verlauf wird zusammenfassend im nächsten Abschnitt beschrieben.

15.2.5 Zusammenfassende Beschreibung der Mikrosequenz "ja, also, ja aber" 25:56.00 bis 26:13.00

Zu Beginn dieser affektiven Mikrosequenz (vgl. erster micro-plot in Abb. 15.9) hält der Klient den Kopf von der Therapeutin abgewendet und blickt weg. Seine Lippen sind gespannt (AUs 14+23, Abb. 15.5, K1)). Zu diesem Zeitpunkt blickt die Therapeutin zwar zum Klienten hin, produziert jedoch drei Lidschläge. Dann wendet sie den Kopf ab, schaut aber noch 4 Zehntelsekunden zum Klienten hin und beginnt folgende Intervention: "...ja also, ich frage mich einfach, wie es eben so für Sie gewesen ist, wenn Sie so...". Mimisch wird ihre Intervention von Indikatoren negativer Emotionen begleitet (AUs 4, 7, 10x, 15x, 17; vgl. Abb. 15.5 und 15.9). Bei Zeitmarke 25:58.58 wendet der Klient den Blick der Therapeutin zu ("...wenn Sie so...") und schaut für knapp 3 Sekunden zur Therapeutin hin. Er presst seine Lippen etwas stärker zusammen und schluckt (Abb. 15.6, K4).

Zusätzlich (vgl. zweiten micro-plot in Abb. 15.9) innerviert er AU 07 (Abb. 15.6, K5). Die Therapeutin wendet Blick ihren wieder dem Klienten zu (26:01.40), zeigt AU 4, ein Stirnrunzeln, das Ausdruck von Ärger oder Konzentration ist, und fährt mit ihrer Intervention fort: "... eben die Mutter auf einmal weggeht, und so eine Weile lang weg ist, also ich meine, ob Sie das nicht auch...". Parallel zu dieser Intervention werden weitere, jedoch weniger ausgeprägte Indikatoren negativer Emotionen im Untergesicht der Therapeutin beobachtbar (AUs 10, 15, 17; Abb. 15.6, T10, T11; Abb. 15.7, T12). Der Klient zeigt wiederum eine unilaterale AU 2, einen personenspezifischen Illustrator und ausgeprägte Innervationen von AU 7 (Abb. 15.6, K8). Er öffnet den Mund, und es wirkt, als ob er zum Sprechen ansetzen möchte. Dann dreht er den Kopf weiter von der Therapeutin weg (Abb. 15.7, K9, K10).

Die Therapeutin spricht weiter (vgl. dritten micro-plot in Abb. 15.9) und sagt: "...als Kind, ich meine...". Wiederum zeigen sich parallel zum Sprechen diverse Indikatoren negativer Emotionen auf dem Gesicht der Therapeutin (AUs 4, 10 ,7, 15; Abb. 15.7, T14). Der Klient presst seinen Mund noch stärker zusammen und stöhnt hörbar (Abb. 15.7, K11). Noch während der Klient Kopf und Blick von der Therapeutin abgewendet hat, fällt er ihr ins Wort (26:07.50): "ja aber, ja also, wir haben, es ist..." Mimisch wird diese Verbalisierung ebenfalls von Indikatoren negativer Emotionen begleitet (AUs 7, 10, 15; Abb. 15.7, K14), wobei sich der Klient immer noch in Abwendung befindet. Dennoch setzt die Therapeutin ihre Intervention fort: "es ist ja die Mutter, ob man das nicht auch persönlich empfindet oder". Auf ihrem Gesicht wird die AU-Kombination 4+6+L10y+L16+20x (Abb. 15.8, T17, T18) beobachtbar, ein Ausdruck, der sehr "schmerzhaft" wirkt. Inwiefern diese AU-Kombination als Ausdruck von psychischem Schmerz interpretiert werden kann, muss näher untersucht werden, da bis heute ausschliesslich Ausdruck physischen Schmerzes beschrieben worden ist (vgl. u.a. LeResche & Dworkin, 1984). Der gezeigte Ausdruck könnte möglicherweise als emotionale Einfühlung der Therapeutin in die affektive Situation des Klienten als Kind interpretiert werden. Der Klient spricht ebenfalls weiter (vgl. vierter micro-plot in Abb. 15.9) "...ich weiss nicht, es ist nicht so..." und zeigt dabei mimisch schwache Indikatoren negativer Emotionen (AUs 7, 10 trace, 15 trace; Abb. 15.8, K17). Der intensive

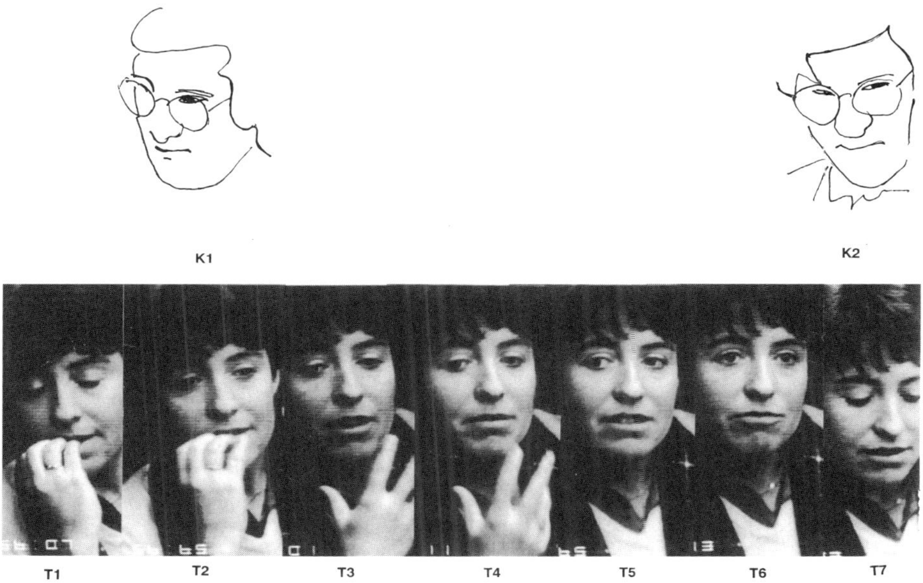

Abbildung 15.5: „Videostandbilder“ der prototypischen affektiven Mikrosequenz "ja also, ja aber" (Teil 1)

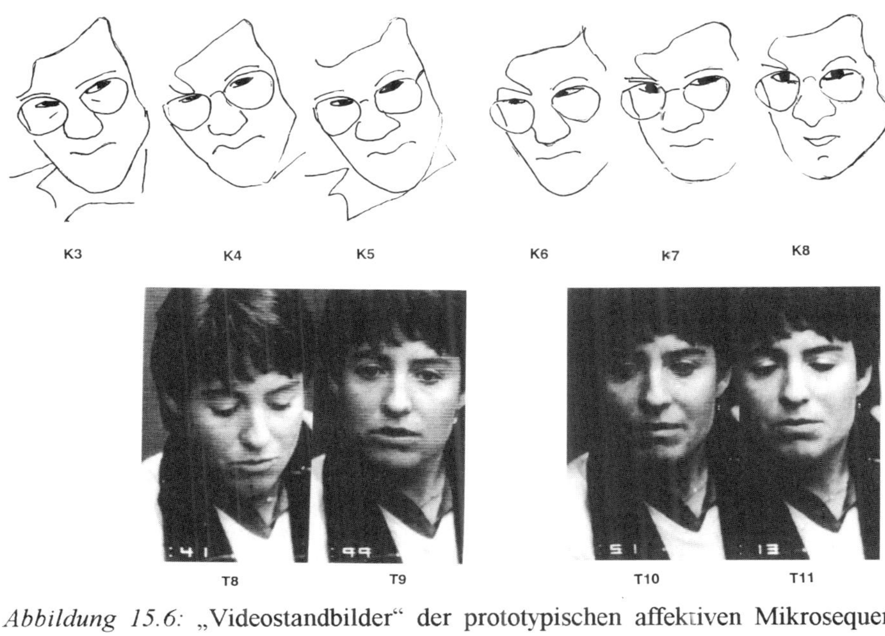

Abbildung 15.6: „Videostandbilder“ der prototypischen affektiven Mikrosequenz "ja also, ja aber" (Teil 2)

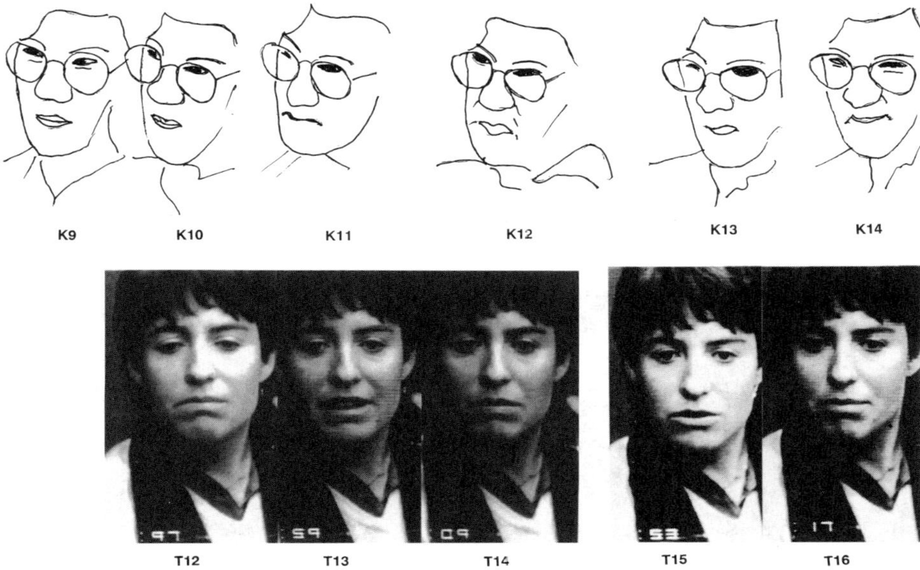

Abbildung 15.7: „Videostandbilder" der prototypischen affektiven Mikrosequenz "ja also, ja aber" (Teil 3)

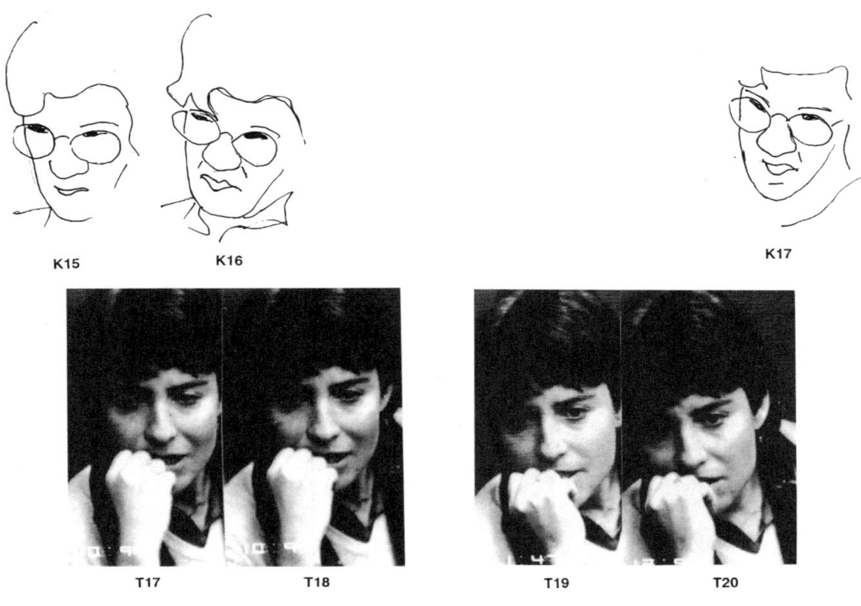

Abbildung 15.8: „Videostandbilder" der prototypischen affektiven Mikrosequenz "ja also, ja aber" (Teil 4)

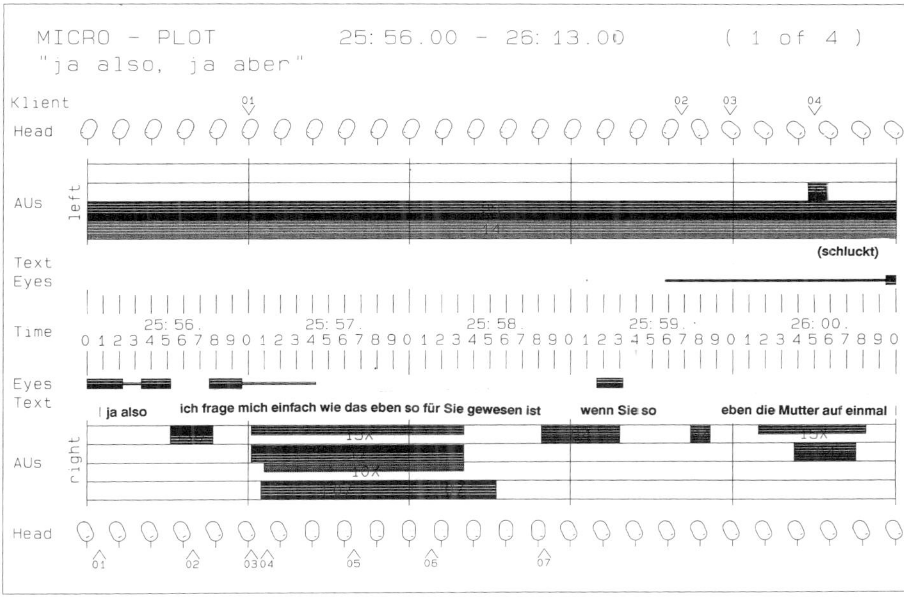

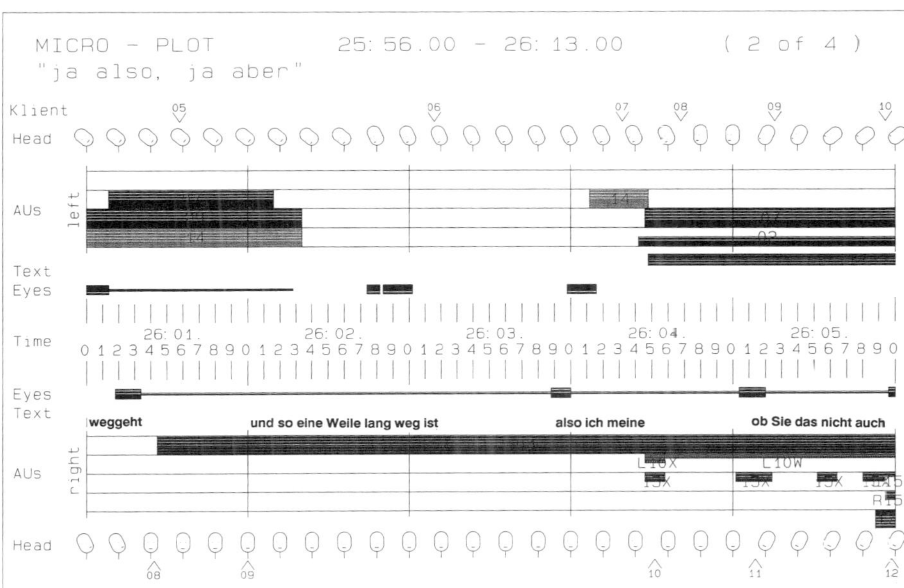

Abbildung 15.9: Micro-plots der der prototypischen affektiven Mikrosequenz "ja also, ja aber"

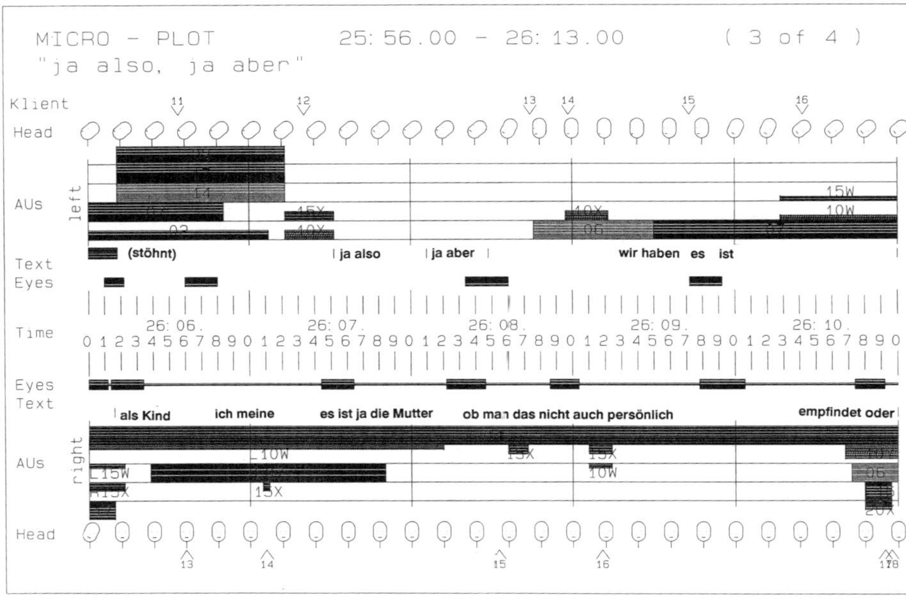

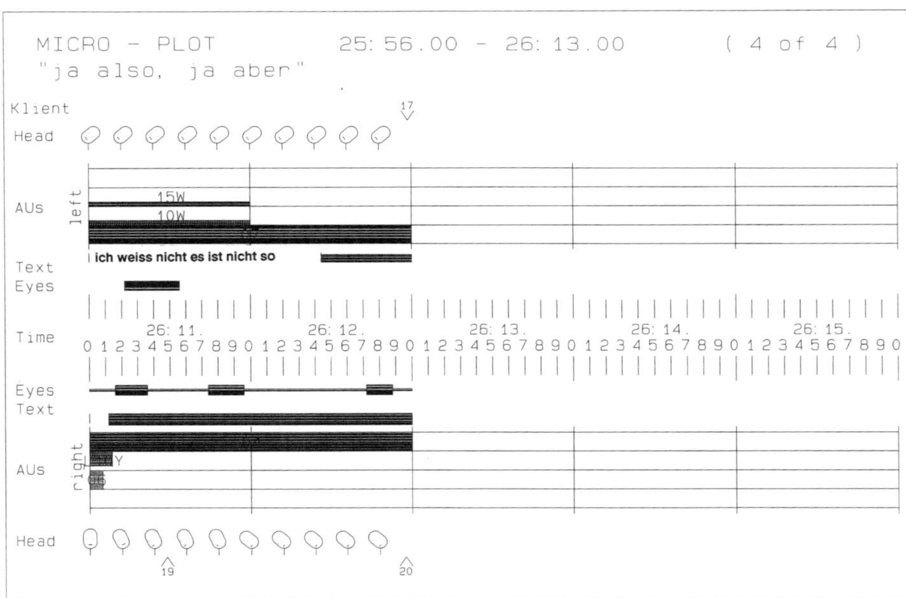

Abbildung 15.9: Fortsetzung

"schmerzhafte" Gesichtsausdruck der Therapeutin ist inzwischen (26:11.14) von der alleinigen Innervation von AU 4 abgelöst worden (Abb. 15.8, T19 und T20).

15.2.6 Weitere Überlegungen zur Bedeutung dieser Sequenzen für die Affektregulierung des Klienten

Dadurch, dass die Therapeutin mit ihrer Intervention die vom Klienten vorher geschilderten negativen Emotionen aufgreift, könnten diese prinzipiell weiter thematisiert und bearbeitet werden. Dies ist in dieser Sequenz jedoch nicht unmittelbar möglich, denn der Klient reagiert mit einer Reduktion des emotional involvements, indem er sich abwendet und die Therapeutin unterbricht. Wir nehmen an, dass es sich bei diesem Verlauf um eine, für die Affektregulierung dieses Klienten typische "Notfallstrategie" handelt, mit der er für seine Selbstregulierung "bedrohliche" Affekte abzuwehren versucht. Solche Sequenzen treten vermutlich dann auf, wenn es dem Klienten nicht mehr gelingt, seine Selbstregulierung mit anderen Strategien aufrechtzuerhalten (zum Beispiel mittels der "fishing-for-resonance"-Strategie).

Diese Sequenzen werfen eine Reihe weiterer Fragen auf, welche die Rolle nonverbaler Verhaltensweisen in der therapeutischen Interaktion betreffen. In welchen Momenten, beispielsweise, kann ein Therapeut riskieren, nicht mit einem Lächeln zu reagieren? Wie oft muss sich ein Therapeut vom Lächeln eines Klienten anstekken lassen, bis es möglich ist, den Klienten mit unangenehmen Affekten zu konfrontieren? Wann lächelt der Therapeut zu viel mit dem Klienten zusammen, so dass dieser nicht mehr über negative Emotionen sprechen muss oder kann?

15.3 Zum Zusammenhang zwischen Objektbeziehungsstruktur des Klienten und ihrer Manifestation in der therapeutischen Interaktion

15.3.1 Die Erfassung von Beziehungskonstellationen mittels Frames

Ausgangspunkt bildet die theoretische Annahme, dass prototypische affektive Mikrosequenzen als Ausdruck der spezifischen Objektbeziehungsstruktur eines Klienten und damit seiner spezifischen Form der Affektregulierung verstanden werden können, die sich in der aktuellen Beziehung zum Therapeuten manifestiert. Aufgrund von Beobachtungen gehen wir davon aus, dass in der Interaktion mit der Therapeutin nicht nur eine Form von Beziehungskonstellation vorkommt, sondern dass verschiedene Abschnitte der Therapie durch verschiedene unterschiedliche Übertragungslagen gekennzeichnet sind. Um solche Beziehungskonstellationen erfassen und beschreiben zu können, wurde versucht, sich wiederholende affektive Prozesse mittels eines Frame herauszuarbeiten. Unter einem Frame verstehen wir hier ein Raster, das einzelne im theoretischen Modell beschriebene Aspekte dieser Verläufe aufschlüsselt. Ursprünglich ist ein Frame ein Mittel zur Repräsentation von Wissen, das in der Cognitive Science entwickelt wurde und als Begriff in verschiedenen Bedeutungen verwendet wird: (A frame is) "a sort of skeleton, some-

1985, p. 245). "In artificial intelligence and cognitive science, frames are used to represent persons, objects, and situations, etc., in a structured manner. The slots of the frame designate different aspects of the persons, objects, or situations to be represented" (Schneider & Wüthrich, 1992). Für den Verlauf der oben beschriebenen Gesamtsequenz (24.52 bis 28.20) wurde das in Abbildung 15.10 dargestellte Frame entwickelt. Die Slots sind durch Beschreibungen von Verläufen auf einem "mittleren Abstraktionsniveau" bezeichnet, damit Zustände und Zustandswechsel im Material leichter erkennbar werden. In diese Slots wurden als Inhalte die entsprechenden Beschreibungen des Affektregulierungsgeschehens in den einzelnen Sequenzen eingefügt. Wichtig ist, dass die Beschreibungen möglichst wenig Theorie enthalten, und dass sie grundsätzlich jederzeit - zum Beispiel anhand einer erneuten Visionierung des Materials - nachgeprüft werden können.

Eingegangen in die Formulierungen im Frame sind Informationen aus der:

- intensiven Visionierung
- FACS-Codierung
- Beschreibung der Mikrosequenzen (Prozessmodelle)
- Befragung von zwei Analytikern
- Kenntnis weiterer Sequenzen aus dem Material (Verstehen der Bedeutung, Vergleich)

Bei diesem Frame handelt es sich um eine sehr einfache Version eines Frame, mit nur drei Slots. Man könnte eine längere Sequenz beschreiben, die mehr Slots umfassen würde, und man könnte die Beschreibung differenzierter auslegen, indem man Slots zum Beispiel auf zwei unterschiedlichen Abstraktionsebenen formulieren würde. Die Idee, die dieser Verwendung des Frame zugrundeliegt, ist also, dass über das Aufarbeiten und Vergleichen einer Vielzahl von Verläufen im Material eine Vorstellung über typische Abläufe entwickelt werden kann. Die Verwendung von Frames bietet zudem den Vorteil, dass durch diese Methode der Darstellung auch der verbale Kontext in die Beschreibungen miteinbezogen werden kann.

Der Klient berichtet einen Sachverhalt aus seiner Kindheit, der mit dem Erleben problematischer Gefühle verknüpft ist. Diese Schilderung ist begleitet vom Versuch, die Therapeutin zum Lächeln zu bringen.

Der Klient erzählt, dass die Eltern regelmässig Streit gehabt hätten.	26:38 Der Klient berichtet, dass die Mutter immer eher der Polizist gewesen sei. Beim Auswendiglernen z.B. sei sie schaurig streng" gewesen.

Die Therapeutin erwidert das Lächeln des Klienten nicht. Sie versucht, die negativen Gefühle, die mit dem erzählten Erlebnis verknüpft sind, empathisch aufzunehmen.

25:52 Die Therapeutin wirft die Frage auf, wie es für den Klienten gewesen sei, als die Mutter auf einmal weggegangen sei.	27:19 Die Therapeutin setzt zu einer einfühlenden Beschreibung der Gefühle an, die der Klient in dieser Situation erlebt haben könnte.

Der Klient weist die (Intervention der) Therapeutin zurück. Er will nichts wissen von solchen Gefühlen und versucht, eine positive getönte Beziehung herzustellen.

26:07 Der Klient unterbricht die Therapeutin und meint, es sei nicht so gewesen, dass er sich verlassen vorgekommen sei. Sie hätten immer eine Hausangestellte gehabt, die sich um die Kinder gekümmert habe.	27:21 Der Klient unterbricht die Therapeutin. Er besteht darauf, dass die wichtige Bezugsperson die Hausangestellte gewesen sei, die viele Jahre bei der Familie war, erstaunlicherweise.

Es gelingt dem Klienten / nicht, mit der Therapeutin einen positiven resonanten Zustand herzustellen

---

Abbildung 15.10: Frame: Die Slots sind fett gedruckt und enthalten Beschreibungen des Affektregulierungsgeschehens der beiden "analogen" Sequenzen (25:46 bis 26:28 und 26:38 bis 27.34)

15.3.2 Beschreibungen der interaktiven Verläufe

Wie diese im Frame repräsentierten interaktiven Verläufe systematisch mit der Objektbeziehungsstruktur des Klienten in Beziehung gesetzt werden können, ist eine offene methodische Frage. Bei den nun folgenden Überlegungen handelt es sich also um Hypothesen, die auf einen möglichen methodischen Weg hinweisen könnten.

Unsere vorläufige Hypothese ist, dass eine "Analogie" besteht zwischen der Beziehungskonstellation, die sich in der Interaktion mit der Therapeutin manifestiert (und im Frame repräsentiert ist) und der Konstellation, die der Klient schildert. Diese Annahme soll im folgenden anhand der Stellen verdeutlicht werden, an denen der Klient die Therapeutin jeweils unterbricht (vgl. Abb. 15.10, bei Zeitmarke 26:07 bzw. 27:21).

Kurz vor der ersten Unterbrechung berichtet der Klient, dass die Eltern regelmässig Streit hatten. Die Therapeutin wirft die Frage auf, wie es wohl für den Klienten gewesen sei, dass die Mutter (nach solchen Streitereien) oft weggegangen sei. Vor der zweiten Unterbrechung erzählt der Klient von seiner Mutter: Sie sei eher "der Polizist" gewesen, zum Beispiel sei sie "schaurig streng" gewesen beim Abfragen der Französischwörtchen. Sie habe ihn jeweils angeschrien, wenn er die Wörter nicht "gekonnt" habe. Zum Zeitpunkt 27.19 setzt die Therapeutin zu einer Intervention an und wird nach zwei Sekunden von Klienten unterbrochen.

Im Moment, in dem der Klient die Therapeutin unterbricht, könnte der Klient - ähnlich wie die Mutter beim Abfragen der Französischwörtchen - der Therapeutin im Sinne einer Rollenumkehr zu verstehen geben, dass sie da etwas Dummes gesagt habe. Die Zurückweisung, die wir in dieser interaktiven Sequenz sehen, erinnert zudem an eine Episode, die der Klient am Anfang der Therapie erzählt. Sein Vater führte eine Konditorei. Als 12jähriger Junge sammelte der Klient die Papierchen, mit denen bestimmte Süssigkeiten eingewickelt wurden und klebte sie in ein Album. Dazu benützte er auch Papierchen aus einem Vorrat, den der Vater angelegt hatte. Er dachte, er könne seinem Vater mit diesem Album eine Freude machen. Dieser wies ihn jedoch zurück und ärgerte sich darüber, dass sich sein Sohn von ihm Papierchen genommen hatte, was der Vater als Einmischung in seine Angelegenheiten auffasste. In Bezug auf die beschriebenen interaktiven Sequenzen wäre also die zweite Konstellation, die "aktiviert" ist, wiederum im Sinne einer Rollenumkehr, dass die Therapeutin dem Klienten etwas präsentiert (ein Gefühl) und der Klient dieses Anliegen der Therapeutin bekämpft, wie dies sein Vater ihm gegenüber getan hat. Unsere Interpretation geht also dahin, dass an dieser Stelle zwei Beziehungskonstellationen[1] zum Tragen kommen.

Weiter ist interessant, dass man dieses Geschehen unter zwei Aspekten betrachten kann. Unter dem Aspekt der *Abwehr* könnte man vermuten, dass der Klient das drohende Erleben eines schmerzhaften Affekts abzuwehren versucht, den die Therapeutin anspricht oder anzusprechen versucht. Unter dem Aspekt der *Beziehungskonstellation* ist gleichzeitig eine Objektbeziehungsstruktur aktiviert, in die diese Abwehr gewissermassen eingebaut ist. Der Klient weist die Therapeutin zurück, so wie er sich damals vom Vater zurückgewiesen fühlte.

15.4 Übertragungsprozesse und affektive Mikrosequenzen

Nach dieser Beschreibung auf der Ebene der interaktiven Verläufe soll nun versucht werden, diese Ebene der Beschreibung mit dem Konzept der Übertragung in Beziehung zu setzen.

Als Ausgangspunkt für den Versuch, Mikrosequenzen und Übertragungsgeschehen miteinander zu verknüpfen, gehen wir vom Gegenübertragungsgefühl der Therapeutin aus, das die Therapie mit Herrn A. geprägt hat. Diese Beschreibung basiert auf Prozessnotizen der Therapeutin während der Durchführung der Therapie sowie auf Erinnerungen.

---

[1] Vergleichbare Konzeptualisierungen sind z.B. das *maladaptive interpersonal* pattern von Horowitz et al., (1992) oder das *interpersonal schema* von Safran (1990a).

Dadurch, dass der Klient sehr oft nicht auf das eingeht, was die Therapeutin sagt, oder einen ganz anderen Aspekt aufgreift, fühle sich diese in ihrerRolle als Therapeutin entwertet. Oft am Ende einer Stunde hatte sie den Eindruck, vieles falsch gemacht zu haben, obwohl sie selbst das Gefühl hatte, sich sehr angestrengt zu haben. Besonders kränkend war das Gefühl, dass es ihr während der Stunde nie gelungen war, eine "schöne" Deutung zu geben. Es machte sie ärgerlich, dass der Klient dies durch sein Dreinreden verhinderte, so dass sie sich während des Formulierens einer Intervention kaum Zeit nehmen konnte für ein empathisches Einfühlen in die Situation des Klienten.

Unsere Hypothese ist, dass die Gegenübertragung, wie sie von der Therapeutin erlebt wird, mit spezifischen, sich wiederholenden affektiven Mikrosequenzen in der Interaktion zusammenhängt. Aufgrund von Beobachtungen sowie klinischen Wissens[2] gehen wir davon aus, dass in der Interaktion mit der Therapeutin nicht nur eine Form von Beziehungsschema auftritt, sondern dass verschiedene Abschnitte der Therapie durch verschiedene unterschiedliche Übertragungslagen gekennzeichnet sind (siehe Abb. 15.11). Vorläufig konnte ein Verständnis von drei Formen solcher Übertragungslagen erarbeitet werden, die im folgenden kurz skizziert werden sollen, um unsere Überlegungen zu verdeutlichen. Es ist jedoch durchaus anzunehmen, dass eine systematische Untersuchung dieser Fragestellung zu einer Unterscheidung weiterer solcher Formen führen könnte, wie sich der Klient zur Therapeutin "in Beziehung setzt". Beschrieben werden diese Überlegungen vorläufig in einer klinischen Sprache. Im Hinblick auf eine systematischere Beschreibung relevanter Objektbeziehungsmuster und damit verknüpften intrapsychischen Prozessen ist es denkbar, zu einem späteren Zeitpunkt der Untersuchung eine stärker modellgeleitete Vorgehensweise anzuwenden. Unsere Hypothese ist, dass ein erster Typus von Übertragungslagen durch das häufige Auftreten gelingender prototypischer affektiver Mikrosequenzen charakterisiert ist. In dieser Übertragungslage verhält sich der Klient der Therapeutin gegenüber so, wie er sich als Kind seinen Eltern gegenüber in Situationen verhalten hat, in denen er die emotionale Nähe zu ihnen intensivieren wollte. Hinsichtlich der Beziehung zu seinem Vater ist in diesem Schema der Wunsch enthalten, dass dieser sich ihm freundlich zuwenden und seine Leistungen schätzen möge[3]. Auch Aspekte der Beziehung zu seiner Mutter können sich in diesen prototypischen affektiven Mikrosequenzen manifestieren. Der Klient wünscht sich ein "wortloses Übereinstimmen zwischen Mutter und Kind", d.h. eine Mutter, die ihn akzeptiert, wie er ist, ohne dass er dafür eine bestimmte Leistung erbringen muss.

---

[2] Dieses klinische Wissen wurde u.a. durch Therapeutenbefragungen gewonnen. Herausgearbeitet wurden im wesentlichen Überlegungen zur Psychodynamik des Klienten (Art der auftretenden Konflikte, Wünsche, Phantasien), die aktuelle Beziehung zur Therapeutin (Übertragungsprozesse, Objektbeziehungen, Arbeitsbündnis), beobachtbare Abwehrprozesse und Emotionen, Überlegungen zur Genese der problematischen Objektbeziehungsstruktur sowie zur Diagnose.

[3] Hinweise für die Plausibilität unserer Hypothesen finden sich in Form verschiedener Episoden, über die der Klient im Verlauf der Therapie berichtet. Sie können hier aber nicht im Detail abgeleitet und belegt werden.

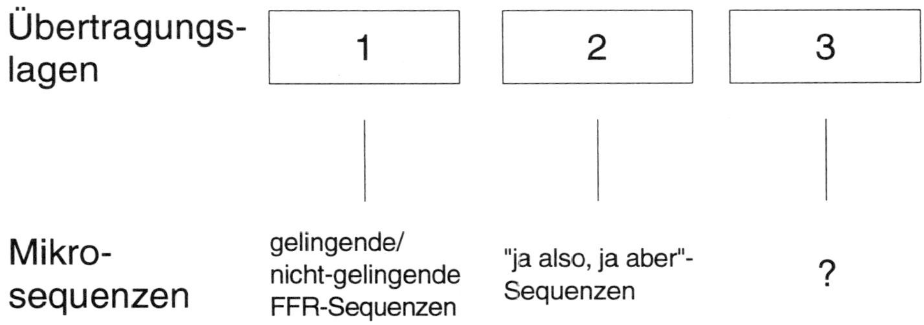

Abbildung 15.11: Affektive Mikrosequenen und Übertragungslage: Eine einfache Modellvorstellung als Ausgangspunkt

Andere Abschnitte der Therapie sind dadurch charakterisiert, dass Resonanzangebote der Therapeutin vom Klienten nicht angenommen werden können. Interventionen, die zu einer Intensivierung der affektiven Bindung beitragen könnten, werden vom Klienten überhört, d.h. verbal nicht aufgenommen, kritisiert ("ja, aber...") oder zurückgewiesen. Auch nonverbal reagiert der Klient mit einer Reduktion des emotional involvements, indem er beispielsweise den Blick oder den Kopf abwendet. Unsere Hypothese ist, dass der Klient in diesen Abschnitten der Therapie in einer Rollenumkehr so mit der Therapeutin umgeht, wie er als Kind von seinen Eltern behandelt wurde, bzw. wie er die Behandlung seiner Eltern erlebt hat. Seine kindlichen Versuche, die affektive Bindung zu seinen Eltern zu intensivieren, wurden vermutlich oft zurückgewiesen. Möglicherweise wiederholt er in der Interaktion mit der Therapeutin dieses Trauma, um es zu bewältigen. Dass der Klient diese Verhaltensweisen in der therapeutischen Interaktion inszeniert, kann zudem die Funktion haben, dass er erlebt, dass er die Kontrolle über das Objekt hat: Wenn er es selbst ist, der das Objekt ablehnt, muss er keine Angst haben, von diesem zurückgewiesen zu werden. Durch diese Verhaltensweisen provoziert er allerdings gerade auch eine Behandlung, wie er sie befürchtet (vgl. u.a. das Konzept "dysfunktionales Beziehungsschema", Safran et. al. 1990), d.h. für die Therapeutin ist es in diesen Phasen sehr schwierig, nicht ebenfalls mit Abweisung zu reagieren und weiterhin "am Ball" zu bleiben.

Ein drittes spezifisches Beziehungsmuster, die der Klient in der Therapie inszeniert, ist dadurch gekennzeichnet, dass der Klient so über seine Erlebnisse und Gedanken berichtet, dass bei einem Beobachter (bzw. der Therapeutin) Gefühle der

Langeweile auftreten und die Gefahr aufkommt, dass man "innerlich abstellt" und Mühe hat, ihm und seinem Bericht weiterhin Interesse entgegenzubringen. Die Erzählungen des Klienten sind weitschweifig und kompliziert und das emotionale Engagement im Hinblick auf seine Aussagen fehlt. Die Inhalte sind meist sehr unpersönlich und allgemein (zum Beispiel Dritte-Welt-Problematik, Umweltschutz, Weltpolitik). Unsere Hypothese ist, dass sich der Klient im Verlauf seiner Beziehungsgeschichte mit dem Bild, das der ihn ablehnende Vater von ihm hatte ("mit dem ist nichts anzufangen"), identifiziert hat, (möglicherweise um die traumatisch erlebten Zurückweisungen auf diese Weise zu bewältigen), und sich diese Identifikation jetzt in Form dieses Beziehungsangebotes in der therapeutischen Interaktion manifestiert.

Mit der Verwendung unterschiedlicher Begriffe für die von uns beschriebenen Phänomene (Beziehungsmuster, Beziehungskonstellation, Beziehungsschema, Objektbeziehungsmuster, Übertragungslage, Übertragung usw.) möchten wir die Vorläufigkeit unserer Konzeptualisierungen unterstreichen. Es ist zum Beispiel nicht von vornherein klar, welcher Bezug der Begriff der Übertragung, der in der klinischen Arbeit über die Reflexionen des Erlebens der Therapeuten und Klienten gewonnen wurde, in unserem Bezugsrahmen erhält, der auf die Interaktion von Therapeutin und Klient fokussiert. Eine differenzierende Auseinandersetzung mit dieser Frage ist Gegenstand des unten dargestellten Projekts.

16. Die Untersuchung von Schuldgefühlen in der psychotherapeutischen Interaktion

Bis heute wurden Schuldgefühle vor allem unter dem Aspekt ihrer Bedeutung für die intrapsychische affektive Regulierung eines Klienten untersucht. Wenig bekannt ist jedoch, wie sich Beziehungsmuster im Kontext von (intrapsychischen) Konflikten, die zu Schuldgefühlen führen, in der Beziehung zwischen Klient und Therapeut "inszenieren". Um diese Problematik näher zu erforschen, sollte folgenden Fragen nachgegangen werden. Wie etablieren sich Schuldgefühle in der therapeutischen Interaktion? Wie erkennt eine Therapeutin die Schuldgefühle eines Klienten und wie reagiert sie darauf? Gibt es spezifische mimische Verhaltensweisen, die für Schuldgefühle typisch sind und sich mittels FACS operationalisieren lassen? Dass das explizite Wissen über diese Phänomene so lückenhaft ist, ist um so bemerkenswerter, als angenommen werden kann, dass Schuldgefühle eine wichtige Rolle spielen bei der Gestaltung von Beziehungen in Alltags- und Therapiesituationen (z.B. Lewis, 1971; Weiss, 1986; Wurmser, 1987).

Weiter sollte untersucht werden, ob sich im Kontext von Schuldgefühlen interaktive Beziehungsmuster identifizieren lassen, die mit der spezifischen Objektbeziehungsstruktur der Klientin zusammenhängen und sich in der aktuellen Beziehung zur Therapeutin inszenieren. Welche Bedeutung könnten solche interaktive Beziehungsmuster, die im Vergleich zu affektiven Mikrosequenzen länger dauern, für die Affektregulierung in der Therapiesituation haben?

Das methodische Ziel des Projekts bestand darin, zumindest in Ansätzen eine Methode zu erarbeiten, die es erlaubt, komplexe klinische Konzepte (zum Beispiel Übertragung, Gegenübertragung, Widerstand) welche die therapeutische Beziehung betreffen, mit beobachtbaren Phänomenen der therapeutischen Interaktion in Beziehung zu setzen. Emotionspsychologische Modellvorstellungen werden als notwendige Bindeglieder für die Herstellung des Zusammenhangs zwischen den relativ abstrakten klinischen Begriffen und den Beobachtungsdaten aufgefasst. M.a.W. war es das Ziel der Untersuchung, die verschiedenen Daten- und Konzeptebenen so miteinander in Beziehung zu setzen, dass eine differenzierte und umfassende Beschreibung ausgewählter Sequenzen der therapeutischen Interaktion auf unterschiedlich abstrakten Konzeptebenen (vgl. Bänninger-Huber & v. Salisch, 1994) resultierte. Verbale und nonverbale Aspekte der psychotherapeutischen Interaktion, welche in der Psychotherapieforschung traditionellerweise getrennt erfasst und beschrieben werden, sollten aufeinander bezogen werden.

Im Zentrum der folgenden Darstellung steht die Präsentation eines Beispiels, welches das methodische Vorgehen illustrieren soll. Dieses beschreibt ein bestimmtes interaktives Muster, das sich im Kontext von Über-Ich Konflikten und daraus resultierenden Schuldgefühlen in einer ausgewählten Therapiestunde wiederholt manifestiert (sog. trap). Es wird versucht, den Zusammenhang derartiger interaktiver Muster mit prototypischen affektiven Mikrosequenzen zu beschreiben und deren Bedeutung für die Regulierung kognitiv-affektiver Prozesse in der untersuchten therapeutischen Interaktion herauszuarbeiten. Perspektiven, die sich aus der Beschäftigung mit dem Datenmaterial im Rahmen des Projekts ergeben haben, werden im Schlusskapitel skizziert.

16.1 Grundlegende Hypothesen

Theoretische Ausgangspunkte bilden die folgenden drei Hypothesen, welche auf emotionstheoretischen Überlegungen (siehe oben) und psychoanalytischen Modellvorstellungen basieren (vgl. Bänninger-Huber & Widmer, 1994, 1995):

(1) Emotionen spielen sich nicht nur innerhalb einer Person, sondern zwischen zwei oder mehreren Personen ab. Das heisst, es gibt eine intrapsychische und interaktive Form der Emotionsregulierung, die miteinander auf bestimmte Art und Weise verknüpft sind. Mimische Verhaltensweisen sind ein gutes Beispiel für die Verknüpfung zwischen intrapsychischen und interaktiven Regulierungsprozessen. Sie sind nicht nur Ausdruck eines intrapsychischen Zustandes, sondern weisen gleichzeitig eine interaktive Bedeutung auf. Über die expressiv-kommunikative Komponente emotionaler Prozesse wird einem Interaktionspartner signalisiert, was im Sender vorgeht, welches Verhalten von ihm gewünscht und welches eigene folgen wird (Moser, 1983; Frijda, 1986b, 1993a; Krause, 1990).

(2) Emotionen haben eine motivationale Funktion, d.h. sie können eine Person in bestimmte Handlungsbereitschaften versetzen, die zu bestimmten Reaktionen führen (z.B. Frijda, 1986b). Emotionen können das Verhalten einer Person beinflussen, auch wenn diese sie nicht bewusst erlebt. Wir unterscheiden deshalb zwischen occurrent und experienced emotions (Moser, 1983; Krause, 1990), d.h. Emotionen, die auftreten, ohne erlebt zu werden, und solchen, die tatsächlich erlebt werden.

(3) Beziehungsmuster im Kontext von Schuldgefühlen werden von einer Klientin nicht nur geschildert, sondern sie "inszenieren" sich auch in der therapeutischen Interaktion auf eine spezifische Weise, die diesem Muster entspricht, aber dazu nicht notwendigerweise analog ist. Wie eine solche "Inszenierung" aussieht, soll im folgenden anhand der Beschreibung eines Beispiels erläutert werden.

16.2 Auswahl des Videomaterials im Hinblick auf die Untersuchung von Schuldgefühlen

Ausgangspunkt für die vorliegende Untersuchung bildet ein vierstündiger Ausschnitt aus der Therapie von Frau D., welcher die 34., 36., 37. und 38. Stunde umfasst. Für die Untersuchung ausgewählt wurden Stunden, in denen die Klientin über Schuldgefühle berichtet, da die Methode zur Beschreibung des verbalen Materials eine explizite Nennung von Schuldgefühlen voraussetzt. Solche Affekte werden von der Klientin in der 34. Stunde in der aktuellen Beziehung zu ihren Eltern berichtet. Zu Beginn der 36. Stunde kommt es zu einer deutlichen, durch eigene Schuldgefühle motivierten Reaktion der Therapeutin (die Therapeutin hat die

Stunde kurzfristig verschieben müssen). Die 37. Stunde ist dadurch charakterisiert, dass die affektive Bedeutung der Stundenverschiebung für die Klientin weiter besprochen wird. Der Beginn der 38. Stunde, auf die im folgenden näher eingegangen wird, ist zusätzlich durch eine deutliche Schuldgefühl-Reaktion der Therapeutin im Zusammenhang mit der Ankündigung ihrer Ferienabwesenheit charakterisiert. Im Verlauf dieser Stunde kann dann der Zusammenhang zwischen den Schuldgefühlen der Klientin (insbesondere gegenüber ihrem Mann), ihren aggressiven Impulsen und ihren Autonomiewünschen differenziert und besprochen werden.

16.3 Konzepte und Methoden: Kurzer Überblick

Im Rahmen des Projekts sind verschiedene Konzepte und Methoden erarbeitet und weiterentwickelt worden, die es ermöglichen, verbale und nonverbale Aspekte der psychotherapeutischen Interaktion zu erfassen (vgl. Abb. 16.1). Zur Erfassung und systematischen Beschreibung der verbalen Aspekte wird auf eine von Lüthy & Widmer (1992) entwickelte Methode zurückgegriffen, die von einem Modell über die Struktur und Funktion des Über-Ichs (Moser, von Zeppelin & Schneider, 1981; Lüthy & Widmer, 1989, 1992) ausgeht. Diese ermöglicht es, Konflikte, welche Schuldgefühle zur Folge haben, ausgehend von einer Frame-Struktur (vgl. Minsky, 1975) anhand von Verbatimprotokollen systematisch zu beschreiben. Diese Methode (sog. Über-Ich-Regel-Frames verbal (= ÜIR-Frames verbal) erfasst ausschliesslich narrative Episoden der Klientin, d.h. zeitliche Abschnitte des therapeutischen Geschehens, in denen die Klientin von einer Begebenheit erzählt, die sich mit einer anderen Person zugetragen hat (zum Beispiel Eltern, Ehemann). Teile des therapeutischen Dialogs, die durch eine intensive Interaktion gekennzeichnet sind (zum Beispiel Interventionen der Therapeutin und Reaktionen der Klientin auf diese) werden nicht erfasst. Da sich jedoch gerade diese Sequenzen als besonders relevant für den therapeutischen Veränderungsprozess erweisen könnten, wurden die Frame-Methode entsprechend weiterentwickelt. Diese werden in sog. Über-Ich-Regel-Frames interaktiv (= ÜIR-Frames interaktiv) erfasst (siehe auch Widmer, 1995).

Unsere Hypothese ist, dass diese mittels ÜIR-Frames interaktiv erfassten Therapieausschnitte typische Formen interaktiver Beziehungsmuster umfassen (traps und PAMS). Während die Dauer von traps zwischen etwa 15 Sekunden und ein bis zwei Minuten variiert, umfassen prototypische affektive Mikrosequenzen als Elemente der traps Prozesse von wenigen Sekunden Dauer.

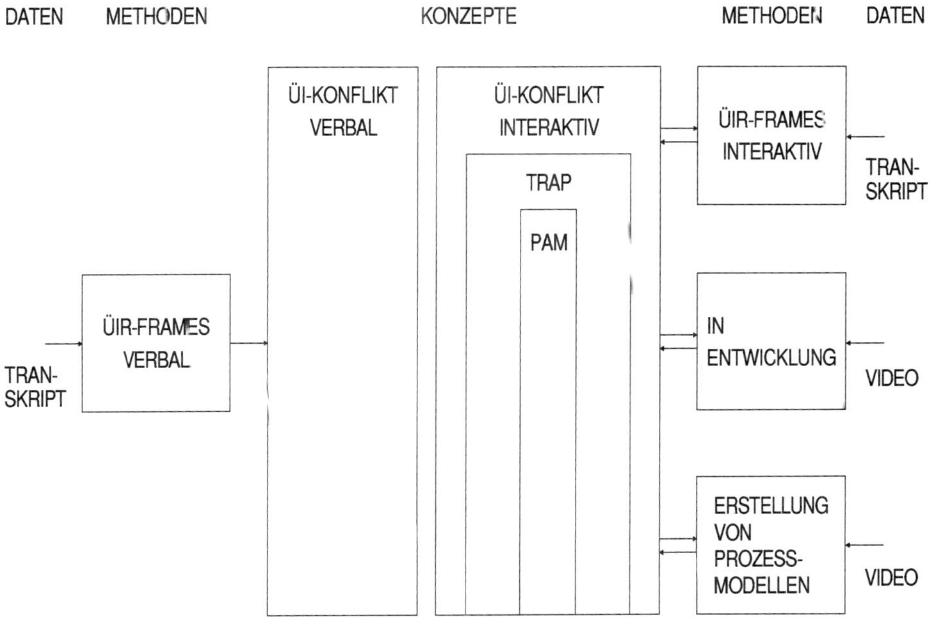

Abbildung 16.1: Überblick über die wichtigsten im Rahmen des Projekts erarbeiten Konzepte, Methoden und das jeweils erfasste Datenmaterial

PAMS und traps werden anhand von Videoaufnahmen identifiziert und beschrieben. Während für die systematische Beschreibung von prototypischen affektiven Mikrosequenzen eine Methode zur Verfügung steht, ist dies für die Beschreibung von traps erst in Ansätzen der Fall. Die methodische Hauptschwierigkeit besteht darin, dass neben den nonverbalen Verhaltensweisen vermehrt auch der Gesprächsinhalt und der Zusammenhang zwischen diesen Aspekten systematisch beschrieben werden muss. Eine Möglichkeit zur Erfassung der genannten Aspekte wäre das Aufbereiten von interaktiven Verläufen in Form von Frames[1] (vgl. Schneider, 1990; Schneider & Wüthrich, 1992), wie sie im vorangegangenen Kapitel dargestellt sind. Zuvor müsste jedoch entschieden werden, auf welcher Abstraktionsebene und unter Einbezug welcher Modellvorstellungen die "Slots" formuliert werden sollen. Dies erfordert eine zusätzliche, intensive Auseinandersetzung mit dem Datenmaterial, die in weiteren Untersuchungen geleistet werden muss.

Die Bearbeitung des Datenmaterials mit unterschiedlich differenzierten Methoden hat zur Folge, dass Beschreibungen mit unterschiedlichem Auflösungsgrad resultieren. Je nach Konzeptebene, auf der bei der Beschreibung der Daten fokussiert

[1] Diese Form von Frames unterscheidet sich von den oben beschriebenen ÜIR-Frames (Lüthy & Widmer, 1992) durch die Definition der Slots und entsprechend durch deren Inhalte. Während die ÜIR-Frames auf die Erfassung von Über-Ich-Konflikten "spezialisiert" sind, repräsentieren diese Frames unterschiedliche interaktive Verhaltensweisen.

wird, werden also unterschiedliche Verlaufsmuster erfasst. Gemäss unserer Hypothese (siehe 16.1) nehmen wir an, dass diese kognitiv-affektiven Prozesse miteinander in einem Zusammenhang stehen, d.h. "korrespondierende", bzw. "ergänzende" Verlaufscharakteristika aufweisen. Wie diese Zusammenhänge aussehen, muss untersucht werden.

16.4 Bearbeitung des Videomaterials

Die Videobänder der vier ausgewählten Therapiestunden wurden transkribiert. Aus Gründen der besseren Verständlichkeit wurde der Text vom Schweizerdeutschen in eine "mundartnahe" Schriftsprache übersetzt. Der Beginn jeder Äusserung von Klientin und Therapeutin wurde mit einer Zeitmarke auf eine Sekunde genau versehen.

In einem weiteren Schritt wurden die vier ausgewählten Therapiestunden intensiv visioniert und diskutiert, mit dem Ziel, ein möglichst umfassendes klinisches Verständnis des therapeutischen Geschehens zu erarbeiten. Diese Diskussionen wurden auf Tonband aufgezeichnet und anschliessend ebenfalls transkribiert. Um das klinische Verständnis weiter zu vertiefen, um mit dem Frame erfassbare Stellen zu identifizieren, und im Hinblick auf die Beschreibung bestimmter Beziehungsmuster, wurden die vier Therapiestunden ein zweites Mal visioniert. Folgende Stellen wurden in einem zusammenfassenden Protokoll notiert und mit einer Zeitmarke versehen:

1) Erwähnung von Schuldgefühlen durch die Klientin
2) das Auftreten weiterer Emotionen (zum Beispiel Wut, Trauer oder Angst)
3) von der Klientin verbalisierte Objektbeziehungen (zum Beispiel Eltern, Ehemann, Freunde)
4) auffallende therapeutische Interaktionssequenzen (zum Beispiel Komplimente) sowie
5) auffallende nonverbale (mimische) Verhaltensweisen.

Die so aufbereiteten Verlaufsprotokolle erlauben es, sich bei Bedarf einen schnellen Überblick über wichtige Aspekte des Stundenverlaufs zu verschaffen und geben einen ersten Eindruck über mögliche Regelmässigkeiten. Aufgrund dieser Informationen sowie der unsystematischen klinischen Beschreibungen, die aus der ersten Visionierung stammen, wurde ein hypothetisches klinisches Verlaufsmodell für den Zeitraum dieser vier Stunden erstellt. (Dieses Verlaufsmodell ist noch nicht in allen Teilen ausformuliert.) Darin eingeflossen sind unterschiedliche theoretische Konzepte sowie Beobachtungen und Beschreibungen auf verschiedenen Abstraktionsebenen (zum Beispiel Konflikte, Aspekte der Selbstregulierung, Über-Ich-Inhalte, spezifische Formen des Lächelns usw.).

16.5 Klinische Beschreibung der Über-Ich-Konflikte der Klientin

Im folgenden wird eine klinische Beschreibung ausgewählter Aspekte der 38. Stunde gegeben. Die interessierenden Aspekte sind die Manifestationen und Verläufe von Über-Ich-Konflikten, wie sie auf den verschiedenen von uns untersuchten Ebenen auftreten sowie der interaktive Einbezug der Therapeutin in diese Konfliktdynamik. Das Thema der Stunde ist der Konflikt der Klientin zwischen Anpassung an die Wünsche der Bezugspersonen vs. Realisierung von autonomen Wünschen und die Rolle der eigenen Aggression in diesem Zusammenhang.

Der Verlauf der Über-Ich-Konflikte, bzw. deren Manifestationen, wird durch die ÜIR-Frames verbal beschrieben (siehe Widmer, 1995): Die Klientin berichtet zu Beginn der Stunde über autonome, lustvolle Unternehmungen, bei denen sie mehrmals - ahnungslos und ohne Schuldgefühle - von Ihrem Mann "ertappt" und mit massiven Vorwürfen überhäuft wird. Später wird klar, dass die lustvollen Unternehmungen gar nicht so autonom sind, sondern durchaus auch dazu dienen, Reaktionen des Objekts zu provozieren[2]. Im letzten Drittel der Stunde zeigt sich, dass die Klientin auf die Vorwürfe ihrer Bezugspersonen, sie sei eine Egoistin und schaue nur für sich, mit Schuldgefühlen reagiert. Die Vorwürfe scheinen ihr berechtigt. Durch Interventionen der Therapeutin kann geklärt werden, dass weniger die Durchsetzung der eigenen Wünsche, welche die Klientin vermutlich noch gar nicht so gut kennt, zu Schuldgefühlen führen, als vielmehr die aggressiven Reaktionen und Provokationen, mit denen die Klientin sich von den fordernden Objekten absetzt.

Erschwerend kommt für die Klientin hinzu, dass Autonomie gegenüber dem Mann gleichzeitig Anpassung an die "Wünsche" oder Ziele der Therapeutin bedeutet, da die Therapeutin die Klientin bei ihren Autonomiebestrebungen unterstützt. Verhält sie sich dem Mann gegenüber unabhängig, so verhält sie sich wie von der Therapeutin "gewünscht", aber damit gleichzeitig angepasst an die Therapeutin. Die Klientin signalisiert immer wieder, dass sie "wegen" der Therapeutin die bedrohlichen Auseinandersetzungen mit Eltern und Mann auf sich nimmt, was wiederum zu Schuldgefühlen der Therapeutin führt. Dies ist insbesondere dann der Fall, als diese in die Ferien fährt und die Klientin mit den Schwierigkeiten zurücklässt, welche die Therapeutin "induziert" hat.

In Hinblick auf die therapeutische Beziehung ist es interessant zu sehen, wie die Klientin zu Beginn der Stunde Schuldgefühle vermeidet und explizit sagt, sie hätte keine Schuldgefühle. Sie präsentiert ihren Mann als ungerechtfertigten Aggressor (vgl. das Konzept des chicken trap weiter unten). Eigene aggressive Inhalte berichtet sie der Therapeutin in "Autonomieverpackung". Aufgrund früherer Erfahrungen mit der Therapeutin kann sie davon ausgehen, dass diese sie bei der Realisierung ihrer Autonomiebestrebungen unterstützen wird. Die legitimierende Unterstützung der Therapeutin wird denn auch verbal und nonverbal "herausgefordert"[3] (vgl. das Konzept des legitimation trap weiter unten).

Doch sogar die Unterstützung durch die aktuelle externe Autorität in der Person der Therapeutin führt nicht etwa dazu, dass die Schuldgefühle der Klientin

---

[2] So berichtet die Klientin zum Beispiel, dass sie ihrem Mann von Männern erzähle, die sie im Fitnesstraining treffe und die sie eine attraktive Frau fänden. Auf die Frage der Therapeutin, wieso sie dies ihrem Mann erzähle, gibt die Klientin offen zu, diesen eifersüchtig machen zu wollen.

[3] Zum Beispiel sagt die Klientin zur Therapeutin: "das ist doch legitim oder" und bezieht sich damit auf einen kürzlichen abendlichen Kinobesuch mit ihrer Freundin.

"getilgt" würden. Gerade in diesem Moment - sozusagen in Absetzung von (oder trotz) der unterstützenden Stellungnahme der Therapeutin - werden diese Affekte thematisiert und werden der Bearbeitung zugänglich.

16.6 Die Beschreibung interaktiver Beziehungsmuster ("traps")

16.6.1 Traps als Rollenangebote

Betrachtet man den Kontext der verbal erzählten und mittels Frames erfassten Über-Ich-Konflikte näher, so konnten verschiedene interaktive Muster identifiziert werden, die sich jeweils auf eine ähnliche Art und Weise wiederholen. Es handelt sich dabei um Sequenzen, in denen die Klientin der Therapeutin bestimmte Rollenangebote macht, welche von der Therapeutin angenommen werden können oder nicht.

Eine bestimmte Form interaktiver Beziehungsmuster, die im Kontext von Schuldgefühlen auftritt, bezeichnen wir als traps. In diesen Sequenzen soll die Therapeutin dazu "verführt" werden, im Hinblick auf Verhaltensweisen der Klientin, die zu Über-Ich-Konflikten führen, die Rolle einer Autoritätsfigur oder Richterin zu übernehmen. Neben spezifischen nonverbalen Verhaltensweisen der Klientin sind auf der Ebene des verbalen Verhaltens direkte oder indirekte Fragen kennzeichnend, in denen die Klientin ihre Interpretation einer Situation anbietet und die Therapeutin (indirekt) auffordert, dazu Stellung zu nehmen. Gemäss ihrer spezifischen Funktion für die Affektregulierung unterscheiden wir zwei Typen von traps, die für die untersuchte Klientin spezifisch sind, nämlich den sog. chicken trap und den legitimation trap.

Entsprechend ihres Verlaufs, d.h. je nach Reaktion der Therapeutin, können zudem gelingende wie auch nicht-gelingende traps differenziert werden. Von gelingenden traps wird dann gesprochen, wenn die Therapeutin "wie gewünscht" die ihr angetragene Rolle als Autoritätsfigur oder Richterin aufnimmt und entsprechend verbal reagiert, während in nicht-gelingenden traps diese (verbale) Reaktion fehlt. Die Beurteilung erfolgt dabei - wie bei den PAMS - aus der Sicht der Klientin und nicht im Hinblick darauf, ob der Verlauf eines traps therapeutisch "produktiv" ist.

Mit traps versucht die Klientin unbewusst, zwischen sich und der Therapeutin eine bestimmte Rollenbeziehung zu etablieren, um eine drohende (intrapsychische) Konfliktreaktivierung zu vermeiden oder die Folgen bereits aufgetretener Konfliktreaktivierungen zu kontrollieren. Die Hypothese ist, dass traps als Ausdruck der spezifischen internalisierten Objektbeziehungsstruktur eines Klienten und damit seiner entsprechenden spezifischen Form der kognitiv-affektiven Regulierung verstanden werden können, die sich in der aktuellen Beziehung zur Therapeutin inszeniert. Traps werden verstanden als eine in interaktiver Form manifestierte Entsprechung der kognitiv-affektiven Regulierung der Klientin, mit Einbezug des Objekts in die Regulierung, der eine bestimmte Konfliktkonstellation zugrundeliegt. In dieser Untersuchung haben wir uns ausschliesslich mit einer spezifischen Form interaktiver Beziehungsmuster im Kontext von Über-Ich Konflikten und daraus resultierenden Schuldgefühlen beschäftigt. Weitere interaktive Beziehungsmuster, die mit anderen Konflikten der Klientin zusammenhängen, würden anders aussehen.

Mit Moser gesprochen könnten wir annehmen, dass die in traps zum Ausdruck kommenden Regulierungsprozeduren an ein System der objektgebundenen konkreten Modellbildung gekoppelt sind (vgl. Moser, von Zeppelin & Schneider, 1987, S. 21 ff.). Das heisst, die Selbstregulierung der Klientin wird in solchen Sequenzen wesentlich durch das (interaktive) Verhalten und die Reaktionen der Therapeutin mitbestimmt. Sie bilden damit einen „Teil" der Selbstregulierung der Klientin.

16.6.2 Chicken traps

Chicken traps sind dadurch charakterisiert, dass die Therapeutin von der Klientin aufgefordert wird, mit ihr Partei zu ergreifen. Sie soll sich gemeinsam mit der Klientin über das Verhalten einer Drittperson empören, über das die Klientin berichtet. Die Therapeutin soll insbesondere dazu verführt werden, verbal Stellung zu nehmen und im weiteren Verlauf das Verhalten dieser Drittperson zu verurteilen und gemeinsam mit der Klientin "auseinanderzunehmen". Dieser verführerische Aspekt ist besonders stark, wenn die Klientin inhaltlich ein Thema wählt, von dem sie aufgrund früherer Erfahrungen mit der Therapeutin weiss, dass diese darauf "anspringt". Dies ist besonders dann der Fall, wenn sich die Klientin als Opfer ihres Mannes darstellt, der ihre Autonomieversuche einschränkt (Spezialfall "feminist trap").

Wir betrachten chicken traps als eine Form der affektiven Distanzregulierung: Die gemeinsame Beschäftigung von Klientin und Therapeutin mit einer Drittperson (dem "chicken") vermeidet die Auseinandersetzung mit intrapsychischen Konflikten der Klientin ("Widerstand"). Zudem wird die Gefahr eines Konflikts im Bereich der Beziehungsregulierung reduziert.

16.6.3 Legitimation traps

In legitimation traps soll die Therapeutin dazu aufgefordert werden, als Autoritätsfigur das Verhalten oder die Reaktionen der Klientin, über die sie berichtet und welche ihr Schuldgefühle verursachen, zu legitimieren. Inhaltlich geht es bei diesen Erzählungen um aggressive Impulse, welche die Klientin im Zusammenhang mit ihren Autonomieversuchen auslebt. Den legitimation traps kommt also die Funktion zu, die Klientin von ihren Schuldgefühlen zu entlasten.

Aus einer emotionspsychologischen Perspektive können legitimation traps als Orientierungsreaktionen verstanden werden. Im Sinne eines social referencing (z.B. Sorce, Emde, Campos & Klinnert, 1985) wird die Reaktion der Therapeutin von der Klientin dazu verwendet, Anhaltspunkte für eine eigene Bewertung der Situation zu erhalten. Ihre Unsicherheit bezüglich ihrer kognitiv-affektiven Bewertung einer Situation wäre insofern verständlich, als sie sich in einer Phase der Therapie befindet, in der die Klientin dabei ist, neue Muster im Zusammenhang mit ihren Autonomiebestrebungen auszuprobieren. Gemäss Moser (1987) wird das social referencing als eine komplexere Form der affective resonance bezeichnet, indem die resonanzartige Verbundenheit mit der Therapeutin es einem Klienten ermöglicht, Dinge so zu sehen, wie sie es tut und ihre Art der Regulierung zu übernehmen. Ob diese Form der Regulierung klientenspezifisch oder durch den Veränderungsprozess in der Therapie bedingt ist, der bei der Klientin Gefühle der Unsicherheit auslöst, kann noch nicht entschieden werden.

Der Verführungsaspekt rührt bei den legitimation traps von daher, dass die Klientin ihre Autonomieversuche betont präsentiert, hingegen Aggressionen und Manipulationsversuche gegenüber von Objekten (zum Beispiel den Mann eifersüchtig machen) versteckt, wobei aber die gewünschte Reaktion der Therapeutin, eine Legitimierung ihres "autonomen" Verhaltens, antizipiert wird.

16.7 Die Beschreibung eines nicht-gelingenden chicken trap als Beispiel

Der im folgenden als Beispiel dargestellte chicken trap tritt etwa 27 Minuten nach Beginn der 38. Therapiestunde auf und dauert knapp 15 Sekunden. In den chicken trap ist eine (gelingende) prototypische affektive Mikrosequenz ("Whiskey sour") eingebettet, welche 6 Sekunden dauert. Um den Verlauf des affektiven Regulierungsgeschehens besser nachvollziehen zu können, wird das Geschehen vor dem chicken trap zusätzlich klinisch beschrieben und in Abbildung 16.2 zusammenfassend dargestellt.

Ungefähr fünf Minuten vor dem chicken trap beschäftigt sich die Klientin mit der Frage, wie sie sich in der Beziehung zu ihrem Ehemann und bei der Hausarbeit fühlt. Sie erlebe ihre Hausfrauentätigkeit oft als Schattendasein, sie fühle sich vergraben und nicht beachtet, die anderen hätten das Gefühl, sie müsse für sie immer verfügbar sein. Geärgert habe sie vermutlich besonders, dass ihr Mann kürzlich nach Hause gekommen sei und sie mit "Sali[4] Hausfrau" begrüsst habe.

Zum Zeitpunkt 23:54 erfolgt eine Intervention der Therapeutin, in der diese die Vermutung äussert, dass die Klientin ähnliche Gefühle auch gegenüber der Therapeutin erlebt habe, als diese die (vorletzte) Therapiestunde verschieben musste. Während der Intervention der Therapeutin (24:27: "ich glaube, wenn ich auch noch komme....") fällt ihr die Klientin ins Wort ("also das Verfüg.....). Die Therapeutin gerät leicht ins Stocken. Sie benützt ein Füllwort ("noch äh"), um die Sprecherrolle behalten zu können. Darauf bricht die Klientin ihre Verbalisierung ab und hört der Therapeutin bis zum Ende ihres Satzes zu ("oder ihr Mann, ich glaube, das sind ähnliche Gefühle").

---

4 Schweizerdeutsch für "Hallo"

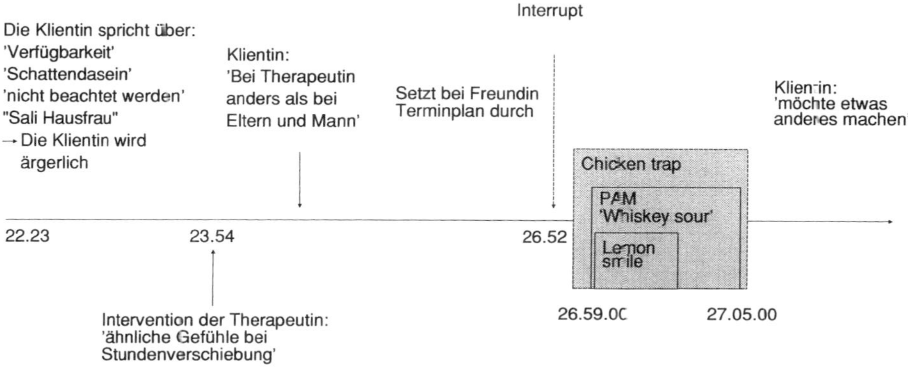

Abbildung 16.2: Überblick über den klinischen Kontext des chicken trap und der prototypischen affektiven Mikrosequenz „Whiskey sour". Aus Gründen der Anschaulichkeit sind die "Kästchen", welche den chicken trap, die PAM und das lemon smile repräsentieren, vergrössert abgebildet.

Die Klientin widerspricht der Hypothese der Therapeutin, indem sie sagt, sie glaube nicht, dass ihr Entgegenkommen von der Therapeutin als etwas Selbstverständliches betrachtet werde. Dies gelte jedoch für ihren Mann und ihre Eltern, was sie ärgere ("das macht mich "verrückt"[5]). Nach diesem Kommentar (bei Zeitmarke 25:14) wendet sie sich der Therapeutin zu und innerviert AU 24, was gemäss EMFACS-Emotionstabellen (Ekman & Friesen, 1982a) als Bestandteil eines Ärgerausdrucks interpretiert werden kann.

Als Assoziation zur Intervention der Therapeutin schildert die Klientin eine Episode mit einer Freundin, die ebenfalls ungerechtfertigte Ansprüche an sie stellte (von 25:00 bis 26:40). Ihr Tonfall während dieser Erzählung wirkt empört. Die Klientin habe diesen Anspruch der Freundin jedoch bemerkt und sich Mühe gegeben, ihr gegenüber ihren eigenen Terminplan durchzusetzen ("dann kann sie sich nach mir richten, also ich habe jetzt wirklich ein bisschen andere Sitten"). Interaktiv zeigt sich parallel zu dieser Verbalisierung auf ihrem Gesicht ein

[5] Schweizerdeutsch für "wütend", "ärgerlich"

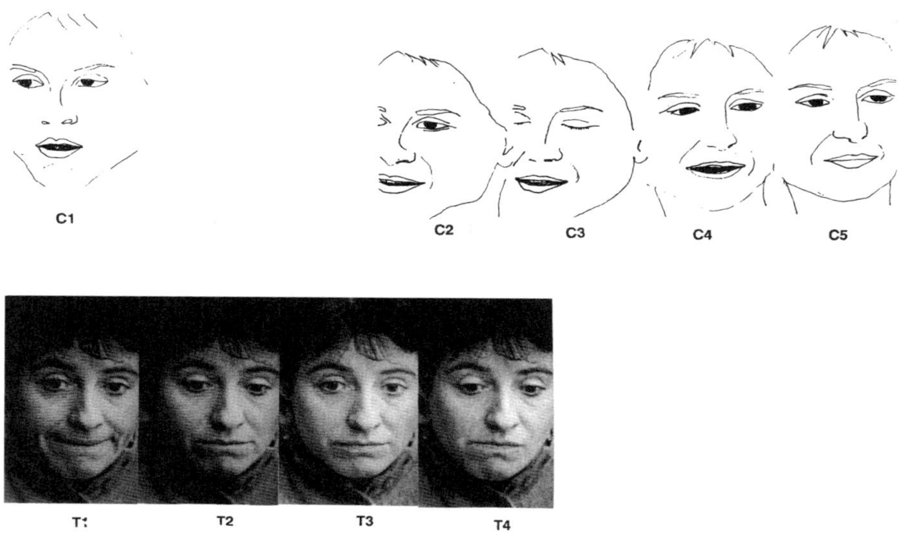

Abbildung 16.3: "Videostandbilder" der prototypischen affektiven Mikrosequenz "Whiskey sour" (Teil 1)

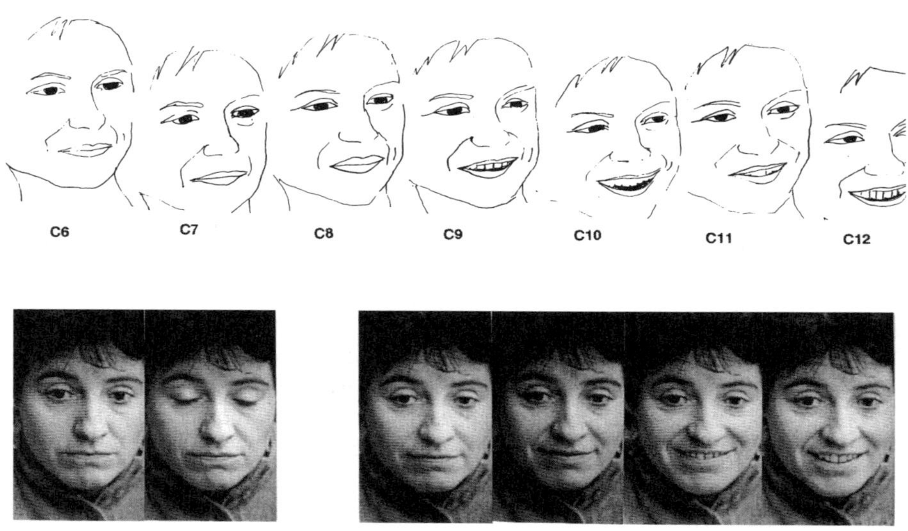

Abbildung 16.4: „Videostandbilder" der prototypischen affektiven Mikrosequenz "Whiskey sour" (Teil 2)

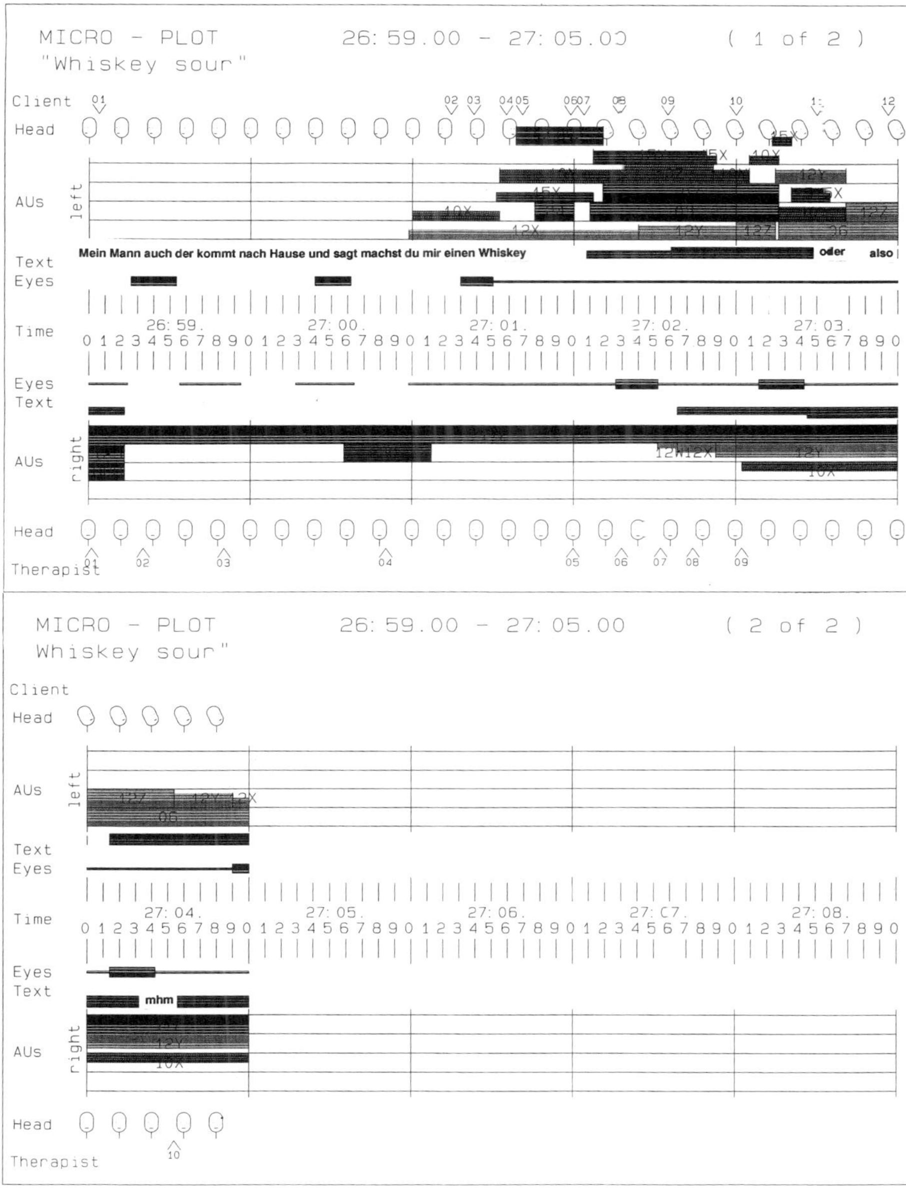

Abbildung 16.5: Micro-plots der der prototypischen affektiven Mikrosequenz "Whiskey sour"

masking smile (AUs 10y+12y+15z). Am Ende des Satzes wendet sie Kopf und Blick der Therapeutin zu, möglicherweise um die Reaktion der Therapeutin auf ihren Kommentar zu evaluieren und sich Bestätigung für die Richtigkeit ihrer Reaktion zu holen. Es ist zu vermuten, dass die Klientin eine Legitimierung ihres Verhaltens antizipiert, da dieses dem (vermeintlichen) "Wunsch" der Therapeutin entspricht, die Klientin möge ihre Autonomiewünsche durchsetzen.

Die Klientin erzählt weiter, dass ihr damals jedoch plötzlich der Gedanke gekommen sei, die Freundin könnte beleidigt sein. Diese habe nämlich geäussert, der von der Klientin vorgeschlagene Termin sei für sie etwas spät. Bei Zeitmarke 26.52.54 bricht die Klientin ihre Verbalisierung mitten im Satz ab („so spät"....), öffnet ihren Mund (AU 26) und zwinkert mehrere Male zum Teil fast tickähnlich (AUs 45 oder 43+44). Kopf und Blick hält sie von der Therapeutin abgewendet. Es kommt zu einer 4 Sekunden dauernden Sprechpause. In dieser Phase sind einige feine Mundbewegungen sowie wiederholt ein Zusammenpressen der Lippen beobachtbar (AUs 23, 24). Da sich die Klientin in Abwendung befindet, den Gesichtsausdruck der Therapeutin also nicht sehen kann und die Therapeutin auch schon seit längerer Zeit nichts mehr gesagt hat, interpretieren wir diese Verhaltensweisen als Ausdruck einer Störung im Bereich der Selbstregulierung der Klientin. Aufgrund der Analyse der narrativen Episoden nehmen wir an, dass diese Störung mit einem Über-Ich-Konflikt zusammenhängt, der im Zusammenhang mit der Erzählung über die Freundin reaktiviert worden ist. Dieser (intrapsychische) Konflikt führt gemäss unserer Konzeptualisierung zu Schuldgefühlen, welche von der Klientin in diesem Moment vermutlich nicht bewusst erlebt werden, jedoch in Form der erwähnten Störungszeichen beobachtet werden können.

Bei Zeitmarke 26:56 scheint die Störung soweit behoben zu sein, dass die Klientin weitersprechen kann. Der chicken trap beginnt. Die Klientin wechselt das Gesprächsthema, und kommt wieder auf ihren Mann zurück ("das habe ich also schon auch ein bisschen gemerkt also mein Mann kommt nach Hause und sagt...."). Der Tonfall der Klientin wirkt "ärgerlich-empört". Während dieser Verbalisierung befindet sich die Klientin im Zustand der visuellen Auslenkung (vgl. Moser et al. 1988; Barcikowsky, 1992), d.h. Kopf und Blick sind von der Therapeutin abgewendet (Abb. 16.4, C1). Zum Zeitpunkt 27:00.64 (hier beginnt die PAM; vgl. die entsprechenden micro-plots in Abbildung 16.5) wendet die Klientin ihren Kopf mit einer sehr schnellen Drehung aus einer starken Abwendungsposition (52y) der Therapeutin zu. Die Klientin beendigt ihre visuelle Auslenkung mit einem Augenaufschlag (AU 45). Durch die motorische Aktivität und die Bewegungskoordination von Augen, Augenlid und Kopf erhält dieser Zustandswechsel zwischen Anblicken und visueller Auslenkung eine auffallende Markierung (vgl. Barcikowsky, 1992) und wird dadurch für die Therapeutin klar wahrnehmbar. Die Therapeutin wird von der Klientin direkt angesprochen.

Noch in Bewegung spricht die Klientin weiter und sagt: "Machst Du mir einen Whiskey". Auf ihrem Gesicht beginnt sich ein schwaches Lächeln (27:00.98; AU 12x) abzuzeichnen, das gleichzeitig mit AU 10x, einem Indikator für negative Emotionen auftritt (Abb. 16.3, C2, C3, C4). Nach Beendigung dieses Satzes hält sie ihr Gesicht voll der Therapeutin zugewendet, blickt zu ihr hin und produziert die AU-Kombination L7+10y+12x+15x+24, die wir als lemon smile bezeichnen (Abb. 16.3, C5; Abb. 16.4, C6, C7; vgl. auch Keller-Lehmann, 1993). Lemon smiles sind eine spezifische Unterkategorie von masking smiles, einem Lächeltypus, der im allgemeinen die Funktion hat, eigene negative Emotionen zu kontrollieren und es ermöglicht, diese in sozial akzeptabler Weise auszudrücken (vgl. u.a. Ekman & Friesen, 1982b, Bänninger-Huber & Steiner, 1987). Sie enthalten parallel zum Lächeln (definiert durch AU 12) Indikatoren negativer Emotionen.

Unsere Hypothese ist, dass das lemon smile der Klientin gleichzeitig verschiedene Funktionen erfüllt: Im Sinne einer Suche nach Resonanz (vgl. z.B. Bänninger-Huber, Moser & Steiner, 1990) versucht die Klientin mit ihrem Lächeln, die affektive Bindung zur Therapeutin zu erhöhen ("wir beide verstehen uns"). Gleichzeitig signalisiert sie damit der Therapeutin, dass die parallel dazu auftretenden Indikatoren von contempt/Ärger nichts mit ihr zu tun haben, sondern einen Kommentar zum Verhalten des Mannes in der damaligen Situation darstellen ("wie kann sich mein Mann nur so verhalten".) Zusätzlich kann das lemon smile als eine Aufforderung an die Therapeutin, verbal zu reagieren, interpretiert werden, da das Verhalten der Klientin in dieser Sequenz verschiedene Sprecherwechselsignale enthält (vgl. Duncan, Brunner & Fiske, 1979): Die beschriebenen Zuwendungsreaktion von Kopf und Blick, die mit dem Ende des grammatikalischen Satzes genau zusammenfällt sowie ein Abfallen der Tonhöhe. Zusätzlich wird die gewünschte Übergabe der Sprecherrolle an die Therapeutin durch das Zusammenpressen der Lippen (AU 24) betont.

Während der Verbalisierung der Klientin hält die Therapeutin ihren Kopf der Klientin zugewendet. Dreimal senkt sie zwischendurch ihren Blick und bewegt zweimal leicht ihren Mund ((T23+B28), AU30; Abb. 16.3, T1-T4). Wir vermuten, dass diese Bewegungen Ausdruck ihrer Konzentration und ihrer Bemühungen sind, die Aussagen der Klientin zu verstehen (vgl. Moser, Bänninger-Huber & Steiner, 1988). Der Eindruck, dass die Therapeutin aufmerksam zuhört, wird durch (schwache) Frontalis Innervation (AUs 1+2), die die Therapeutin während der ganzen Mikrosequenz zeigt, verstärkt. Diese AU-Kombination hat u.a. die Funktion eines Regulators, der einem Interaktionspartner Aufmerksamkeit signalisiert (Ekman, 1979) (Abb. 16.4, T5).

Die Therapeutin reagiert auf das lemon smile der Klientin nicht mit einer verbalen Intervention, sondern sie produziert lediglich einen Lidschlag (27:02.26, Abb. 16.4, T6). Zu diesem Zeitpunkt ändert sich das Lächeln der Klientin. Anstelle des lemon smiles wird ein anderes masking smile beobachtbar, das sich aus der AU-Kombination 7+10z+12y+15y zusammensetzt und von hörbarem Lachen (AU 03) begleitet ist (Abb. 16.4, C8 und C9). Auch dieses Lächeln enthält neben der Zygomaticus major Innervation (AU 12y) die gleichen Indikatoren negativer Emotionen in etwas stärkerer Ausprägung (ohne AU 24). Möglicherweise ist diese Intensivierung darauf zurückzuführen, dass die Therapeutin nicht wie gewünscht mit einer verbalen Äusserung reagiert. Das hörbare Lachen kann mehrere Gründe haben. In seiner Funktion als Interruptphänomen (Moser et al., 1989) kann es als Möglichkeit interpretiert werden, die negativen Affekte zu beenden, die durch die ausbleibende Reaktion der Therapeutin entstanden sind. Denkbar wäre es auch, dass die

Klientin damit versucht, mit der Therapeutin einen resonanten Zustand herzustellen und gemeinsam mit ihr über das "unmögliche" Verhalten des Mannes zu lachen. Dies würde der Hypothese von Lorenz (1963) entsprechen, der davon ausgeht, dass Lachen einen Angriff ersetzen kann, weil Lachen eine Verbindung zwischen den Lachenden darstellt und zugleich zu einer Abgrenzung gegenüber einer Drittperson führt.

Bei Zeitmarke 27:02.52 lässt die Therapeutin sich durch das relativ intensive Lächeln der Klientin anstecken (6+12z, felt smile, Abb. 16.4, C10). Sie reagiert mit einem sehr schwachen Lächeln (12W, Abb. 16.4, T7), das sie anschliessend etwas verstärkt (AU 12x, 12y, Abb. 16.4, T8 und T10). Ihr Lächeln modifiziert sie allerdings durch eine zusätzliche Innervation von AU 10x, einem Indikator von Ärger/contempt. Es ist denkbar, dass es sich dabei um ein empathisches Nachempfinden der von der Klientin ausgedrückten negativen Emotionen handelt, das zu diesem miserable smile führt (vgl. Ekman & Friesen, 1982b).

Bei Zeitmarke 27:03.48 "doppelt" die Klientin nach und sagt: "oder also" (6+10y+12y+15y, Abb. 16.4, C11). Zum Zeitpunkt 27.03.70 sind die Indikatoren negativer Emotionen auf dem Gesicht der Klientin verschwunden und sie produziert ein weiteres felt smile (Abb. 16.4, C12) auf das die Therapeutin bei Zeitmarke 27:04.32 mit einem listener-response reagiert ("mhm", Abb. 16.4, T10). Das felt smile der Klientin dauert bis zum Zeitpunkt 27:04.90) an, bevor sie ihr Lächeln reduziert, Kopf und Blick abwendet, und mit ihrer Verbalisierung weiterfährt.

Gemäss unserer Konzeptualisierung bezeichnen wir diesen Verlauf (zwischen 26:59.00 und 27:05.00) als eine *gelingende* affektive Mikrosequenz, weil es der Klientin via gemeinsamem Lächeln gelingt, mit der Therapeutin einen resonanten Zustand herzustellen. Obwohl dieser resonante Zustand relativ kurz ist und das Lächeln der Therapeutin schwach bleibt, scheint diese Reaktion der Therapeutin auszureichen, um der Klientin die notwendigen Gefühle von Sicherheit zu vermitteln. Diese ermöglichen es der Klientin, ihre Störung im Selbstbereich soweit auszuregulieren, dass sie sich weiter mit ihrem (Aggressions-/Autonomie-)Konflikt zu beschäftigen. (Die Klientin fährt nach dieser PAM fort: "ich ich vielleicht will ich ja auch etwas anderes machen oder so".)

Aufgrund folgender Überlegungen interpretieren wir die beschriebene Sequenz (zwischen 26.56 und 27.10) als *nicht-gelingenden chicken trap*: Die Therapeutin wird (verstärkt durch das lemon smile der Klientin) aufgefordert, verbal zu reagieren. Sie soll für die Klientin Partei zu ergreifen, indem sie ihre Empörung über das Verhalten ihres Mannes teilt, möglicherweise i.S.: "Wie der Sie behandelt, das ist ja schrecklich, Sie haben recht, wenn Sie sich das nicht gefallen lassen". Das häufige (maskierende) Lächeln in dieser Sequenz könnte zudem die Botschaft enthalten: "Ich gebe mir ja solche Mühe, Ihnen zu gefallen, aber mit diesem Mann, Sie sehen ja selbst, ist das unmöglich!" Trotz diesem starken Appell reagiert die Therapeutin jedoch nicht wie gewünscht mit einer verbalen Äusserung, mit der sie zeigen würde, dass sie die Empörung der Klientin über das Verhalten ihres Mannes teilt.

16.8 Zur Funktion von traps in der therapeutischen Situation

Unsere Hypothese ist, dass die nonverbalen Reaktionen der Therapeutin in der affektiven Mikrosequenz (Lächeln, Zuhörersignal) dazu dienen, die affektive Bindung zur Klientin aufrechtzuerhalten. Dies bildet u.a. eine Basis für das kontinuierliche Funktionieren der (intrapsychischen) Affektregulierung der Klientin und verhindert eine Unterbrechung in der Beziehungsregulierung. Dadurch, dass die Therapeutin im Kontext des traps die gewünschte Rolle einer Autoritätsfigur bezüglich der geschilderten konfliktiven Szene jedoch nicht annimmt, bleibt der (intrapsychische) Konflikt der Klientin weiter bestehen und wird damit prinzipiell bearbeitbar.

Inwiefern und unter welchen Umständen nicht-gelingende traps als produktiv für therapeutische Veränderungen gewertet werden können, muss die Untersuchung weiterer Verläufe zeigen. Auch wenn die Beantwortung dieser Fragen noch offen ist, kann angenommen werden, dass traps für den therapeutischen Veränderungsprozess zumindest insofern eine wichtige Rolle spielen, als sie mitverantwortlich für Gegenübertragungsreaktionen eines Therapeuten sind. Durch das wiederholte Auftreten der traps werden für den Therapeuten die in ihm induzierten Gefühle wahrnehmbar, und die entsprechenden Schuldgefühle können in der Stunde bearbeitet werden.

16.9 Zum Verhältnis zwischen traps und PAMS

Theoretisch ist denkbar, dass verschiedene Kombinationen von gelingenden und nicht-gelingenden traps mit prototypischen affektiven Mikrosequenzen auftreten. In Abbildung 16.6 sind die "idealtypischen" Unterscheidungen zwischen gelingenden und nicht-gelingenden PAMS und traps entsprechend der Reaktionen der Therapeutin dargestellt. So könnte die Therapeutin etwa anstelle einer verbalen Reaktion mit spezifischen nonverbalen Verhaltensweisen (zum Beispiel Lächeln und/oder Lachen) reagieren, so dass wir in diesem Fall von einem nicht-gelingenden trap sprechen würden, in den eine gelingende affektive Mikrosequenz eingebettet ist. Eine andere Möglichkeit ist, dass die Therapeutin weder lächelt noch lacht, aber verbal die gewünschte Bestätigung liefert. In diesem Fall würden wir von einem gelingenden trap sprechen, in welchen eine nicht-gelingende PAM integriert ist. Es ist anzunehmen, dass neben diesen "idealtypischen" Reaktionen oft auch "Mischungen" auftreten, so zum Beispiel, wenn die Therapeutin in ihrer Intervention inhaltlich das Thema Ehemann (wie gewünscht) aufgreift, gleichzeitig aber das Verhalten der Klientin in der Interaktion mit ihrem Ehemann thematisiert und dazu lacht, wie sie dies im Anschluss an den oben beschriebenen chicken trap tut. (Die Klientin sagt: "vielleicht will ich ja auch etwas anderes machen" und die Therapeutin ergänzt mit einem Lachen "als ihn bedienen".) Dieses Thema ist weiter zu erforschen.

Während es für prototypische affektive Mikrosequenzen (Bänninger-Huber, Moser & Steiner, 1990; Bänninger-Huber, 1992) kennzeichnend ist, dass die kognitive Regulierung zugunsten der affektiven Regulierung kurzfristig in den Hintergrund rückt, bleibt während der traps die Funktionsfähigkeit der kognitiven Regulierung über weite Strecken erhalten. Traps umfassen denn auch Sequenzen, in denen der Verbaldialog relativ ungestört abläuft. Der Gesprächsinhalt spielt für die Beziehungsregulierung eine wichtige Rolle, indem sich traps im Kontext verbal erzählter Über-Ich-Konflikte und im Hinblick auf diese i.S. 'was sagt die Therapeutin dazu' entwickeln können. Da der verbale Dialog andere zeitliche Verlaufscharakterstika aufweist als mimische Affektregulierungsprozesse, dauern traps im Vergleich zu den PAMS in der Regel länger. Für traps kennzeichnend ist weiter, dass darin in den meisten Fällen auch PAMS integriert sind.

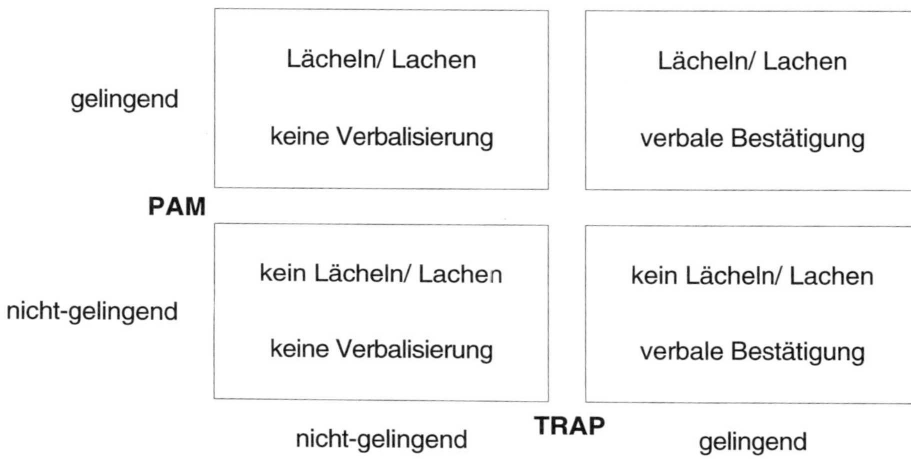

Abbildung 16.6 "Idealtypische" Unterscheidung zwischen gelingenden und nicht-gelingenden PAMS und traps entsprechend den Reaktionen der Therapeutin

16.10 Zum Ausdruck von Schuldgefühlen

Was bedeuten diese Beschreibungen nun für die eingangs gestellte Frage, ob und allenfalls wie sich Schuldgefühle im mimischen Ausdrucksverhalten manifestieren? Unsere bisherige Erfahrung ist, dass keine Eins-zu-eins-Zuordnung spezifischer AU-Kombinationen zum Auftreten von Schuldgefühlen vorgenommen werden kann, die allgemeingültig ist. Vielmehr scheinen Schuldgefühle spezifische interaktive Beziehungsmuster zu induzieren, welche für die kognitiv-affektive Beziehungsregulierung der beteiligten Personen typisch sind.

Durch das Erinnern und das Sprechen über Schuldgefühle kann die Emotion, welche eine narrative Episode begleitet, in der aktuellen therapeutischen Interaktionssituation wiederauftreten[6]. Um die so reaktivierte Emotion bewältigen zu können, zeigt eine Person spezifische interaktive Verhaltensweisen, die beim Interaktionspartner wiederum bestimmten Reaktionen auslösen. Für eine Person "typische" mimische Ausdrucksprozesse scheinen als Elemente dieser interaktiven Bewältigungsstrategien eine wichtige Rolle zu spielen, wie bei Frau D. etwa das lemon smile. Es ist anzunehmen, dass eine Person in ähnlichen affektiven Situationen über verschiedene Ausdrucksmuster verfügt, die eine analoge Funktion in ihrer Affektregulierung erfüllen. So wird von Frau D. ein weiterer Typus eines masking smile verwendet, den die Klientin typischerweise zusammen mit ironischen Bemerkungen über eine Drittperson im Kontext von chicken traps zeigt (Ein solches Lächeln zeigt sie zum Beispiel zum Zeitpunkt 44:30 und sagt parallel dazu: "dann muss ich mich halt ein bisschen schämen mit meinem scheuen Mann").

M.a.W., was wir beobachten können, sind nicht die Schuldgefühle an sich, sondern deren spezifische Bewältigungsstrategien, welche zusammen mit der Therapeutin interaktiv inszeniert werden. Unsere Beschreibungen liefern also positive Evidenz für die Hypothese, dass strukturelle Emotionen keine direkt beobachtbaren mimischen Korrelate aufweisen, die für diese Emotionen typisch sind.

[6] Unsere Annahme ist, dass diese Bewältigungsstrategien auch dann auftreten, wenn die Schuldgefühle von der Klientin nicht bewusst erlebt werden, wie dies vermutlich im beschriebenen chicken trap der Fall war (vgl. die Konzeptualisierung von occurrent und experienced emotions).

17. Schlussdiskussion

17.1 Zum methodischen Vorgehen

In dieser Arbeit wurde ein neuer Ansatz zur mikroanalytischen Untersuchung kognitiv-affektiver Regulierungsprozesse in der psychotherapeutischen Interaktion dargestellt. Insbesondere wurde eine Methode entwickelt, welche - ausgehend vom mimischen Verhalten - die detaillierte Beschreibung kognitiv-affektiver Regulierungsprozesse in dyadischen Interaktionen erlaubt. Ausgewählte Sequenzen aus Psychotherapien wurden mit dieser und im Rahmen der durchgeführten Untersuchungen weiterentwickelten Methoden umfassend bearbeitet und beschrieben.

Gewählt wurde ein explorativer Ansatz, d.h. eine Vorgehensweise, bei welcher Konzepte und Methoden in Auseinandersetzung mit dem Datenmaterial entwickelt werden. Modellgeleitet (top down) werden Hypothesen über das Affektregulierungsgeschehen generiert und Konzepte entwickelt, die (bottom up) durch die Beobachtungsdaten angeregt sind. Die Beobachtungsdaten helfen, die theoretisch möglichen "Bedeutungszuordnungen" zu reduzieren. Durch die Konfrontation mit weiterem Datenmaterial wird es möglich, die so entwickelten Konzepte zu differenzieren und neue "datennähere" Konzepte zu erarbeiten. Diese können wiederum mit weiterem Datenmaterial konfrontiert werden.

Da die Beschreibungen von objektiven ("harten") Beobachtungsdaten ausgehen, ist eine prinzipielle Trennung zwischen Beobachtung und Dateninterpretation möglich. Die Interpretationen sind jederzeit überprüfbar und können gegebenenfalls entsprechend verändert werden. Allerdings gilt es zu beachten, dass es sich - gerade was das Affektregulierungsgeschehen der Klienten betrifft - um Beschreibung von "aussen" handelt. Welche intrapsychischen Prozesse tatsächlich stattgefunden haben, zum Beispiel welche Wünsche und Gedanken der Klient in einem bestimmten Augenblick "wirklich" hatte, kann nicht, bzw. wird nie überprüft werden können.

Diese Vorgehensweise der systematischen Beschreibung ermöglicht Vergleiche zwischen verschiedenen Sequenzen; d.h., die postulierten Funktionen der untersuchten Konzepte und Phänomene können anhand des Vergleichs wiederholt auftretender, "analoger" Sequenzen am Einzelfall überprüft werden (vgl. auch Horowitz et al., 1991). Ein weiterer Vorteil dieses Ansatzes besteht darin, dass man durch die intensive Beschäftigung mit dem Datenmaterial als Forscherin mit dem Videomaterial sehr vertraut wird. "Datenferne" Interpretationen, wie sie bei der Verwendung entscheidungsstatistischer Auswertungsmethoden vorkommen können, werden dadurch weitgehend vermieden.

Die Prozessmodelle enthalten Konzepte und Daten, die unterschiedlichen Abstraktionsebenen zugeordnet werden können. Durch die Verknüpfung von Beobachtungsdaten mit Phänomenen und Modellvorstellungen auf verschiedenen Abstraktionsebenen kann die Kluft zwischen Beobachtungsdaten und abstrakten klinischen Modellvorstellungen "gefüllt" werden. Auf diese Weise können Konzepte entwikkelt werden, die der Auflösungsebene der damit erfassten und beschriebenen Phänomene entsprechen.

Ein Nachteil dieses deskriptiven und explorativen Forschungsansatzes ist der enorme Zeitaufwand, der für die Datenaufbereitung mit FACS micro-plots, wie auch für die Entwicklung der Prozessmodelle erforderlich ist. Insbesondere das Aufspüren neuer Zusammenhänge im Material erfordert eine intensive Visionierung der ausgewählten Stunden und Sequenzen (was einen Zeitaufwand von Monaten bedeutet). Sobald hingegen ein neues Konzept in differenziert beschriebener Form vorliegt, können die entsprechenden Sequenzen im Material relativ schnell und zuverlässig identifiziert werden (vgl. Keller-Lehmann, 1993 zur Identifizierung von lemon smiles).

Ein weiteres Problem besteht darin, dass sich die Durchführung der Untersuchung und die Präsentation der Ergebnisse nicht auf die traditionelle Art und Weise darstellen lässt (zum Beispiel die Darstellung der Ergebnisse von Signifikanztests in Tabellenform und deren separate Interpretation). Die entwickelten Konzepte müssen deshalb anhand von Beispielen von Prozessmodellen gezeigt werden. Dies setzt die Bereitschaft der Leser und Leserinnen voraus, sich mit der ausführlichen Beschreibung von Mikroprozessen auseinanderzusetzen.

17.2 Erarbeitete Konzepte und methodische Weiterentwicklungen

Ausgehend vom Konzept der prototypischen affektiven Mikrosequenz, welches spezifische Prozesse der affektiven Beziehungsregulierung bei Paaren beschreibt, wurde untersucht, ob vergleichbare Sequenzen in der therapeutischen Interaktion beobachtet werden können und welche Rolle solche für die Affektregulierung in bestimmten Situationen der Therapie spielen. Es zeigte sich, dass in den untersuchten Therapien affektive Mikrosequenzen mit häufigem Lächeln und Lachen der Klienten und der Therapeutinnen auftreten. Diese sog. gelingenden PAMS scheinen die Funktion zu haben, einem Klienten ein basales Gefühl von Sicherheit zu vermitteln. Dieses bildet die Voraussetzung dafür, dass sich ein Klient in der (aktuellen) therapeutischen Situation immer wieder mit schwierigen Aspekten seines Erlebenes beschäftigen kann. Indem solche PAMS einem Klienten oder einer Klientin bei der Ausregulierung von Störungen im Bereich der Selbstregulierung helfen, kommt ihnen eine wichtige Rolle bei der Aufrechterhaltung der therapeutischen Arbeitsbeziehung zu.

Von diesen gelingenden PAMS lassen sich nicht-gelingende PAMS unterscheiden. Diese zeichnen sich dadurch aus, dass dem Klienten die Herstellung von Resonanz mittels Lächeln und/oder Lachen nicht gelingt. Stattdessen reagiert die Therapeutin nach einer gewissen Zeit mit einer verbalen Intervention, die sich auf die vom Klienten geschilderten negativen Emotionen bezieht. In diesen Fällen scheint die Therapeutin dem Lächeln und Lachen des Klienten nicht die Bedeutung eines Resonanzangebots zuzuweisen, das für die Behebung der Selbstregulierungsstörung des Klienten nötig ist, sondern dies als Abwehr negativer Affekte zu interpretieren, die es zu thematisieren und zu bearbeiten gilt.

Durch eine methodische Erweiterung, insbesondere unter Einbezug des verbalen Verhaltens, ist es gelungen, in der Therapie von Herrn A. bestimmte sich wiederholende interaktive Beziehungsmuster zu identifizieren, welche sich in der psychotherapeutischen Interaktion im Anschluss an bestimmte Interventionen der Therapeutin manifestieren. Diese werden als Ausdruck der spezifischen Objektbeziehungsstruktur eines Klienten und damit seiner spezifischen Form der Affektregulierung verstanden, die sich in der aktuellen Beziehung zur Therapeutin inszeniert.

Bei der untersuchten Therapie von Frau D. konnten ebenfalls spezifische interaktive Beziehungsmuster identifiziert werden, die im Kontext von erzählten Schuldgefühlen wiederholt auftreten und als traps bezeichnet werden. Diese traps sind dadurch charakterisiert, dass sie konstituierende Elemente spezifischer (hypothetischer) Rollenangebote sind, welche die Klientin der Therapeutin macht und welche die Therapeutin annehmen kann oder nicht. Neben spezifischen nonverbalen Verhaltensweisen (u.a. PAMS) der Klientin sind auf der Ebene des verbalen Verhaltens direkte oder indirekte Fragen kennzeichnend, in denen die Klientin ihre Interpretation einer Situation anbietet und die Therapeutin (indirekt) auffordert, dazu Stellung zu nehmen. Die in traps (unbewusst) inszenierte Rollenbeziehung hat gemäss unserer Hypothese die Funktion, eine drohende (intrapsychische) Konfliktreaktivierung zu vermeiden und/oder die Folgen bereits aufgetretener Konfliktreaktivierung zu kontrollieren. Traps sind gemäss unserer Auffassung typisch für Konflikte wie sie im Kontext von Schuldgefühlen auftreten (bzw. diese Gefühle auslösen).

Durch den Einbezug des verbalen Verhaltens ist ein wesentlicher Fortschritt erzielt worden, indem interaktive Verhaltensweisen erfasst und beschrieben werden (können), die einer "höheren" Ebene der kognitiv-affektiven Regulierung (Moser, 1988) zugeordnet werden können. Während PAMS der direkten affektiven Regulierung zuzurechnen sind, setzen traps Prozesse der inneren Modellbildung voraus; es handelt sich um kognitiv-affektive Prozesse, welche von Phantasien begleitet sind (vgl. 12.2.). Weiter ermöglicht die Entwicklung des trap-Konzepts die Verknüpfung von kurzdauernder Affektregulierungsprozesse auf der Mikroebene des interaktiven (mimischen) Ausdrucksverhaltens mit längerdauernden interaktiven Beziehungsmustern, die verbale Äusserungen enthalten.

Die Beschreibungsebene von traps entspricht - im Vergleich zu den PAMS - deshalb vermutlich eher dem klinisch-psychoanalytischen Denken. Insbesondere kommen traps vermutlich stärker den Prozessen gleich, welche von Analytikern und Analytikerinnen mit Hilfe von Gegenübertragungsreaktionen wahrgenommen werden.

Auch hinsichtlich des methodischen Vorgehens bringt der Einbezug verbaler Verhaltens wichtige Vorteile. Diese betreffen insbesondere die Heuristiken zur Identifizierung von traps und PAMS im interaktiven Verhalten. Im Gegensatz zum ursprünglichen Vorgehen werden nicht mehr nur Indikatoren für das Vorliegen von Perturbationen herangezogen, die interaktiv beobachtbar sind (wie zum Beispiel Lächeln, Lachen, Adaptoren, Versprecher, unflüssige Sprache), sondern Ausgangspunkt bilden die mittels des 'ÜIR-Frame verbal' erfassten narrativen Episoden sowie die mit dem 'ÜIR-Frame interaktiv' erfassten und beschriebenen interaktiven Teile des Dialogs, in welche gemäss unserer Hypothese traps und PAMS "eingebettet" sind. Die Identifizierung der Sequenzen aus dem interaktiven Verhalten geschieht demnach nicht mehr primär "bottom up", sondern kann modellgeleitet (top down) vorgenommen werden.

17.3 Zu den untersuchten Phänomenen

Durch die Anwendung der von uns entwickelten Methode konnten auch neue Erkenntnisse zum Zusammenhang zwischen mimischem Verhalten und Emotionen gewonnen werden. Empirische Hinweise zur Enkodierung und Dekodierung ausgewählter affektiver Prozesse in spontanen face-to-face Interaktionen lieferten v.a. die Untersuchungen im Rahmen des Paar-Projekts. Basisemotionen wurden u.a. im Hinblick auf ihre beziehungsregulierende Funktion untersucht, indem das Ausdrucksgeschehen im zeitlichen Verlauf einer Interaktion beschrieben und unter Einbezug des emotionalen Kontexts interpretiert wurde. Ein Schwerpunkt lag bei der Untersuchung von Lächeln und Lachen. Hier konnten wichtige Hinweise auf die Funktion dieser Ausdrucksweisen in dyadischen Interaktionssituationen gewonnen werden, die die Grundlage für das Verständnis dieser Phänomene in psychotherapeutischen Interaktionen bilden. Ebenfalls weiter erforscht wurde die Frage, ob und allenfalls wie sich die therapeutisch relevanten strukturellen Emotionen mimisch ausdrücken. Hier konnten u.a. erste Aufschlüsse darüber gewonnen werden, wie sich Schuldgefühle interaktiv manifestieren.

17.4 Forschungsperspektiven

Die Bearbeitung des Datenmaterials mit den unterschiedlichen Methoden hat einige Erkenntnisse über bestimmte kognitiv-affektive Regulierungsprozesse in den untersuchten Psychotherapien gebracht. In der Auseinandersetzung mit dem Datenmaterial sind neue Konzepte und in Ansätzen neue Beschreibungsmethoden erarbeitet worden. Dadurch ist eine ganze Reihe neuer Forschungsfragen entstanden, die weiter untersucht werden müssen. Eine Auswahl wird im folgenden skizziert:

Sowohl theoretisch, als auch methodisch wichtig ist die weitere Untersuchung der Frage, wie die mit den unterschiedlichen Methoden erfassten Konzepte (Über-Ich-Regel-Frames, Interaktionsmodi[1], traps, PAMS) miteinander zusammenhängen. Besonders wichtig ist eine weitere Untersuchung der Verknüpfung von verbalem und nonverbalem Ausdruck in der therapeutischen Interaktion, da aufgrund psychoanalytischer Modellvorstellungen anzunehmen ist, dass neben dem nonverbalen Verhalten auch die verbalen Aspekte für die affektive Beziehungsregulierung relevant sind. So kann in bestimmten Situationen der Inhalt einer Erzählung primär die Funktion haben, bei der Therapeutin eine bestimmte Wirkung zu erzielen (zum Beispiel soll sie erschrecken oder Schuldgefühle bekommen).

---

[1] Im Zuge unserer Bearbeitung des Datenmaterials fiel auf, dass verschiedene Interaktionsformen zu finden sind, die vermutlich unterschiedliche Funktionen in der kognitiv-affektiven Regulierung der therapeutischen Interaktion erfüllen. Im Hinblick auf eine spätere, differenziertere Beschreibung insbesondere des verbalen Materials, wurde eine Kategorisierung der verschiedenen Formen interaktiver Verhaltensweisen vorgenommen. Wir bezeichnen diese Kategorien als Interaktionsmodi.

Weiter von Bedeutung wäre eine systematische Beschreibung der Zusammenhänge zwischen gelingenden und nicht-gelingenden traps und PAMS. So ist zu vermuten, dass nicht alle möglichen Kombinationen gleich häufig auftreten, sondern sich je nach affektivem Zustand der Dyade unterschiedliche interaktive Muster zeigen. Wie sich diese Bedingungen im Verlauf einer Therapiestunde verändern (und wie die Therapeutin dann reagiert), muss weiter analysiert werden.

Diese Untersuchung wäre auch wichtig im Hinblick auf die Beantwortung der Frage, wie eine Therapeutin "optimal" mit PAMS und traps umgehen kann. Welche Art von Interaktion muss aufrechterhalten werden, damit der therapeutische Prozess weitergehen kann? Welche Reaktionen und Interventionen sind in welchen affektiven Situationen "günstig" für therapeutische Veränderungen? Diese Fragen müssen anhand der Untersuchung weiterer Sequenzen geklärt werden. Dabei gehen wir davon aus, dass die "Produktivität" therapeutischer Reaktionen und Interventionen nicht a priori und unabhängig vom affektiven und interaktiven Kontext definiert werden kann, sondern dass diese über den weiteren Verlauf evaluiert werden muss. (Dieser Aspekt unterscheidet u.a. das trap Konzept vom "Testmodell", wie es von Weiss & Sampson et al. (z.B. 1986) formuliert worden ist.)

Eine Evaluierung der Produktivität von traps kann zum jetzigen Zeitpunkt nur aufgrund klinischer Modellvorstellungen darüber erfolgen, welches eine günstige Reaktion einer Klientin auf eine Intervention der Therapeutin sein könnte. Im Sinne eines Arbeitsmodells gehen wir vorläufig davon aus, dass die Therapeutin in der untersuchten Stunde "intuitiv richtig" reagiert hat. Der nächste Untersuchungsschritt besteht also in der Beschreibung des affektiven Geschehens, welches auf traps folgt. Beobachtungen im Datenmaterial weisen darauf hin, dass im Anschluss von traps meistens ein Wechsel des Interaktionsmodus stattfindet. Dies kann ein Wechsel vom Modus der Erzählung zur Reflexion sein (dies gilt etwa für den letzten Teil der 38. Therapiestunde), aber auch zu auffallenden anderen interaktiven Beziehungsmustern, zum Beispiel Sequenzen, die zu einer Art Rollenumkehr führen (zum Beispiel, wenn die Klientin der Therapeutin ein Kompliment macht).

Betrachtet man therapeutische Veränderung als einen Prozess, der sich über einen längeren Zeitraum erstreckt, wie dies der Auffassung der Psychoanalyse entspricht, so ist es wichtig, nicht nur die unmittelbaren Effekte einzelner veränderungsrelevanter Ereignisse zu untersuchen (zum Beispiel die Reaktion des Klienten auf einen nicht-bestandenen "Test" oder das Ausmass von Einsicht eines Klienten im Anschluss an eine bestimmte Intervention). Vielmehr ist es wichtig, das Auftreten gelingender und nicht-gelingender traps über längere Zeiträume (zum Beispiel eine ganze Stunde) hinweg zu verfolgen mit der Hypothese, dass erst Sequenzen von mehreren traps zu Veränderungen führen könnten.

Im Hinblick auf ein besseres Verständnis therapeutischer Veränderungen ist es ausserdem wichtig zu untersuchen, wie chicken traps und legitimation traps miteinander zusammenhängen. Unsystematische Beobachtungen anhand des Verlaufs der 38. Stunde der Therapie von Frau D. zeigen, dass zu Beginn der Stunde vorwiegend chicken traps und gegen Ende nur noch legitimation traps vorkommen. Dies könnte darauf hinweisen, dass es im Verlauf der Stunde für die Klientin möglich wurde, sich vermehrt mit sich selbst auseinanderzusetzen, ohne eine Drittperson (das "chicken") zwischen sich und die Therapeutin stellen zu müssen. Unterstützt wird diese Hypothese durch den mit den ÜIR-Frames verbal erfassten Verlauf der 38. Stunde. Diese Analysen zeigen, dass die Klientin in der zweiten Hälfte der Stunde immer mehr über (eigene) innere Prozesse und Reaktionen nachzudenken beginnt, während sie vorher v.a. über äussere Begebenheiten, zum Beispiel die Wutausbrüche ihres Mannes, spricht (Widmer, 1995).

Neben der Analyse von Sequenzen im Verlauf der untersuchten 38. Stunde wäre ein Bezug zu anderen Therapiestunden wichtig. So kann die Therapeutin in der 38. Stunde bestimmte Interventionen nur deshalb machen, weil die Schuldgefühlproblematik der Klientin bereits in früheren Therapiestunden aktualisiert und thematisiert worden ist (insbesondere in der 34. und 37. Stunde). Eine Ausweitung der Untersuchung des Verlaufs über mehrere Therapiestunden würde es ermöglichen, Zusammenhänge zwischen Über-Ich-Konflikten und Aspekten der narzisstischen Selbstregulierung, die bei Frau D. insbesondere in der 37. Therapiestunde thematisiert werden, zu analysieren.

Ein wichtiger Aspekt, der weiterverfolgt werden muss, ist die Frage der Generalisierbarkeit der Beschreibungen: Wie spezifisch sind traps für ein bestimmtes therapeutisches "Paar"? Unsere Vermutung ist, dass vergleichbare interaktive Beziehungsmuster auch in anderen Therapien auftreten, wobei die Art und Weise, wie traps nonverbal "ausgeformt" sind, typisch für die Affektregulierung der an der Interaktion beteiligten Personen ist. Ein Vergleich mit traps aus anderen Therapien könnte zur Klärung dieser Fragen beitragen.

Aus einer emotionspsychologischen Perspektive wäre ausserdem die Untersuchung der Frage interessant, inwieweit traps spezifisch für Schuldgefühle sind, ob sich andere strukturelle Emotionen auf ähnliche Art und Weise manifestieren oder ob vergleichbare interaktive Beziehungsmuster auch im Zusammenhang mit Basisemotionen auftreten. Gibt es beispielsweise auch eine Scham- oder eine Ärgerfalle? Eine weitere Forschungslinie geht dahin, die erarbeiteten Konzeptualisierungen expliziter und präziser mit psychoanalytischen Konzepten der therapeutischen Interaktion wie Übertragung, Gegenübertragung, *enactment*, Aktualisierung, Widerstand oder Agieren in Beziehung zu setzen. Dazu gehören auch psychoanalytische Konzepte, welche emotionstheoretische Modellvorstellungen einbeziehen, wie attunement (Stern, 1985) oder Projektive Identifikation (Bion, 1984; Sandler, 1987; Modell, 1990). Die differenzierte Untersuchung von Gegenübertragungsprozessen könnte sich als besonders interessant erweisen, indem das Erleben der Therapeutin als eine Art "Schnittstelle" zwischen subjektiven intrapsychischen Prozessen und objektiv beobachtbaren interaktiven Prozessen betrachtet werden kann, die es erlaubt, diese Prozesse miteinander in einen Zusammenhang zu bringen.

Die vorliegende Arbeit zeigt, wie wichtig neben den sprachlichen auch die nichtverbalen, hier die mimischen Austauschprozesse in einer therapeutischen Interaktion sind (interessant ist natürlich die Frage, wie solche Austauschprozesse im klassischen psychoanalytischen Setting aussehen, in denen der Analysand den Analytiker ja nicht sieht). Zudem wird deutlich, dass es sich in einer Therapie um einen dyadischen Prozess handelt, d.h. am affektiven Regulierungsgeschehen sind beide, also Analysand wie Therapeut beteiligt.

Wir stehen mit der systematischen Untersuchung dieser Prozesse immer noch weitgehend am Anfang. Denn die Komplexität jeder zwischenmenschlichen Interaktion und Beziehung ist, obwohl als Erfahrung alltäglich, letztlich ausgesprochen schwierig zu fassen. Dennoch scheint dieser Versuch lohnenswert: Erst wenn besser verstanden wird, wie und mit welchen Mitteln eine therapeutische Interaktion von den beiden Beteiligten - intendierterweise oder nicht - gestaltet wird, können Aussagen darüber gemacht werden, worin die Wirksamkeit psychotherapeutischen Handelns begründet ist. Die differenzierte Beschreibung der therapeutischen Interaktion soll nicht nur dabei helfen, dem Therapeuten vertraute Phänomene zu erfassen, sondern darüber hinaus neue Zusammenhänge zu finden und dadurch das "therapeutische Auge" weiter zu schärfen.

18. Literaturverzeichnis

Allen, J.G., Deering, C.D., Buskirk, J.R. & Coyne, L. (1988). Assessment of therapeutic alliances in the psychiatric hospital milieu. *Psychiatry, 51*, 291-299.

Ambühl, H. (1991). Die Aufnahmebereitschaft des Klienten als zentrales Bindeglied zwischen therapeutischer Tätigkeit und Therapieerfolg. Ein Prozessvergleich in drei Therapieformen. In D. Schulte (Hrsg.), *Therapeutische Entscheidungen* (S. 71-87). Göttingen: Hogrefe.

Ambühl, H. (1993). Was ist therapeutisch an Psychotherapie? *Zeitschrift für Klinische Psychologie, Psychopathologie und Psychotherapie, 41*, 285-303.

Apter, M.J. & Smith, K.P.C. (1977). Humour and the theory of psychological reversals. In A.J. Chapman & H.C. Foot (Eds.), *It's a funny thing, humour* (pp. 95-100). Oxford: Pergamon Press.

Argelander, H. (1970). *Das Erstinterview in der Psychotherapie.* Darmstatdt: Wissenschaftliche Buchgesellschaft.

Argyle, M. (1987). *Bodily communication* (2nd ed.). London: Methuen.

Arnold, M.B. (1960). *Emotion and personality.* New York: Columbia University Press.

Askenasy, J.J.M. (1987). The functions and disfunctions of laughter. *Journal of General Psychology, 114*, 317-334.

Averill, J. (1980). A constructivist view of emotion. In R. Plutchik & H. Kellermann (Eds.), *Emotion: Theory, research, and experience* (Vol. 1, pp. 305-339). New York: Academic Press.

Averill, J. (1982). *Anger and aggression. An essay on emotion.* New York: Springer.

Bacal, H. (1985). Optimal responsiveness and the therapeutic process. In A. Goldberg (Ed.), *Progress in self psychology* (Vol. 1, pp. 202-226). New York: Guilford Press.

Bacal, H. (1988). Reflections on "optimum frustration". In A. Goldberg (Ed.), *Learning from Kohut: Progress in self psychology* (Vol. 4, pp. 127-131). Hillsdale, NJ: Analytic.

Bänninger-Huber, E. (1984). Die Anwendung von FACS zur Evaluation eines neuen Therapiekonzepts für Stotterer. In E. Bänninger-Huber, H. Schneider & F. Steiner (Hrsg.), *Nonverbales Verhalten als Indikator für kognitiv-affektive Prozesse in der Psychotherapie* (S. 7-19). Berichte aus der Abteilung Klinische Psychologie, Nr 17, Psychologisches Institut der Universität Zürich.

Bänninger-Huber, E. (1985). *FACS (Facial Action Coding System) als Instrument zur Erfassung therapeutischer Veränderungen. Analyse eines Therapieexperimentes mit Stotterern.* Dissertation an der Phil. Fakultät I der Universität Zürich.

Bänninger-Huber, E. (1986a). The Swiss case. Down to earth. In K.R. Scherer, H.G. Wallbott & A.B. Summerfield (Eds.), *Experiencing emotion. A cross-cultural study* (pp. 215-233). Cambridge: Cambridge University Press.

Bänninger-Huber, E. (1986b). Methodological problems in assessing changes in psychotherapy with FACS. In E. Bänninger-Huber & F. Steiner (Eds.), *FACS in psychotherapy research* (pp. 3-12). Berichte aus der Abteilung Klinische Psychologie, Nr. 19, Psychologisches Institut der Universität Zürich.

Bänninger-Huber, E. (1992). Prototypical affective microsequences in psychotherapeutic interaction. *Psychotherapy Research, 2,* 291-306.

Bänninger-Huber, E. (1991). Stottern - eine Emotionsstörung: Die Wirkung nonverbaler Ausdrucksmuster auf den Interaktionspartner. In G. Lotzmann (Hrsg.), *Aggressionen und Ängste im stimm- und sprachtherapeutischen Prozess* (S. 125-137). München: Profil-verlag.

Bänninger-Huber, E. (1995). Die Untersuchung von Schuldgefühlen in der psychotherapeutischen Interaktion. In G. Koch (Hrsg.), Auge und Affekt (S. 39-56), Frankfurt: Fischer Taschenbuch.

Bänninger-Huber, E. & Rauber-Kaiser, S. (1989). Die Differenzierung verschiedener Lächeltypen: FACS-Codierung und Einschätzungen. Eine Untersuchung zur Eindrucksbildung. *Schweizerische Zeitschrift für Psychologie, 48,* 21-34.

Bänninger-Huber, E. & Steiner, F. (1987). *Comparing different facial indicators within a psychotherapy study.* Paper presented at the 18th Annual Meeting of the Society for Psychotherapy Research (SPR), Ulm.

Bänninger-Huber, E. & Steiner, F. (1992). Identifying microsequences: A new methodological approach to the analysis of affective regulatory processes. In M. Leuzinger-Bohleber, H. Schneider, & R. Pfeifer (Eds.), *"Two butterflies on my head" - Psychoanalysis in the interdisciplinary scientific dialogue* (pp. 257-276). Heidelberg: Springer.

Bänninger-Huber, E. & v. Salisch, M. (1994). Die Untersuchung des mimischen Affektausdrucks in face-to-face Interaktionen, *Psychologische Rundschau, 45, 79-98.*

Bänninger-Huber, E. & Widmer, C. (1994). Guilt feelings in psychotherapeutic interaction. In N.H. Frijda (Ed.), *Proceedings of the VIIIth Conference of the International Society for Research on Emotions* (pp. 139-143), Cambridge, July 14-17, 1994.

Bänninger-Huber, E. & Widmer, C. (1995). What can the psychology of emotion contribute to an understanding of psychoanalytic processes? An new approach to the investigation of guilt feelings and envy in psychotherapeutic interaction. In B. Boothe, R. Hirsig, A. Helminger, B. Meier Faber, R. Volkart (Eds.), *Perception - evaluation - interpretation Swiss Monographs in Psychology* (Vol. 3, pp. 43-50). Hogrefe & Huber: Seattle.

Bänninger-Huber, E., Buess, J. & Helbling, J. (1986). *Emotion and facial expression in a clinical interview.* In E. Bänninger-Huber & F. Steiner (Eds.), *FACS in psychotherapy research* (pp. 29-35). Berichte aus der Abteilung Klinische Psychologie, Nr. 19, Psychologisches Institut der Universität Zürich.

Bänninger-Huber, E., Moser, U. & Steiner, F. (1988). *Mikrosequenzen affektiver Regulierung, deren Bedeutung für die Prozesse der Objektbeziehung: Bericht über ein Projekt.* Vortrag an der "Ulmer Werkstatt für empirische Forschung in der Psychoanalyse", Ulm.

Bänninger-Huber, E., Moser, U. & Steiner, F. (1990). Mikroanalytische Untersuchung affektiver Regulierungsprozesse in Paar-Interaktionen. *Zeitschrift für Klinische Psychologie, 2,* 123-143.

Bänninger-Huber, E., Schenker, B. & Thomann, B. (1989). *FACS Final Test. Development of a new version.* Manual.

Barcikowsky, J. (1992). *Ausarbeitung einer Systematik der Abwendungsphänomene in der mimischen Interaktion am Beispiel zweier Psychotherapiestunden.* Unveröffentlichte Lizentiatsarbeit. Psychologisches Institut der Universität Zürich.

Basch, M. F. (1983). Empathic understanding: A review of the concept and some theoretical considerations. *Journal of the American Psychoanalytic Association, 31,* 101-126.

Batson, C.D., Shaw, L.L. & Oleson, K.C. (1992). In M.S. Clark (Ed.), *Review of personality and social psychology* (Vol. 13): *Emotion* (pp. 294-326). Newbury Park, CA: Sage.

Bavelas, J.B., Black, A., Lemery, C.R. & Mullett, J. (1986). "I show how you feel": Motor mimicry as a communicative act. *Journal of Personality and Social Psychology, 50*, 322-329.

Beck, A. T., Ward, C. H., Mendelson, M., Mock, J. & Erbaugh, J. (1961). An inventory for measuring depression. *Archives of General Psychiatry, 4*, 561-571.

Benjamin, L.S. (1974). Structural analysis of social behavior (SASB). *Psychological Review, 81*, 392-425.

Benjamin, L.S. (1981). *Manual for coding social interacts in terms of strucural analysis of social behavior (SASB).* Madison: University of Wisconsin Press.

Benjamin, L.S. (1986). Operational definition and measurement of dynamics shown in the stream of free assoications. *Journal for the Study of Biological and Social Processes, 49*, 104-129.

Bergin, A.E. & Garfield, S.L. (Eds.) (1994). *Handbook of psychotherapy and behavior change* (4th ed.). New York: Wiley.

Bergson, H. (1972). *Das Lachen.* Zürich: Arche (Original 1900).

Bernieri, F. & Rosenthal, R. (1991). Interpersonal coordination: Behavior matching and interactional synchrony. In R. Feldman & B. Rimé (Eds.), *Fundamentals of nonverbal behavior* (pp. 401-432). Cambridge: Cambridge University Press.

Berscheid, E. (1983) Emotion. In H. Kelley, E.S. Berscheid, A. Christensen, J. Harvey, L. Huston, G. Levinger, E. McClintock, L.A. Peplau & D.R. Peterson, *Close relationships* (pp. 110-168). New York: Freeman.

Beutler, L.R. & Crago, M. (1991) (Eds.), *Psychotherapy research. An international review of programmatic studies.* Washington: American Psychological Association.

Beutler, L.R., Crago, M. & Machado, P.P. (1991). The status of programmatic research. In L.R. Beutler & M. Crago (Eds.), *Psychotherapy research. An international review of programmatic studies* (pp. 325-334). Washington: American Psychological Association.

Bierbaumer, N. & Öhman A. (1993) (Eds.). *The structure of emotion.* Göttingen: Hogrefe.

Binder, J.L., Strupp, H.H. & Rock, D.L. (1992). A proposal for improving the psychoanalytic theory of technique. In J.W. Barron, M.N. Eagle & D.L. Wolitzky (Eds.), *Interfaces of psychoanalysis and psychology* (pp. 605-626). Washington, DC: American Psychological Association.

Bion, W.R. (1984). *Attention and interpretation.* London: Karnac. (Original: 1970).

Birdwhistell, R. (1970). *Kinesics and context: Essays on body-motion communication.* Harmondsworth: Penguin Books.

Bischof-Köhler, D. (1988). Über den Zusammenhang von Empathie und der Fähigkeit, sich im Spiegel zu erkennen. *Schweizerische Zeitschrift für Psychologie, 47*, 147-157.

Blurton-Jones, N.G. (1972). Categories of child-child interaction. In N.G. Blurton-Jones (Ed.), *Ethological studies of child behavior.* Cambridge: Cambridge University Press.

Boothe, B. (1991). *Die Alltagserzählung in der Psychotherapie. Konzeptuelle Vorüberlegungen und Bausteine einer Erzählanalyse.* Berichte aus der Abteilung Klinische Psychologie, Nr. 28, Psychologisches Institut der Universität Zürich.

Boothe, B. (1992). *Die Alltagserzählung in der Psychotherapie. Anwendung: Analyse einer Erzählungssequenz und dreier Traumbeispiele.* Berichte aus der Abteilung Klinische Psychologie, Nr. 29, Psychologisches Institut der Universität Zürich.

Bordin, E.S. (1979). The generalizability of the psychoanalytic concept of the working alliance. *Psychotherapy: Therapy, Research and Practice, 16*, 252-260.

Borke, H. (1971). Interpersonal perception of young children: Egocentrism or empathy? *Developmental Psychology, 5*, 263-269.

Bos, W. & Tarnai, C. (1989) (Hrsg.). *Angewandte Inhaltsanalyse in empirischer Pädagogik und Psychologie.* Münster: Waxmann.

Boucher, J. & Carlson, G. (1980). Recognition of facial expression in three cultures. *Journal of crosscultural psychology, 11*, 263-280.

Bower, G.H. (1981). Mood and memory. *American Psychologist, 36*, 129-148.

Brunner, L.J. (1979). Smiles can be back channels. *Journal of Personality and Social Psychology, 37*, 728-734.

Bucci, W. (1988). Converging evidence for emotional structures: Theory and method. In H. Dahl, H. Kächele & H. Thomä (Eds.), *Psychoanalytic process research strategies* (pp. 29-49). Berlin: Springer.

Buck, R. (1980). Nonverbal behavior and the theory of emotion: The facial feedback hypothesis. *Journal of Personality and Social Psychology, 38*, 811-824.

Buess, J. & Helbling J. (1985). *Mimisches Verhalten als Indikator für emotionales Erleben.* Unveröffentl. Lizentiatsarbeit, Psychologisches Institut der Universität Zürich.

Bugenthal, D. (1986). Unmasking the "polite smile": Situational and personal determinants of managed affect in adult-child interaction. *Personality and Social Psychology Bulletin, 12*, 7-16.

Caccioppo, J.T., Bush, L.K. & Tassinary, L.G. (1992). Microexpressive facial actions as a function of affective stimuli: Replication and extension. *Personality and Social Psychology Bulletin, 18*, 515-526.

Campos, J.J. & Stenberg, C. (1981). Perception, appraisal, and emotion: The onset of social referencing. In M.E. Lamb & L.R. Sherrod (Eds.), *Infant social cognition: Empirical and theoretical considerations.* Hillsdale, NJ: Erlbaum.

Campos, J.J., Campos, R. & Barrett, K.C. (1989). Emergent themes in the study of emotional development and emotion regulation. *Developmental Psychology, 25*, 394-402.

Camras, L.A. (1977). Facial expressions used by children in a conflict situation. *Child Development, 48*, 1431-1435.

Camras, L.A., Holland, E.A. & Patterson, M.J. (1993). Facial expression. In M. Lewis & J.M. Haviland (Eds.), *Handbook of emotions* (pp. 199-208). New York: Guilford Press.

Camras, L.A., Malatesta, C. & Izard, C. (1991). The development of facial expressions in infancy. In R. Feldman & B. Rimé (Eds.), *Fundamentals of nonverbal behavior* (pp. 73-105). Cambridge: Cambridge University Press.

Camras, L.A., Ribordy, S., Hill, J., Martino, S., Spaccarelli, S. & Stefani, R. (1988). Recognition and posing of emotional expression by abused children and their mothers. *Developmental Psychology, 24*, 776-781.

Cartwright, D. & Weisz, G. (1984). Self-report ratings and inventories. In M. Hersen, L. Michelson & A.S. Bellack (Eds.), *Issues in psychotherapy research*, New York: Plenum (pp. 133-167).

Caspar, F. (1989). *Beziehungen und Probleme verstehen. Eine Einführung in die psychotherapeutische Plananalyse*. Bern: Huber.

Caspar, F. & Grawe, K. (1989). Weg vom Methoden-Monismus in der Psychotherapie. *Bulletin der Schweizer Psychologen, 11*, 6-19.

Caspar, F., Rothenfluh, T. & Segal, Z. (1992). The appeal of connectionism for clinical psychology. *Clinical Psychology Review, 12*, 719-762.

Chapman, A.J. & Foot, H.C. (Eds.) (1976). *Humor and laughter: Theory, research and applications*. London: Wiley.

Charney, E.J. (1966). Psychosomatic manifestations of rapport in psychotherapy. *Psychosomatic Medicine, 28,* 305-315.

Chesney, M.A., Ekman, P., Friesen, W.V., Black, G.W. & Hecker, M.H.L. (1990). Type A behaviour pattern: Facial behaviour and speech components. *Psychosomatic Medicine, 53,* 307-319.

Clark, M.S. (1982). A role for arousal in the link between feeling states judgements, and behavior. In M.S. Clark, & S.T. Fiske (Eds.), *Affect and cognition: The seventeenth Annual Carnegie Symposium on Cognition* (pp. 263-289). Hillsdale N.J.: Erlbaum.

Clarke, K.M. (1990). *A preliminary performance model of the creation of meaning*. Paper presented at the 21st Annual Meeting of SPR at Wintergreen, Virginia, USA.

Cohn, J.F. & Tronick, E.Z. (1983). Three-months-old infants reaction to simulated maternal depression. *Child Development, 54*, 184-193.

Colby, C.Z., Lanzetta, J.T. & Kleck, R.E. (1977). Effects of expression of pain on autonomic and pain tolerance responses to subject-controlled pain. *Psychophysiology, 14,* 537-540.

Cole, P.M. (1985). Display rules and the socialisation of affective displays. In G. Zivin (Ed.), *The development of expressive behavior* (pp. 269-290). Orlando: Academic Press.

Cole, P.M. (1986). Children's spontaneous control of facial expression. *Child Development, 57,* 1309-1321.

Cole, P.M., Barrett, K.C. & Zahn-Waxler, C. (1992). Emotion displays in two-year-olds during mishaps. *Child Development, 63,* 314-324.

Cole, P.M., Jenkins, P.A. & Shott, C.T. (1989). Spontaneous expressive control in blind and sighted children. *Child Development, 60,* 638-688.

Colson, D.B., Horwitz, L. Frieswicyk, S., H. & Coyne, L. (1989). *A system for categorizing therapist interventions: Interrater reliability*. Manuscript.

Condon, W.S. (1970). Method of micro-analysis of sound films of behavior. *Behavior Research Methods and Instrumentation, 2,* 51-54.

Condon, W.S. (1982). Cultural micro-rhythms. In M. Davis (Ed.), *Interaction rhythms* (pp. 53-77). New York: Human Science Press.

Curtis, J.T. & Silberschatz, G. (1986). Clinical implications of research on brief dynamic psychotherapy. I. Formulating the patient's problems and goals. *Psychoanalytic psychology, 3*, 13-25.

Czogalik, D. (1990). Wirkmomente in der Interaktion am Beispiel der therapeutischen Selbstöffnung. In V. Tschuschke & D. Czogalik (Hrsg.), *Psychotherapie - Welche Effekte verändern?* (S. 155-179). Berlin: Springer.

Dabbs, J.M. Jr. (1969). Similarity of gestures and interpersonal influence. *Proceedings of the 77th Annual Convention of the American Psychological Association, 4,* 337-338.

Dahl, H. (1988). Frames of mind. In H. Dahl, H. Kächele & H. Thomä (Eds.), *Psychoanalytic process research strategies* (pp. 51-66). Berlin: Springer.

Daldrup, R., Beutler, L., Engle, D. & Greenberg L. (1988). *Focused expressive psychotherapy.* New York: Guilford.

Darwin, C. (1872). *The expression of the emotions in man and animals.* London: John Murray.

Demos, E.V. (1982). Facial expressions of infants and toddlers: A descriptive analysis. In T. Field & A. Fogel (Eds.), *Emotion and early interaction* (pp. 127-160). Hillsdale: Lawrence Erlbaum.

De Rivera, J.A. (1977). *A structural theory of emotion.* Psychological Issues, Monograph 40. New York: International Universities Press.

De Rivera, J.A. (1984). The structure of emotional relationships. *Review of Personality and Social Psychology, 5,* 116-145.

Dittman, A.T. (1972). Developmental factors in conversational behavior. *Journal of Communication, 22,* 404-423.

Doermer-Tramitz, C. (1990). *... auf den ersten Blick. Über die ersten dreissig Sekunden einer Begegnung von Mann und Frau.* Opladen: Westdeutscher Verlag.

Dornes, M. (1993). *Der kompetente Säugling. Die präverbale Entwicklung des Menschen.* Frankfurt a.M.: Fischer.

Drewek, R. (1983). *LDV LIB.* Dokumentation des Rechenzentrums der Universität Zürich.

Duncan, S.D. (1969). Nonverbal Communication. *Psychological Bulletin, 72,* 118-137.

Duncan, S.D. (1972). Some signals and rules for taking speaking turns in conversations. *Journal of Personality and Social Psychology, 23,* 283-292.

Duncan, S.D. & Fiske, D.W. (1977). *Face-to-face interaction.* Hillsdale, NJ: Erlbaum.

Duncan, S.D., Brunner, L.J. & Fiske, D.W. (1979). Strategy signals in face-to-face interaction. *Journal of Personality and Social Psychology, 37,* 301-313.

Edelson, M. (1992). Telling and enacting stories in psychoanalysis. In J.W. Barron, M.N. Eagle & D.L. Wolitzky (Eds.), *Interfaces of psychoanalysis and psychology* (pp. 99-123). Washington, DC: American Psychological Association.

Eibl-Eibesfeldt, I. (1972). Similarities and differences between cultures in expressive movements. In R.A. Hinde (Ed.), *Nonverbal communication* (pp. 20-33). Cambridge, Mass.: Cambridge University Press.

Eibl-Eibesfeldt, I. (1979). Ritual and ritualization from a biological perspective. In v. Cranach, M. (Ed.), *Human Ethology* (pp. 3-55). London: Cambridge.

Ekman, P. (1972). Universal and cultural differences in facial expressions of emotion. In J. Cole (Ed.), *Nebraska Symposium on Motivation 1971* (pp. 207-283). Lincoln: University of Nebraska Press.

Ekman, P. (1973). Cross-cultural studies of facial expression. In P. Ekman (Ed.), *Darwin and facial expression* (pp. 169-222). New York: Academic.

Ekman, P. (1977). Biological and cultural contributions to body and facial movement. In J. Blacking (Ed.), *The anthropology of the body* (pp. 39-84). London: Academic.

Ekman, P. (1978). Facial signs: Facts, fantasies, and possibilities. In T. Sebeok (Ed.), *Sight, sound and sense* (pp. 124-156). Bloomington: Indiana University Press.

Ekman, P. (1979). About brows: Emotional and conversational signals. In M. v. Cranach, K. Foppa, W. Lepenies & D. Ploog (Eds.), *Human ethology* (169-202). Cambridge: Cambridge University Press.

Ekman, P. (1984). Expression and the nature of emotion. In K.R. Scherer & P. Ekman (Eds.), *Approaches to emotion* (pp. 319-443). Hillsdale N.J.: Lawrence Erlbaum.

Ekman, P. (1985). *Telling lies.* New York: W.W. Norton.

Ekman, P. (1988). *Gesichtsausdruck und Gefühl.* Paderborn: Junfermann.

Ekman, P. (1989). The argument and evidence about universals in facial expressions of emotion. In H. Wagner & A. Manstead (Eds.), *Handbook of social psychophysiology* (pp. 143-164). Chichester: Wiley

Ekman, P. (1992a). An argument for basic emotions. *Cognition and Emotion*, *6*, 169-200.

Ekman, P. (1992b). Facial expressions of emotion: New findings, new questions. *Psychological Science*, *2*, 34-38.

Ekman, P. (1993). Facial expression and emotion. *American Psychologist*, *48*, 384-392.

Ekman, P. & Friesen, W.V. (1969a). The repertoire of nonverbal behavior: Categories, origins, usage and codings. *Semiotica, 1*, 49-98.

Ekman, P. & Friesen, W.V. (1969b). Nonverbal leakage and clues to deception. *Psychiatry*, *32*, 88-105.

Ekman, P. & Friesen, W.V (1971). Constants across cultures in the face and emotion. *Journal of Personality and Social Psychology*, *17*, 124-129.

Ekman, P. & Friesen, W.V. (1974). Detecting deception from the body or face. *Journal of Personality and Social Psychology*, *29*, 288-298.

Ekman, P. & Friesen, W.V. (1975). *Unmasking the face.* Engelwood Cliffs: Prentice Hall.

Ekman, P. & Friesen, W.V. (1978). *Facial Action Coding System (FACS): Manual.* Palo Alto: Consulting Psychologists Press.

Ekman, P. & Friesen, W.V. (1982a). *EMFACS coder's guide.* Unpubl. manuscript.

Ekman, P. & Friesen, W.V. (1982b). Felt, false, and miserable smiles. *Journal of Nonverbal Behavior*, *6*, 238-252.

Ekman, P. & Friesen, W.V. (1986). A new pan-cultural facial expression of emotion. *Motivation and Emotion*, *10*, 159-168.

Ekman, P. & Friesen, W.V. (1988). Who knows what about contempt: A reply to Izard and Haynes. *Motivation and Emotion, 12*, 17-22.

Ekman, P. & Heider, K.G. (1988). The universality of contempt expression: A replication. *Motivation and Emotion, 12*, 303-308.

Ekman, P. & Oster, H. (1982). Review of research, 1970-1980. In P. Ekman (Ed.), *Emotion in the human face* (2nd ed., pp. 147-177). Cambridge: Cambridge University Press.

Ekman, P., Davidson, R.J. & Friesen, W.V. (1990). The Duchenne smile: Emotional expression and brain physiology, II. *Journal of Personality and Social Psychology, 58*, 342-353.

Ekman, P., Friesen, W.V. & Ancoli, S. (1980). Facial signs of emotional experience. *Journal of Personality and Social Psychology*, *39*, 1125-1134.

Ekman, P., Friesen, W.V. & Ellsworth, P. (1982). What emotion categories or dimensions can observers judge from facial behavior? In P. Ekman (Ed.), *Emotion in the human face* (2nd ed., pp. 40-55). Cambridge: Cambridge University Press.

Ekman, P., Friesen, W.V., & O'Sullivan (1988). *Smiles when lying. Journal of Personality and Social Psychology*, *54*, 414-420.

Ekman, P., Hager, J.C. & Friesen, W.V. (1981). The symmetry of emotional and deliaberate facial actions. *Psychophysiology*, *18*, 101-106.

Ekman, P., Levenson, R.W. & Friesen, W.V. (1983). Autonomic nervous system activity distinguishes between emotions. *Science, 221,* 1208-1210.

Ekman, P., O'Sullivan, M. & Matsumoto, D. (1991). Confusions about context in the judgment of facial expression: A reply to "The contempt expression and the relativity thesis". *Motivation and Emotion, 15*, 169-176.

Ekman, P., Roper, G. & Hager, J.C. (1980). Deliberate facial movement. *Child Development, 51*, 886-891.

Ekman, P., Sorenson, E.R. & Friesen, W.V. (1969). Pan-cultural elements in facial displays of emotion. *Science*, *164*, 86-88.

Ekman, P., O'Sullivan, M., Friesen, W.V. & Scherer, K.R. (1991). Face, voice, and body in detecting deceit. *Journal of Nonverbal Behavior, 15*, 125-135.

Ellgring, J.H. (1984). *Nonverbale Kommunikation im Verlauf der Depression. Zum Ausdruck der Stimmung und des Befindens in Mimik, Blickzuwendung, Sprechen und Gestik.* Habilitationsschrift. München.

Ellgring, J.H. (1989a). Facial expression as a behavioral indicator of emotional states. *Pharmacopsychiat.*, *22*, 23-28.

Ellgring, J.H. (1989b). *Nonverbal communication in depression*. Cambridge: Cambridge University Press.

Elliott, R. (1984). A discovery-oriented approach to significant change events in psychotherapy: Interpersonal process recall and comprehensive process analysis. In L.N. Rice & L.S. Greenberg (Eds.), *Patterns of change. Intensive analysis of psychotherapy process* (pp. 249-286). New York: Guilford Press.

Elliott, R. (1991). Five dimensions of therapy process. *Psychotherapy Research, 1,* 92-103.

Ellsworth, P.C. & Tourangeau, R. (1981). On our failure to disconfirm what nobody ever said. *Journal of Personality and Social Psychology*, *40*, 363-369.

Emde, R.N. (1988). Development terminable and interminable II. Recent psychoanalytic theory and therapeutic considerations. *Int. Journal of Psycho-Analysis*, *69*, 283-296.

Emde, R.N. & Sorce, J.E. (1983). The rewards of infancy: Emotional availability and maternal referencing. In J.D. Call, E. Galenson & R. Tyson (Eds.), *Frontiers of infant psychiatry* (Vol. 2). New York: Basic Books.

Endres-Olveira, G. (1985). Babies' tendencies to imitate primary facial affect. *Paper presented at the Second European Conference on Facial Measurement*, October, 1985, Saarbrücken.

Ericsson, K.A. & Simon, H. (1980). Verbal reports as data. *Psychological Review*, *87*, 215-251.

Fairbairn, W.R.D. (1954). *An object relations theory of the personality.* New York: Basic Books.

Fast, I. (1992). Object relations: Toward a relational model of the mind. In J.W. Barron, M.N. Eagle & D.L. Wolitzky (Eds.), *Interfaces of psychoanalysis and psychology* (pp. 186-199). Washington, DC: American Psychological Association.

Field, T. (1982). Affective displays of high-risk infants during early interactions. In T. Field & A. Fogel (Eds.), *Emotion and early interaction* (pp. 101-125). Hillsdale: Lawrence Erlbaum.

Fingert Chused, J. (1991). The evocative power of enactments. *Journal of the American Psychoanalytic Association, 39*, 615-639.

Florin, I., Freudenberg, G. & Holländer, J. (1985). Facial expressions of emotion and physiologic reactions in children with bronchial asthma. *Psychosomatic Medicine, 47,* 382-393.

Forbes, R.J. & Jackson, P.R. (1980). Non-verbal behavior and the outcome of selection interviews. *Journal of occupational Psychology*, *53*, 65-72.

Forgas, J.P., O'Connor, K.V. & Morris, S.L. (1983). Smile and punishment: The effects of facial expression on responsibility attribution by groups and individuals. *Personality and Social Psychology Bulletin*, *9*, 587-589.

Frank, M.G., Ekman, P. & Friesen, W.V. (1992). Uncertain emotion from an uncertain smile: Markers of the enjoyment smile and its social signal. *Journal of Personality and Social Psychology*, *60*, 83-93.

Fretter, P.B., Bucci, W., Broitman, J., Silberschatz, G. & Curtis, J.T. (1994). How the patient's plan relates to the concept of transference. *Psychotherapy Research, 4,* 58-72.

Freud, S. (1905/1940). *Der Witz und seine Beziehung zum Unbewussten*. Frankfurt: Fischer Taschenbuch Verlag.

Frey, S. & Pool, J. (1976). *A new approach to the analysis of visible behavior*. Forschungsbericht aus dem Psychologischen Institut der Universität Bern.

Frey, S., Hirsbrunner, H.P., Pool, J. & Daw, W. (1981). Das Berner System zur Untersuchung nonverbaler Interaktion. In P. Winkler (Hrsg.), *Methoden der Analyse von Face-to-Face-Situationen*. Stuttgart: Metzler.

Fridlund, A.J. (1991). Sociality of solitary smiling: Potentiation by an implizit audience. *Journal of Personality and Social Psychology, 60*, 229-240.

Frijda, N.H. (1986a). Facial expression processing. In H.D. Ellis, M.A.J. Frse, F. Newcombe & A. Young (Eds.), *Aspects of face processing*. NATO ASI Series. Dordrecht: Martinus Nijhoff Publishers.

Frijda, N.H. (1986b). *The emotions*. Cambridge: Cambridge University Press.

Frijda, N.H. (1993a). The place of appraisal in emotion. *Cognition and Emotion*, *7*, 357-387.

Frijda, N.H. (1993b). Moods, emotion episodes, and emotions. In M. Lewis & J.M. Haviland (Eds.), *Handbook of emotions* (pp. 381-403). New York: Guilford Press.

Frijda, N.H., Ortony, A., Sonnemans J., Clores, G.L. (1992). The complexity of intensity: Issues concerning the structure of emotion intensity. In M.S. Clark (Ed.), *Review of personality and social psychology* (Vol. 13*): Emotion* (pp. 60-89). Newbury Park, CA: Sage.

Garfield, S.L. (1992). Major issues in psychotherapy research. In D.K. Freedheim (Ed.), *History of psychotherapy: A century of change* (pp. 335-339). Washington, D.C.: American Psychological Association.

Gellhorn, E. (1964). Motion and emotion: The role of proprioception in the physiology and pathology of the emotions. *Psychological Review*, *71*, 457-472.

Gendlin, E.T. & Tomlinson, T.M. (1962). *The experiencing scale.* Mimeographed paper, Wisconsin Psychiatric Institute.

Gill, M.M. & Hoffman, I.Z. (1982). A method for studying the analysis of aspects of the patient's experience of the relationship in psychoanalysis and psychotherapy. *Journal of the American Psychoanalytic Association, 30,* 137-167.

Gnepp, J. (1989). Personalized inferences of emotions and appraisals: Component processes and correlates. *Developmental Psychology*, *25*, 277-288.

Gottman, J. & Levensohn, R. (1986). Assessing the role of emotion in marriage. *Behavioral Assessment*, *8*, 31-48.

Grammer, K. (1990). Strangers meet: Laughter and nonverbal signs of interest in opposite-sex encounters. *Journal of Nonverbal Behavior*, *14*, 209-236.

Grammer, K., Schiefenhövel, W., Schleidt, M., Lorenz, B. & Eibl-Eibesfeldt, I. (1988). Patterns on the face: The eyebrow flash in crosscultural comparison. *Ethology*, *77*, 279-299.

Grawe, K. (1987). *Schema-Theorie und heuristische Psychotherapie.* Forschungsbericht aus dem Psychologischen Institut der Universität Bern 1987/1.

Grawe, K. (1988). Zurück zur psychotherapeutischen Einzelfallforschung. Editorial. *Zeitschrift für Klinische Psychologie, 17*, 1-7.

Grawe, K. (1992). Psychotherapieforschung zu Beginn der neunziger Jahre. *Psychologische Rundschau*, *43*, 132-162.

Grawe, K., Donati, R. & Bernauer, F. (1994). *Psychotherapie im Wandel. Von der Konfession zur Profession.* Göttingen: Hogrefe.

Grawe-Gerber, M. (1992). *Psychotherapie aus interpersonaler Perspektive. Ein methodischer Beitrag zur Psychotherapie-Prozessforschung mit der "Structural Analysis of Social Behavior (SASB)".* Inauguraldissertation der Philosophisch-historischen Fakultät der Universität Bern.

Grawe-Gerber, M. & Benjamin, L.S. (1992). *Structural Analysis of Social Behavior (SASB)* Coding Manual for Psychotherapy Research. Bern: Selbstverlag.

Greenberg, L.S. (1991). Research on the process of change. *Psychotherapy Research, 1, 4-11.*

Greenberg, L.S. & Pinsof, W. (Eds.) (1986). *The psychotherapeutic process: A research handbook.* New York: Guilford.

Greenberg, L.S. & Safran, J.D. (1987). *Emotion in psychotherapy. Affect, cognition, and the process of change.* New York: Guilford Press.

Greenberg, L.S. & Safran, J.D. (1989). Emotion in psychotherapy. *American Psychologist*, *44*, 19-29.

Greenson, R.R. (1967). The technique and practice of Psychoanalysis (Vol. 1). New York: International University Press.

Grossmann, K.E. (1987). Die natürlichen Grundlagen zwischenmenschlicher Bindungen. Anthropologische und biologische Überlegungen. In C. Niemitz (Hrsg.), *Erbe und Umwelt* (200-235). Frankfurt: Suhrkamp.

Groth, R. (1992). Lachen in der Schule: Kleiner Unterschied - grosse Folgen. *Die neue Schulpraxis*, *10*, 5-10.

Hager, J.C. & Ekman, P. (1981). Methodological problems in Tourangeau and Ellsworth's study of facial expression and experience of emotion. *Journal of Personality and Social Psychology, 40*, 358-362.

Hager, J.C. & Ekman, P. (1985). The asymmetry of facial actions is inconsistent with models of hemispheric specialization. *Psychophysiology, 22*, 307-318.

Hager, J.C. & Ekman, P. (1989). Long-distance transmission of facial affect signals. *Ethology and Sociobiology, 1*, 77-82.

Haggard, E.A. & Isaacs, K.S. (1966). Micromomentary facial expressions as indicators for ego mechanisms in psychotherapy. In L.A. Gottschalk & A.H. Auerbach (Eds.), *Methods of research in psychotherapy* (pp. 154-165). New York: Appleton Century Crofts.

Harvey, J.H., Hendrick, S.S. & Tucker, K. (1988). Self-report methods in studying the interaction of minds and bodies. In S. Duck (Ed.), *Handbook of personal relationships* (pp. 99-113). Chichester: Wiley.

Haviland, J.M. (1978). *The production and comprehension of affect in infancy.* Unpublished manuscript, Rutgers University, N.J.

Haviland, J.M. & Lelwica, M. (1987). The induced affect response: 10-week-old infants responses to three emotions expressions. *Developmental Psychology, 23*, 97-104.

Heidelberg, R. & Song, E. (1984). *Unmittelbare Reaktionen auf Übertragungsdeutungen in einer psychoanalytischen Fokaltherapie.* Unveröffentlichte Lizentiatsarbeit. Psychologisches Institut der der Universität Zürich.

Heller, M. & Lessko, C. (1990). *Facial behavior of suicidal patients.* Unveröffentlichtes Manuskript. Laboratoire Affect & Communication. Institutions Universitaires de Psychiatrie, Genève.

Henley, N.M. (1977). *Body politics. Power, sex, and nonverbal communication.* Englewood Cliffs: Prentice-Hall.

Hennberg-Mönch, U. (1990). Möglichkeiten und Grenzen wissenschaftlicher Erkenntnis am psychoanalytischen Einzelfall. Bericht über die 9. Konferenz der DPG-Arbeitsgemeinschaft für Wissenschaftlichen Austausch am 2. und 3. 2. 1990 in Frankfurt a.M. *Forum der Psychoanalyse, 6*, 169-172.

Herson, M., Michelson, L. & Bellack, A.S. (1984). Historical overview. In M. Herson, L. Michelson & A.S. Bellack (Eds.), *Issues in psychotherapy research* (pp. 3-33). New York: Plenum Press.

Hess, U. & Kleck, R.E. (1990). Differentiating emotion elicited and deliberate emotional facial expressions. *European Journal of Social Psychology, 20*, 369-385.

Hess, U. & Wallbott, H.G. (1991). "Echter" und "unechter" Emotionsausdruck. In D. Frey (Hrsg.), *Bericht über den 36. Kongress der Deutschen Gesellschaft für Psychologie (DGfP) in Kiel* (S. 574-576). Göttingen: Hogrefe.

Hinde, R.A. (1985). Expression and negotiation. In G. Zivin (Ed.), *The development of expressive behavior* (pp. 103-116). New York: Academic Press.

Hochschild, A.R. (1983). *The managed heart. Commercialization of human feeling.* Berkley: University of California Press.

Hoffman, I.Z. & Gill, M.M. (1988). A scheme for coding the patient's experience of the relationship with the therapist (PERT): Some applications, extensions, and comparisons. In H. Dahl, H. Kächele & H. Thomä (Eds.), *Psychoanalytic process research strategies* (pp. 29-49). Berlin: Springer.

Hooff, J.A.R.A.M. van (1972). A comparative approach to the phylogeny of laughter and smiling. In R.A. Hinde (Ed.), *Nonverbal Communication* (pp. 209-241). Cambridge: Cambridge University Press.

Horowitz, L., Rosenberg, S., Baer, B., Ureno, G. & Villasenor, V.S. (1988). Inventory of interpersonal problems: Psychometric properties and clinical applications. *Journal of Consulting and Clinical Psychology, 56*, 885-892.

Horowitz, M.J. (1979). *States of mind: Analysis of change in psychotherapy.* New York: Plenum.

Horowitz, M.J., Adler, N. & Kegeles, S. (1988). A scale for measuring the occurrence of positive states of mind. *Psychosomatic Medicine, 50*, 477-483.

Horowitz, M.J., Schaefer, C., Hiroto, D., Wilner, N. & Levin, B. (1977). Life event questionnaire for measuring presumptive stress. *Psychosomatic Medicine, 39*, 413-431.

Horowitz, M.J., Cooper, S., Fridhandler, B., Perry, J.C., Bond, M. & Vaillant, G. (1992). Control processes and defense mechanism. *Journal of Psychotherapy Practice and Research, 1*, 324-335.

Horowitz, M.J., Merluzzi, T.V., Ewert, M., Ghannam, J.H., Hartley D. & Stinson, C.H. (1991). Role-relationship models configuration (RRMC). In M.J. Horowitz (Ed.), *Person schemas and maladaptive interpersonal patterns* (pp. 115-154). Chicago: University of Chicago Press.

Horvath, A. & Greenberg, L.S. (1986). The development of the working alliance inventory. In L.S. Greenberg & W.M. Pinsof (Eds.), *The psychotherapeutic process: A research handbook* (pp. 529-556). New York: Guilford.

Horvath, O. & Symonds, B. (1990). *The relationship between working alliance and outcome in psychotherapy: A synthesis.* Paper presented at the 21st Annual Meeting of the Society for Psychotherapy Research (SPR) at Wintergreen, Virginia, USA, June 26-30, 1990.

Howard, K.I. (1988). *Current Life Functioning.* Department of Psychology, Northwestern University, Evanston, IL.

Huber, E. (1931). *Evolution of facial musculature and facial expression.* Baltimore: The John Hopkins University Press.

Huber(-Bänninger), E., Frei, R., Hofmann, J., Limacher, B. & Ritzmann, M. (1980). *Vergleichende Untersuchung zum körperlichen Verhalten von Stotterern und Nichtstotterern in einer sozialen Interaktion.* Berichte aus der Abteilung Klinische Psychologie, Nr. 13, Psychologisches Institut der Universität Zürich.

Hufnagel, H., Steimer-Krause, E. & Krause, R. (1991). Mimisches Verhalten und Erleben bei schizophrenen Patienten und bei Gesunden. *Zeitschrift für Klinische Psychologie, 20*, 356-370.

Iberg, J.R. (1990). Ms. C's focusing and cognitive functions. In G. Lietaer, J. Rombauts, R. & Van Balen (Eds.), *Client-centered and experiential psychotherapy in the nineties.* Leuven: Leuven University Press.

Isen, A.M. (1984). Toward understanding the role of affect in cognition. In R.S. Wyer & T.K. Srull (Eds.), *Handbook of social cognition* (Vol. 3-9, pp. 179-236). Hillsdale, NJ: Erlbaum.

Izard, C.E. (1971). *The face of emotion.* New York: Appleton-Century-Crofts.

Izard, C.E. (1977). *Human emotions.* New York: Plenum Press.

Izard, C.E. (1979a). Emotions as motivations: An evolutionary-developmental perspective. In R.A. Dienstbier (Ed.), *Nebraska Symposium on Motivation*. Lincoln: University of Nebraska Press.

Izard, C.E. (1979b). *The maximally discriminative facial movement coding system (MAX)*. Newark: University of Delaware.

Izard, C.E. (1981). Differential emotions theory and the facial feedback hypothesis of emotion activation: Comments on Tourangeau and Ellsworth's "The role of facial response in the experience of emotion". *Journal of Personality and Social Psychology, 40,* 350-354.

Izard, C.E. (1990). Facial expressions and the regulation of emotions. *Journal of Personality and Social Psychology*, *58*, 487-498.

Izard, C.E. (1993). Organizational and motivational functions of discrete emotions In M. Lewis & J.M. Haviland (Eds.), *Handbook of emotions* (pp. 531-641). New York: Guilford Press.

Izard, C.E. & Buechler, S. (1980). Aspects of consiousness and personality in terms of differential emotions theory. In R. Plutchik & H. Kellermann (Ed.), *Emotion, theory, and experience* (Vol. 1): *Theories of emotion* (pp. 165-187). New York: Academic Press.

Izard, C.E. & Dougherty, L. (1982). Two complementary systems for measuring facial expressions in infants and children. In C.E. Izard (Ed.), *Measurung emotions in infants and children* (pp. 97-126). Cambridge: Cambridge University Press.

Izard, C.E. & Haynes, O.M. (1988). On the form and universality of the contempt expression: A challenge to Ekman and Friesen's claim of discovery. *Motivation and Emotion, 12,* 1-16.

Izard, C.E. & Malatesta, C.Z. (1987). Perspectives on emotional development: Differerential emotions theory of early emotional development. In J.D. Osofsky (Ed.), *Handbook of infant development* (2nd ed., pp. 494-554). New York: Wiley.

Jacobs, T.J. (1986). On countertransference enactments. *Journal of the American Psychoanalytic Association*, *34*, 289-307.

James, W. (1890). *The principles of psychology*. New York: Holt.

Jost, J. (1988). *Zur Dekodierung mimischen Verhaltens*. Unveröffentlichte Lizentiatsarbeit. Psychologisches Institut der Universität Zürich.

Kächele, H. (1992). Psychoanalytische Therapieforschung 1930-1990. *Psychoanalyse, Kritik und Kulturkritik*, *46*, 257-285.

Kächele, H. & Mergenthaler E. (1984). Auf dem Weg zur computerunterstützten Textanalyse in der psychotherapeutischen Prozessforschung. In U. Baumann (Hrsg.), *Makro-/Mikroperspektive* (S. 223-239). Göttingen: Hogrefe.

Kaiser, S. & Wehrle, T. (1992). Automated coding of facial behavior in human-computer interactions with FACS. *Journal of Nonverbal Behavior*, *16*, 67-84.

Kaufmann-Hayoz, R. (1981). Das Lächeln des Säuglings als Ausdruck früher Kategorisierungsprozesse. In K. Foppa & R. Groner (Hrsg.), *Kognitive Strukturen und ihre Entwicklung* (S. 14-34). Bern: Huber.

Keller-Lehmann, H. (1993). *Die Funktion des Lächelns im Kontext negativer Emotionen: Eine mikroanalytische Untersuchung der ersten Stunde einer Psychotherapie*. Unveröffentlichte Lizentiatsarbeit. Psychologisches Institut der Universität Zürich.

Kendon, A. (1972). Some relationships between body motion and speech: An analysis of an example. In A.W. Siegman & B. Pope (Eds.), *Studies in dyadic communication* (pp. 177-210). New York: Pergamon.

Kernberg, O.F. (1975). *Borderline conditions and pathological narcissism.* New York: Aronson.

Kernberg, O.F. (1991). Die Psychopathologie des Hasses. *Forum der Psychoanalyse, 7*, 251-270.

Kleck, R.E., Vaughan, R.C., Cartwright-Smith, J., Vaughan, K.B., Colby, C.Z. & Lanzetta, J.T. (1976). Effects of being observed on expressive, subjective, and physiological responses to painful stimuli. *Journal of Personality and Social Psychology, 34,* 1211-1218.

Klein, M.H., Mathieu-Coughlan, P.L. & Kiesler, D.J. (1986). The Experiencing Scales. In L.S. Greenberg & W. Pinsof (Eds.), *The psychotherapeutic process: A research handbook* (pp. 21-71). New York: Guilford Press.

Klein, M.H., Mathieu, P.L., Kiesler, D.J. & Gendlin, E.T. (1969). *The Experiencing Scale: A research and training manual* (Vol. 1). Madison: University of Wisconsin Psychiatric Institute.

Klinnert, M.D., Campos, J.J., Sorce, J.F., Emde, R.N. & Svejda, M. (1983). Emotions as behavior regulators: Social referencing in infancy. In R. Plutchik & H. Kellerman (Eds.), *Emotion: Theory research, and experience* (Vol. 2): *Emotions in early development* (pp. 57-86). New York: Academic Press.

Klüwer, R. (1983). Agieren und Mitagieren. In S.O. Hoffmann (Hrsg.), *Deutung und Beziehung* (S. 132-145). Frankfurt a.M.: Fischer Taschenbuch.

Kobayashi, H. & Hara, F. (1993). The recognition of basic facial expression by neural network. *Proceedings of the IEEE International Workshop on Robot and Human Communication*, 460-466.

Kobayashi, H. & Hara, F., Ikeda, S. & Yamada, H. (1993). A basic study of dynamic recognition of human facial expressions. *Proceedings of the IEEE International Workshop on Robot and Human Communication*, 271-275.

Köhler, L. (1990). Neuere Ergebnisse der Kleinkindforschung. Ihre Bedeutung für die Psychoanalyse. *Forum der Psychoanalyse*, *6*, 32-51.

Kohut, H. (1971). *The analysis of the self.* New York: International Universities Press.

Kohut, H. (1984). *How does analysis cure?* Chicago: Chicago University Press.

Krause, R. (1981). *Sprache und Affekt*. Stuttgart: Kohlhammer.

Krause, R. (1982). Kernbereiche psychoanalytischen Handelns. *Der Nervenarzt, 53,* 504-512.

Krause, R. (1984). Psychoanalyse als interaktives Geschehen. In U. Baumann, *Psychotherapie: Mikro- und Makroperspektiven* (S. 146-158). Goettingen: Hogrefe.

Krause, R. (1988). Eine Taxonomie der Affekte und ihre Anwendung auf das Verständnis der 'frühen' Störungen. *Psychotherapie Psychosomatik Medizinische Psychologie, 38,* 77-112.

Krause, R. (1990). Psychodynamik der Emotionsstörungen. In K.R. Scherer (Hrsg.), *Enzyklopädie der Psychologie* (S. 630-705). Göttingen: Hogrefe.

Krause, R. (1992). Die Zweierbeziehung als Grundlage der psychoanalytischen Therapie. *Psyche*, *46*, 588-612.

Krause, R. (1994). *Comparing the development of facial and felt affect in successful and unsuccessful brief dynamic psychotherapy.* Paper presented at the VIIIth Conference of the International Society for Research on Emotions (ISRE), Cambridge, July 14 - 17.

Krause, R. & Lütolf, P. (1989). Mimische Indikatoren von Übertragungsvorgängen. Erste Untersuchungen. *Zeitschrift für Klinische Psychologie*, *18*, 55-67.

Krause, R. & Lütolf, P. (1988). Facial indicators of transference processes within psychoanalytic treatment. In H. Dahl, H. Kächele & H. Thomä (Eds.), *Psychoanalytic process research strategies* (pp. 257-272). Berlin: Springer.

Krause, R., Steimer-Krause, E., Ullrich, B. (1992). Anwendung der Affektforschung auf die psychoanalytisch-psychotherapeutische Praxis. *Forum der Psychoanalyse*, *8*, 238-253.

Kris, E. (1940). Laughter as an expressive process. Contributions to the psycho-analysis of expressive behavior. *International Journal of Psychoanalysis*, *21*, 314-341.

Kushigian, E. (1990). *Facial Action Coding System (Ekman & Friesen, 1978): Advantages and limits of a facial expression analysis method: A review of its application in different fields of psychology*. Unpubl. manuscript.

LaFrance, M. (1979). Nonverbal synchrony and rapport: Analysis by the cross-lag panel technique. *Social Psychology Quarterly, 42,* 66-70.

LaFrance, M. (1983). Felt versus feigned funniness: Issues in coding smiling and laughing. In P.E. McGhee & J.H. Goldstein (Eds.), *Handbook of Humor Research* (Vol. 1): *Basic Issues* (pp. 1-12). New York: Springer.

LaFrance, M. & Hecht, M. (1992). *Accounting for the smile-leniency effect.* Paper presented at the Centennial Annual Convention of the American Psychological Association, Washingtion, D.C., August 1992.

Laird, J.D. (1974). Self-attribution of emotion: The effects of expressive behavior on the quality of emotional experience. *Journal of Personality and Social Psychology, 29*, 475-486.

Lambert, M.J. & Bergin, A.E. (1992). Achievements and limitations of psychotherapy research. In D.K. Freedheim (Ed.), *History of psychotherapy. A century of change* (pp. 360-390). Washington, DC: American Psychological Association.

Lambert, J.L., Shapiro, D.A. & Bergin, A.E. (1984). The effectiveness of psychotherapy. In S.L. Garfield & A.E. Bergin (Eds.), *Handbook of psychotherapy and behavior change* (3rd ed., pp. 157-211). New York: Wiley.

Lange, C. (1922). *The emotions.* Baltimore: Williams & Willkins (Original: 1885).

Lanzetta, J.T., Cartwright-Smith, J. & Kleck, R.E. (1976). Effects of nonverbal dissimulation on emotional experience and autonomic arousal. *Journal of Personality and Social Psychology, 33,* 354-370.

LaPointe, L.L., Mowrer, D.E. & Case, J. (1990). A comparative acoustic analysis of the laugh responses of 20- and 70-year-old males. *Int. Journal of aging and human development*, *31*, 1-9.

Laux, L. & Weber, H. (1990). Die Bewältigung von Emotionen. In K.R. Scherer (Hrsg.), *Enzyklopädie der Psychologie* (S. 560-629). Göttingen: Hogrefe.

Lazarus, R.S. (1968). Emotions and adaptation: Conceptual and empirical relations. In W. Arnold (Ed.), *Nebraska Symposium on Motivation* (pp. 175-266). Lincoln: University of Nebraska Press,

Lazarus, R.S. (1982). Thoughts and the relations between emotion and cognition. *American Psychologist, 37*, 1019-1024.

Lazarus, R.S. (1984). On the primacy of cognition. *American Psychologist*, *39*, 124-129.

Lazarus, R.S. (1991). Progress on a cognitive-motivational-relational theory of emotion. *American Psychologist*, *46*, 819-834.

Leisi, E. (1978). *Paar und Sprache: Linguistische Aspekte der Zweierbeziehung*. Heidelberg: Quelle & Meyer.

Lemerise, E.A. & Dodge, K.A. (1993). The development of anger and hostile interactions. In M. Lewis & J.M. Haviland (Eds.), *Handbook of emotions* (pp. 537-546). New York: Guilford Press.

LeResche, L. & Dworkin, S.F. (1984). Facial expression accompanying pain. *Soc. Sci. Med., 19*, 1325-1330.

Leuzinger-Bohleber, M. (1987). *Veränderung kognitiver Prozesse in Psychoanalysen. 1: Eine hypothesengenerierende Einzelfallstudie*. Berlin: Springer.

Leuzinger-Bohleber, M. (1989). *Veränderung kognitiver Prozesse in Psychoanalysen. 2: Fünf aggregierte Einzelfallstudien*. Berlin: Springer.

Leuzinger-Bohleber, M., Schneider, H. & Pfeifer, R. (1992) (Eds.). *"Two butterflies on my head" - Psychoanalysis in the interdisciplinary scientific dialogue*. Heidelberg: Springer.

Levenson, R.W. (1988). Emotion and the autonomic nervous system: A prospectus for research on autonomic specificity. In N.H. Wagner (Ed.), *Social psychophysiology: Theory and clinical applications* (pp. 17-42). London: Wiley.

Levenson, R.W., Ekman, P. & Friesen, W.V. (1990). Voluntary facial action generates emotion-specific autonomic nervous system activity. *Psychophysiology, 27*, 363-384.

Levenson, R.W., Ekman, P., Heider, K. & Friesen, W.V. (1992). Emotion and autonomic nervous system activity in the Minangkabau of West Sumatra. *Journal of Personality and Social Psychology, 62*, 972-988.

Leventhal, H. & Scherer, K. (1987). The relationship of emotion to cognition: A functional approach to a semantic controversy. *Cognition and Emotion, 1*, 3-28.

Lewis M. & J.M. Haviland (1993) (Eds.). *Handbook of emotions*. New York: Guilford.

Lewis, H.B. (1971). *Shame and guilt in neurosis*. New York: International Universities Press.

Lewis, H.B. (1987). Shame - The "sleeper" in psychopathology. In H.B. Lewis (Ed.), *The role of shame in symptom formation* (pp. 1-28). Hillsdale, N.J.: Erlbaum.

Lewis, M. (1992). *Shame. The exposed self.* New York. The Free Press.

Lewis, M. (1993). The emergence of human emotions. In M. Lewis & J.M. Haviland (Eds.), *Handbook of emotions* (pp. 223-235). New York: Guilford Press.

Lewis, M., Alessandri, S.M. & Sullivan, M.W. (1992). Differences in shame and pride as a function of children's gender and task difficulty. *Child Development, 63*, 630-638.

Lewis, M., Stanger, C. & Sullivan, M.W. (1989). Deception in three-year-olds. *Developmental Psychology, 25*, 439-443.

Lewis, M., Sullivan, M.W., Stanger, C. & Weiss, M. (1989). Self development and self-conscious emotions. *Child Development, 60*, 146-156.

Lorenz, K. (1963). *Das sogenannte Böse*. Wien: Borotha-Schoeler.

Luborsky, L. (1984). *Principles of psychoanalytic psychotherapy*. New York: Basic Books.

Luborsky, L. & Crits-Christoph, P. (1988). The assessment of transference by the CCRT method. In H. Dahl, H. Kächele & H. Thomä (Eds.), *Psychoanalytic process research strategies* (pp. 99-108). Berlin: Springer.

Luborsky, L. & Crits-Cristoph, P. (1990). *Understanding transference. The core conflictual relationship method*. New York: Basic Books.

Lüthy, A.-M. & Widmer, C. (1989). *Die Entwicklung einer Repräsentation von Über-Ich-Inhalten für ein Regulierungsmodell psychischer Prozesse.* Unveröffentlichte Lizentiatsarbeit. Psychologisches Institut der Universität Zürich.

Lüthy, A.-M. & Widmer, C. (1992). A model-oriented representation of superego rules. In M. Leuzinger-Bohleber, H. Schneider, & R. Pfeifer (Eds.), *"Two butterflies on my head" - Psychoanalysis in the interdisciplinary scientific dialogue* (pp. 197-214). Heidelberg: Springer.

Lütolf, P. (1981). *Mimik in einer psychoanalytischen Fokaltherapie.* Unveröffentl. Lizentiatsarbeit, Psychologisches Institut der Universität Zürich.

Lütolf, P. (1984). Die mimische Manifestation von Affektabwehr im Therapieverlauf. In E. Bänninger-Huber, H. Schneider & F. Steiner (Hrsg.), *Nonverbales Verhalten als Indikator für kognitiv-affektive Prozesse.* Berichte aus der Abteilung Klinische Psychologie, Nr. 13, Psychologisches Institut der Universität Zürich.

Mahrer, A.R. & Nadler, W.R. (1986). Good moments in psychotherapy: A preliminary review, a list, and some promising research avenues. *Journal of Consulting and Clinical Psychology, 54,* 10-15.

Malatesta, C.Z. (1990). The role of emotions in the development and organization of personality. In R. Thompson (Ed.), *Nebraska Symposium on Motivation, 1988* (Vol. 36, pp. 1-56). Lincoln: University of Nebraska Press.

Malatesta, C.Z. & Haviland, J.M. (1982). Learning display rules: The socialization of emotion expression in infancy. *Child Development, 53,* 991-1003.

Malatesta, C.Z. & Izard, C.E. (1984). The facial expression of emotion. Young, middle-aged, and older adult expressions. In C.Z. Malatesta & C.E. Izard (Eds.), *Emotion in adult development* (pp. 253-273). Beverly Hills: Sage.

Mandler, G. (1975). *Mind and emotion.* New York: Wiley.

Marmar, C.R., Gaston, L., Gallagher, D. & Thompson, L.W. (1987). *Therapeutic alliance and outcome in behavioral, cognitive and brief dynamic therapy in late-life depression.* Paper presented at the 18th Annual Meeting of the Society for Psychotherapy Research (SPR), Ulm.

Marmar, C., Horowitz, M.J., Weiss, D.S. & Marziali, E. (1986). The development of the therapeutic alliance rating system. In L.S. Greenberg & W.M. Pinsof (Eds.) (1986), *The psychotherapeutic process: A research handbook* (pp. 36-390). New York: Guilford.

Marx, D., Zöfel, C., Linden, U., Bönner, H., Franzen, U. & Florin, I. (1986). Expression of emotion in asthmatic children and their mothers. *Journal of Psychosomatic Research, 30,* 609-616.

Marziali, E., Marmar, C. & Krupnick, J. (1981). Therapeutic Alliances Scales: Development and relationship to psychotherapy outcome. *American Journal of Psychiatry, 138,* 3.

Matsumoto, D., Haan, N., Yabrove, G., Theodorou, P. & Carney, C. (1986). Preschooler's moral actions and emotions in prisoner's dilemma. *Developmental Psychology, 22,* 663-670.

Maturana, H. & Varela, F. (1987). *Der Baum der Erkenntnis. Die biologischen Wurzeln des menschlichen Erkennens.* Bern: Scherz.

McCaul, K.D., Holmes, D.S. & Solomon, S. (1982). Voluntary expressive changes and emotion. *Journal of Personality and Social Psychology, 42,* 145-152.

McGhee, P.E. (1983). The role of arousal and hemispheric lateralization in humor. In P.E. McGhee & J.H. Goldstein, (Eds.), *Handbook of Humor Research* (Vol. 1): *Basic Issues* (pp. 13-37). New York: Springer.

McHugo, G.J., Lanzetta, J.T. & Bush, L.K. (1991). The effect of attitudes on emotional reactions to expressive displays of political leaders. *Journal of Nonverbal Behavior, 15*, 19-41.

McLaughlin, J.T. (1987). The play of transference: Some reflections on enactment in the psychoanalytic situation. *Journal of the American Psychoanalytic Association, 35*, 557-582.

McLaughlin, J.T. (1991). Clinical and theoretical aspects of enactment. *Journal of the American Psychoanalytic Association, 39*, 595-614.

Mehrabian, A. (1972). *Nonverbal Communication.* Chicago: Aldine-Atherton.

Merten, J. (1992). *Nonverbal context of facial affective expression.* Paper presented at the 5th European Conference on Facial Expression - Measurement and Meaning, Bologna, October, 8-11.

Merten, K. (1983). *Inhaltsanalyse.* Opladen: Westdeutscher Verlag.

Messner, W.W. (1992). The concept of the therapeutic alliance. *Journal of the American Psychoanalytic Association, 40*, 1059-1087.

Meyer, A.-E. (1993). Nieder mit der Novelle als Psychoanalysedarstellung - Hoch lebe die Interaktionsgeschichte. In U. Stuhr & F.-W. Deneke (Hrsg.), *Die Fallgeschichte* (S. 61-84). Heidelberg: Asanger.

Meyring, P. (1993). *Qualitative Inhaltsanalyse.* Weinheim: Beltz.

Minsky, M. (1975). A framework for representing knowledge. In P.H. Winston (Ed.), *The psychology of computer vision* (pp. 211-280). New York: McGraw-Hill.

Minsky, M. (1985). *The society of mind.* New York: Simon & Schuster.

Modell, A.H. (1990). *Other times, other realities. Toward a theory of psychoanalytic treatment.* Cambridge: Harvard University Press.

Moras, K. & Hill. C.E. (1991). Rater selection for psychotherapy process research: An evaluation of the state of the art. *Psychotherapy Research, 1*, 114-123.

Morris, D. (1977). *Manwatching.* London: Cape.

Morris, W.N. (1992). A functional analysis of the role of mood in affective systems. In M.S. Clark (Ed.), *Review of personality and social psychology* (Vol. 13): *Emotion* (pp. 256-293). Newbury Park, CA: Sage.

Mösch, K. (1987). *Prädikatzentrierte Einheiten als Basissegmente zur Analyse von Diskursen: Ein pragmatischer Lösungsversuch.* Unveröffentlichtes Manuskript, Universität Bern.

Moser, U. (1983). *Beiträge zu einer psychoanalytischen Theorie der Affekte.* Teil I. Berichte aus der Interdisziplinären Konfliktforschungsstelle, Nr. 10, Soziologisches und Psychologisches Institut der Universität Zürich.

Moser, U. (1985). *Beiträge zu einer psychoanalytischen Theorie der Affekte. Ein Interaktionsmodell.* Teil II. Berichte aus der Interdisziplinären Konfliktforschungsstelle, Nr. 14. Psychologisches Institut der Universität Zürich, Abteilung Klinische Psychologie.

Moser, U. (1989). *Die Funktion der Grundaffekte in der Regulierung von Objektbeziehungen: ontogenetische Gesichtspunkte.* Berichte aus der Abteilung Klinische Psychologie, Nr. 25. Psychologisches Institut der Universität Zürich.

Moser, U. (1987). *Sécurité, autonomie, valorisation: Hommage à Charles Odier.* Teile I und II. Vorträge gehalten am Psychologischen Institut der Universität Zürich, Abteilung Klinische Psychologie, Juni, 1987.

Moser, U., Bänninger-Huber, E. & Steiner, F. (1989). *Mikroanalytische Untersuchung von Affektverläufen in interaktiven Situationen.* Schlussbericht an den Schweizerischen Nationalfonds, Nr 1.453-0.86.

Moser, U., von Zeppelin I. & Schneider, W. (1968). *Computersimulation eines Modells neurotischer Abwehrmechanismen (Klinischer Teil).* Bulletin des Psychologischen Instituts der Universität Zürich, Nr. 2.

Moser, U., von Zeppelin I. & Schneider, W. (1981). *Wunsch, Selbst, Objektbeziehung: Entwurf eines Regulierungsmodells kognitiv-affektiver Prozesse.* Berichte aus der Interdisziplinären Konfliktforschungsstelle, Nr. 9, Soziologisches und Psychologisches Institut der Universität Zürich.

Moser, U., von Zeppelin I. & Schneider, W. (1987). *A la recherche d'une théorie perdue: Ein neues psychoanalytisches Regulierungsmodell kognitiv affektiver Prozesse.* Berichte aus der Interdisziplinären Konfliktforschungsstelle, Nr. 18, Soziologisches und Psychologisches Institut der Universität Zürich.

Moser, U., von Zeppelin, I. & Schneider, W. (1991). The regulation of cognitive-affective processes: A new psychoanalytic model. In U. Moser & I. von Zeppelin (Eds.), *Cognitive-affective processes: New ways of psychoanalytic modeling* (pp. 87-134). Berlin: Springer.

Mowrer, D.E., LaPointe, L.L. & Case, J. (1987). Analysis of five acoustic correlates of laughter. *Journal of Nonverbal Behavior, 11*, 191-199.

Nelevic, C. & Timmel, L. (1984). Ein Vergleich von Verarbeitungs- und Widerstandsschweigen anhand des nonverbalen Verhaltens. In E. Bänninger-Huber, H. Schneider & F. Steiner (Hrsg.), *Nonverbales Verhalten als Indikator für kognitiv-affektive Prozesse* (pp. 29-45). Berichte aus der Abteilung Klinische Psychologie, Nr. 13, Psychologisches Institut der Universität Zürich,.

Norcross, J.C. (Ed.)(1993). Research directions for psychotherapy integration: A roundtable. *Journal of Psychotherapy Integration*, *3*, 91-131.

Orlinsky, D.E. & Howard, K.I. (1986). Process and outcome in Psychotherapy. In S.L. Garfield & A.E. Bergin (Eds.), *Handbook of psychotherapy and behavior change* (3rd ed., pp. 311-381). New York: Wiley

Orlinsky, D.E. & Howard, K.I. (1988). Ein allgemeines Psychotherapiemodell. *Integrative Therapie*, *4*, 281-308.

Ortony, A. (1988). Subjective importance and computational models of emotions. In V. Hamilton, G.H. Bower & N.H. Frijda (Eds.), *Cognitive perspectives on emotion and motivation* (pp. 321-343). Dordrecht: Kluwer Academic Publishers

Ortony, A. & Clore, G.L. (1989). Emotions, moods, and conscious awareness. *Cognition and Emotion*, *3*, 125-137.

Ortony, A. & Turner, T.J. (1990). What's basic about basic emotions? *Psychological Review, 97, 315-331.*

Ortony, A., Clore, G.L. & Collins, A. (1988). *The cognitive structure of emotions.* New York: Cambridge University Press.

Osgood, C.E. (1966). Dimensionality of the semantic space for communication via facial expressions. *Scandinavian Journal of Psychology*, *7*, 1-30.

Osofsky, J.D. (1992). Affective development and early relationships: Clinical implications. In J.W. Barron, M.N. Eagle & D.L. Wolitzky (Eds.), *Interfaces of psychoanalysis and psychology* (pp. 233-244). Washington, DC: American Psychological Association.

Oster, H. (1978). Facial expression and affect development. In M. Lewis & L.A. Rosenblum (Eds.), *The development of affect* (pp. 43-75). New York: Plenum Press.

Parkinson, B. & Manstead, A.S.R. (1992). Appraisal as a cause of emotion. In M.S. Clark (Ed.), *Review of personality and social psychology* (Vol. 13): *Emotion* (pp. 122-149). Newbury Park, CA: Sage.

Pfeifer, R. (1992). *Cognition and emotion: An information processing approach.* (Tech. Report 436). Department of Psychology, Carnegie-Mellon University. CIP Working Paper.

Pfeifer, R. & Leuzinger, M. (1986). Applications of cognitive science methods to psychoanalysis: A case study and some theory. *International Review of Psycho-Analysis, 13,* 221-240.

Piper, W.E., Azim H.F.A., McCallum, M. & Joice, A.S. The University of Alberta Psychotherapy Research Center. In L.R. Beutler & M. Crago (Eds.), *Psychotherapy research. An international review of programmatic studies* (pp. 82-89). Washington: American Psychological Association.

Plutchik, R. (1980). A general psychoevolutionary theory of emotion. In R. Plutchik & H. Kellermann (Eds.), *Emotion: Theory, research, and experience* (Vol. 1, pp. 3-33). New York: Academic Press.

Pope, L.K. & Smith, C.A. (1994). On the distinct meanings of smiles and frowns. *Cognition and Emotion, 8*, 65-72.

Reis, H. T., Wilson, I.M., Monestere, C., Bernstein, S., Clark, K., Seidl, E., Franco, M., Gioioso, E., Freeman, L. & Radoane, K. (1990). What is smiling is beautiful and good. *European Journal of Social Psychology, 20, 259-267.*

Retzinger, S.M. (1985). The resentment process: Videotape studies. *Psychoanalytic Psychology, 2,* 129-151.

Retzinger, S.M. (1987). Resentment and laughter: Video studies of the shame-rage spiral. In H.B. Lewis (Ed.), *The role of shame in symptom formation* (pp. 151-181). Hillsdale, N.J.: Erlbaum.

Retzinger, S.M. (1991). *Violent emotions. Shame and rage in marital quarrals*. Newbury Park: Sage.

Rice, L.N. & Greenberg, L.S. (1984). The new research paradigm. In L.N. Rice & L.S. Greenberg (Eds.), *Patterns of change* (pp. 7-25). New York: Guilford.

Rice, L.N. & Saperia, E.P. (1984). Task analysis and the resolution of problematic reactions. In L.N. Rice & L.S. Greenberg (Eds.), *Patterns of change* (pp. 29-66). New York: Guilford.

Rimé, B., Mesquita, B., Philippot, P. & Boca, S. (1991). Beyond the emotional event: Six studies on the social sharing of emotion. *Cognition and Emotion*, *5*, 435-465.

Rimé, B., Philippot, P., Boca, S. & Mesquita, B. (1992). Long-lasting cognitive and social consequences of emotion: Social sharing and rumination. In W. Stroebe & M. Hewstone (Eds.), *European Review of Social Psychology* (Vol. 3, pp. 1-37). Chichester: Wiley.

Rinn, W. (1984). Neuropsychology of facial expression: A review of the neurological and psychological mechanism for producing facial expressions. *Psychological Bulletin, 95*, 52-77.

Rinn, W. (1991). Neuropsychology of facial expression. In R. Feldman & B. Rimé (Eds.), *Fundamentals of nonverbal behavior* (pp. 3-32). Cambridge: Cambridge University Press.

Rohde-Dachser, C. (1993). Weiterentwicklung der psychoanalytischen Behandlungstechnik. In W. Mertens (Hg.), *Schlüsselbegriffe der Psychoanalyse* (S. 283-289). Stuttgart: Verlag Internationale Psychoanalyse.

Roseman, I. (1979). *Cognitive aspects of emotion and emotional behavior.* Paper presented at the 87th annual convention of the American Psychological Association, New York City.

Roseman, I. (1991). Appraisal determinants of discrete emotions. *Cognition and Emotion, 5*, 161-200.

Rosenberg, E.L. & Ekman, P. (1994). Coherence between expressive and experiential systems in emotion. *Cognition and Emotion, 8,* 201-229.

Rothbart, M.K. (1976). Incongruity, problem solving and laughter. In A.J. Chapman & H.C. Foot (Eds.), *Humor and laughter: Theory, research and applications* (pp. 37-62). London: Wiley.

Roughton, R.E. (1993). Useful aspects of acting out: Repetition, enactment, and actualization. *Journal of the American Psychoanalytic Association, 41*, 443-472.

Rozin, P. & Fallon, A.E. (1992). A perspective on disgust. *Psychological Review, 94, 23-41.*

Rozin, P., Haidt, J. & McCauley, C.R. (1993). Disgust. In M. Lewis & J.M. Haviland (Eds.), *Handbook of emotions* (pp. 575-594). New York: Guilford Press.

Rubinstein, H. (1985). *Die Heilkraft Lachen.* Bern: Hallwag. (Orig.: Psychosomatique du rire. Paris: Robert Laffront, 1983.)

Ruch, W. (1990). *Exhilaration: The emotional response to humour.* Paper presented at the 8. International Conference on Humour, Sheffield, England, July 29 - August 4.

Ruch, W. (1993). Exhilaration and humor. In M. Lewis & J.M. Haviland (Eds.), *Handbook of emotions* (pp. 605-616). New York: Guilford Press.

Russell, J.A. (1991a). The contempt expression and the relativity thesis. *Motivation and Emotion, 15*, 149-168.

Russell, J.A. (1991b). Rejoinder to Ekman, O'Sullivan, and Matsumoto. *Motivation and Emotion, 15*, 177-184.

Rust, H. (1983). *Inhaltsanalyse. Die Praxis der indirekten Interaktionsforschung in Psychologie und Psychotherapie.* München: Urban & Schwarzenberg.

Rutledge L.L. & Hupka, R.B. (1985). The facial feedback hypothesis: Methodological concerns and new supporting evidence. *Motivation and Emotion, 9*, 219-240.

Saarni, C. (1979). Children's understanding of display rules for expressive behavior. *Developmental Psychology, 15*, 424-429.

Saarni, C. (1984). An observational study of children's attempts to monitor their expressive behaviour. *Child Development, 55,* 1504-1513.

Saarni, C. (1993). Socialization of emotion. In M. Lewis & J.M. Haviland (Eds.), *Handbook of emotions* (pp. 435-446). New York: Guilford Press.

Safran, J.D. (1990a). Towards a refinement of cognitive therapy in light of interpersonal theory: I. Theory. *Clinical Psychology Review, 10,* 87-105.

Safran, J.D. (1990b). Towards a refinement of cognitive therapy in light of interpersonal theory: II. Practice. *Clinical Psychology Review, 10,* 107-121.

Safran, J.D. (1993a). Breaches in the therapeutic alliance: An arena for negotiating authentic relatedness. *Psychotherapy, 30*, 11-24.

Safran, J.D. (1993b). The therapeutic alliance rupture as a transtheoretical phenomenon: Definitional and conceptual issues. *Journal of Psychotherapy Integration, 3*, 33-49.

Safran, J.D., Greenberg, L.S. & Rice, L.N. (1988). Integrating psychotherapy research and practice: Modeling the change process. *Psychotherapy, 25,* 1-17.

Safran, J.D., Crocker, P., McMain S. & Murray P. (1990). The therapeutic alliance rupture as a therapy event for empirical investigation. *Psychotherapy, 2,* 154-165.

Safran, J.D., Vallis, T.M, Segal, Z.V. & Shaw, B.F. (1986). Assessment of core cognitive processes in cognitive therapy. *Cognitive Therapy and Research, 10,* 509-526.

Salisch, M.v. (1987). *Wenn Freunde lächeln... Eine explorative Analyse des Interaktionsstils unter befreundeten Kindern.* Posterbeitrag zur 8. Tagung Entwicklungspsychologie der Deutschen Gesellschaft für Psychologie, Bern 1987.

Salisch, M.v. (1989). *I smile when you smile, then we smile. Emotional reciprocity in peer conflicts.* Paper presented at the Meeting of the Society for Research in Child Development, Baltimore 1987.

Salisch, M.v. (1991). *Kinderfreundschaften. Emotionale Kommunikation im Konflikt.* Göttingen: Hogrefe.

Salisch, M.v. (1993). "Jeder von uns hat das gleiche zu sagen" - symmetrische Reziprozität unter lose und eng befreundeten Kindern. *Gruppendynamik, 24,* Heft 2.

Salisch, M.v. (1994). *Anger and self-esteem.* Poster presented at the ISRE Conference in Cambridge, 1994.

Sandler, J. (1976). Gegenübertragung und Bereitschaft zur Rollenübernahme. *Psyche, 30,* 297-305.

Sandler, J. (1987) (Ed.). *Projection, identification, projective identification.* Madison: International Universities Press.

Sandner, D. (1989). Empirische Forschung und psychoanalytische Praxis - Versuch eines Dialogs. Bericht über die 8. Konferenz der DPG-Arbeitsgemeinschaft für wissenschaftlichen Austausch am 10./11.2. 1989 in Frankfurt a.M. *Forum der Psychoanalyse, 5,* 168-175.

Schachter, S. & Singer, J.E. (1962). Cognitive, social, and physiological determinants of emotional state. *Psychological Review, 69,* 379-399.

Scheff, T.J. (1987). The shame-rage spiral: A case study of an interminable quarrel. In H.B. Lewis (Ed.), *The role of shame in symptom formation* (pp. 109-150). Hillsdale, N.J.: Erlbaum.

Scheflen, A.E. (1964). The significance of posture in communication systems. *Psychiatry, 27,* 316-331.

Scherer, K.R. (1981). Wider die Vernachlässigung der Emotion in der Psychologie. In W. Michaelis (Ed.), *Bericht über den 32. Kongress der Deutschen Gesellschaft für Psychologie in Zürich 1980* (S. 304-317). Göttingen: Hogrefe.

Scherer, K. (1982). Emotion as a process: Function, origin and regulation. *Social Science Information, 21,* 555-570.

Scherer, K.R. (1984). On the nature and function of emotion: A component process approach. In K.R. Scherer & P. Ekman, (Eds.), *Approaches to emotion* (pp. 293-317). Hillsdale, N.J.: Lawrence Erlbaum.

Scherer, K.R. (1986). Vocal affect expression: A review and a model for future research. *Psychological Bulletin, 99,* 143-165.

Scherer, K.R. (1988). Criteria for emotion-antecedent appraisal: A review. In V. Hamilton, G.H. Bower & N.H. Frijda (Eds.), *Cognitive perspectives on emotion and motivation* (pp. 89-126). Dordrecht: Kluwer Academic Press.

Scherer, K.R. (1990). Theorien und aktuelle Probleme der Emotionspsychologie. In K.R. Scherer (Hrsg.), *Psychologie der Emotion, Enzyklopädie der Psychologie* (S. 1-38). Göttingen: Hogrefe.

Scherer, K.R. (1993). Studying the emotions-antecedent appraisal process: An expert system approach. *Cognition and Emotion, 7, 325-355.*

Scherer, K.R. & Ekman, P. (1982). Methodological issues in studying nonverbal behavior. In K.R. Scherer & P. Ekman (Eds.), *Handbook of methods in nonverbal behavior research* (pp. 1-44). Cambridge: Cambridge University Press.

Scherer, K.R., Wallbott, H. & Summerfield, A. (1986). *Experiencing emotion. A cross-cultural study.* Cambridge: Cambridge University Press.

Schlosberg, H. (1941). A scale for the judgement of facial expression. *Journal of Experimental Psychology, 29*, 497-510.

Schmais, C. & Felber, D. (1977). Dance therapy process: A method for observing and analyzing a dance therapy group. *American Journal of Dance Therapy.*

Schmidt-Atzert, L. (1981). *Emotionspsychologie*. Stuttgart: Kohlhammer.

Schneider, H. (1989). Toward a more detailed understanding of self-organizing processes in psychotherapy. In A.L. Goudsmit (Ed.), *Self-organization in psychotherapy. Demarcations of a new perspective* (pp. 72-99). Berlin: Springer.

Schneider, H. (1990). *How does change start in the client? A model based on theories of self-organizing processes.* Paper presented at the 21st Annual Meeting of the Society for Psychotherapy Research (SPR) at Wintergreen, Virginia, USA, June 26-30.

Schneider, H. (1993). Psychoanalyse und Cognitive Science. In W. Mertens (Hrsg.). *Schlüsselbegriffe der Psychoanalyse,* (S. 122-130). Stuttgart: Klett-Cotta.

Schneider, H. & Wüthrich, U. (1992). A model based on theories of self-organizing processes as a tool for the investigation of change in psychotherapy. In M. Leuzinger-Bohleber, H. Schneider, & R. Pfeifer (Eds.), *"Two butterflies on my head" - Psychoanalysis in the interdisciplinary scientific dialogue* (pp. 245-256). Heidelberg: Springer.

Schneider, K. (1992). *Emotions and their expression in children's competence- and achievement-oriented behavior.* Paper presented at the XXV International Congress of Psychology, Bruxelles, 19-24 July.

Schneider, K. & Josephs, I. (1990). *The expressive and communicative function of preschool children's smiles in an achievement situation*. Unpubl. manuscript

Schneider, K. & Josephs, I. (1991). The expressive and communicative function of preschool children's smiles in an achievement-situation. *Journal of Nonverbal Behavior, 15*, 185-198.

Schwartz, G.E., Fair, P.L., Salt, P., Mandel, M.R. & Klerman, G.L. (1976a). Facial muscle patterning to affective imagery in depressed and non-depressed subjects. *Science, 192*, 489-491.

Schwartz, G.E., Fair, P.L., Salt, P., Mandel, M.R. & Klerman, G.L. (1976b). Facial expression: An electromyographic study. *Psychosomatic Medicine, 38*, 337-347.

Schwenkmezger, P. & Hodapp, V. (1993). Theorie und Messung von Ärgerausdruck. In V. Hodapp & P. Schwenkmezger (Hrsg.), *Ärger und Ärgerausdruck* (S. 35-69). Bern: Huber.

Shapiro, D. (1989). *Promises, promises, promises...? Psychotherapy research in the year 2000.* Paper presented at 3rd European Conference of the Society for Psychotherapy Research (SPR), Bern, September 1989.

Shultz, T.R. (1976). A cognitive developmental analysis of humor. In A.J. Chapman & H.C. Foot (Eds.), *Humor and laughter: Theory, research and applications*. London: Wiley.

Silberschatz, G. & Curtis, J.T. (1986). Clinical implications of research on brief dynamic psychotherapy. II. How the therapist helps or hinders therapeutic progress. *Psychoanalytic Psychology, 3*, 27-37.

Silberschatz, G. & Sampson, H. (1991). Affects in psychopathology and psychotherapy. In J.D. Safran & L.S. Greenberg (Eds.), *Emotion, psychotherapy, and change* (pp. 113-129). New York: Guilford.

Silberschatz, G., Curtis, J.T., Fretter, P.B. & Kelly, T.J. (1988). Testing hypotheses of psychotherapeutic change processes. In H. Dahl, H. Kächele & H. Thomä (Eds.), *Psychoanalytic process research strategies* (pp. 129-145). Berlin: Springer.

Silberschatz, G., Curtis, J.T., Sampson, H. & Weiss, J. (1991). Mount Zion Hospital and Medical Center: Research on the process of change in psychotherapy. In L.E. Beutler & M. Crago (Eds.), *Psychotherapy research.* Washington, DC.: American Psychological Association.

Smith, C.A. & Ellsworth, P.C. (1985). Patterns of cognitive appraisal in emotion. *Journal of Personality and Social Psychology, 48*, 813-383.

Smith, C.A. & Pope, L.K. (1992). Appraisal and emotion: The interactional contributions of dispositional and situational factors. In M.S Clark (Ed.), *Review of personality and social psychology* (Vol. 13): *Emotion* (pp. 32-62). Newbury Park, CA: Sage.

Sorce, J.F., Emde, R.N., Campos, J. & Klinnert, M.D. (1985). Maternal emotional signaling: Its effects on the visual cliff behavior of 1-year-olds. *Developmental Psychology, 21*, 195-200.

Spitz, R.A. (1974). *Vom Säugling zum Kleinkind. Eine Naturgeschichte der Mutter-Kind-Beziehungen im ersten Lebensjahr* (4. Aufl.). Stuttgart: Klett.

Spitz, R.A. & Wolf, K.M. (1946). The smiling response: A contribution to the ontogenesis of social relations. *Genetic Psychology Monographs, 34*, 57-125.

Steimer, E., Krause, R. & Wagner, G. (1990). Prozesse der Interaktionsregulierung bei schizophren und psychosomatisch erkrankten Patienten. Studien zum mimischen Verhalten in dyadischen Interaktionen. *Zeitschrift für Klinische Psychologie, 19*, 32-49.

Steimer, E., Krause, R., Sänger-Alt, C. & Wagner, G. (1988). Mimisches Verhalten schizophrener Patienten und ihrer Gesprächspartner. *Zeitschrift für Klinische Psychologie, 17*, 132-147.

Steiner, F. (1980). *Inhaltsanalytische Untersuchungen von Diskussionen zwischen Stotterern und kompetenten Sprechern.* Unveröffentlichte Lizentiatsarbeit, Psychologisches Institut der Universität Zürich.

Steiner, F. (1986). Differentiating smiles. In E. Bänninger-Huber & F. Steiner (Eds.), *FACS in psychotherapy research* (pp. 13-28). Berichte aus der Abteilung Klinische Psychologie, Nr. 19, Psychologisches Institut der Universität Zürich.

Steiner, F. (1987/1990). *FACSER. Programm-Paket zur Erfassung und Auswertung von Daten, codiert nach den Vorschriften des Facial Action Coding Systems (FACS)*. Unveröffentlichtes Benutzer-Manual.

Stern, D.N. (1985). *The interpersonal world of the infant. A view from psychoanalysis and developmental psychology*. New York: Basic Books.

Stettner, L. J., Ivery, E. & Haynes, O.M. (1986). *The human smile: Analysis of structural features and percieved meanings.* Paper presented at the meeting of the International Society for Human Ethology. Tutzing, FRG.

Stiles, W.B. (1991). *Quality control in qualitative research.* Unpubl. manuscript.

Stiles, W.B., Shapiro, D.A. & Elliott, R. (1986). "Are all psychotherapies equivalent?" *American Psychologist, 41*, 165-189.

Stiles, W.B., Elliott, R., Llewelyn, S.P., Firth-Cozens, J.A., Margison, F.R., Shapiro, D.A. & Hardy, G. (1990). Assimilation of problematic experiences by clients in psychotherapy. *Psychotherapy, 27*, 411-420.

Stone, P.J., Dunphy, D.C., Smith, M.S. & Ogilvie, D.M. (1966). *The General Inquirer.* The Massachusetts Institute of Technology, Cambridge, Mass.

Streeck, U. (1994). Psychoanalyse von Angesicht zu Angesicht? *Forum der Psychoanalyse, 10*, 25-40.

Strupp, H.H. (1987). Response to "a countertheory of transference" by John M. Shlien. *Person-Centered Review*, *2*, 196-202.

Strupp, H.H. (1990). *The case of Helen R.: A therapeutic failure*? Paper presented at the 21st Annual Meeting of the Society for Psychotherapy Research (SPR) at Wintergreen, Virginia, USA, June 26-30.

Suh, C.S., O'Malley, S.S. & Strupp, H.H. (1986). The Vanderbilt process measures: The Vanderbilt Psychotherapy Process Scale (VPSS) and the Vanderbilt Negative Indicators Scale (VNIS). In L.S. Greenberg & W.M. Pinsof (Eds.), *The psychotherapeutic process: A research handbook* (pp. 285-324). New York: Guilford.

Sullivan, H.S. (1953). *The interpersonal theory of psychiatry.* New York: Norton.

Teller, V. & Dahl, H. (1986). The microstructure of free association. *Journal of the American Psychoanalytic Association*, *34*, 763-798.

Terman, D.M. (1988). Optimum frustration: Structuralization and the therapeutic process. In A. Goldberg (Ed.), *Learning from Kohut. Progress in self psychology* (Vol. 4, pp. 113-125). Hillsdale, NJ: The Analytic Press.

Thomä, H. & Kächele, H. (1985). *Lehrbuch der psychoanalytischen Therapie. 1: Grundlagen.* Berlin: Springer.

Thomä, H. & Kächele, H. (1988). *Lehrbuch der psychoanalytischen Therapie. 2: Praxis.* Berlin: Springer.

Thomann, B. (1993). Versteckte Kameras. Videotechnik in der Psychotherapieforschung. *unizürich*, *3*, *23*.

Tomkins, S.S. (1962). *Affect, imagery, conciousness* (Vol. 1): *The positive affects.* New York: Springer.

Tomkins, S.S. (1963). *Affect, imagery, conciousness* (Vol. 2): *The negative affects.* New York: Springer.

Tomkins, S.S. (1975). The phantasy behind the face. *Journal of Personality Assessment, 39*, 550-562.

Tomkins, S.S. (1981). The role of facial response to the experience of emotion: A reply to Tourangeau and Ellsworth. *Journal of Personality and Social Psychology*, *40*, 355-357.

Traue, H.C. (1986). *Gefühlsausdruck, Hemmung und Muskelspannung unter sozialem Stress: Sozialpsychologische Untersuchungen myogener Kopfschmerzen.* Unveröffentlichte Habilitationsschrift, Universität Ulm.

Tress, W. (1993). (Hrsg.). *Die strukturale Analyse sozialen Verhaltens - SASB: Ein Arbeitsbuch für Forschung und Ausbildung in der Psychotherapie.* Heidelberg: Asanger.

Trout, D.L. & Rosenfeld, H.M. (1980). The effect of postural lean and body congruence on the judgement of psychotherapeutic rapport. *Journal of Nonverbal Behavior, 4,* 177-189.

Unzner, L., Beisenbruch, I. & Schneider K. (1990). Lächeln von Vorschulkindern in leistungsorientierten Situationen: Seine Bedeutung in Abhängigkeit von weiteren mimischen Merkmalen. *Zeitschrift für experimentelle und angewandte Psychologie, 37, 660-678.*

VanLehn, K., Brown, J.S. & Greeno, J. (1984). Competitive argumentation in computational theories of cognition. In W. Kintsch, J.R. Miller & P.G. Polson (Eds.), *Methods and tactics in cognitive science* (pp. 235-262). Hillsdale, N.J: Erlbaum.

von Zeppelin, I. & Moser, U. (1987). Träumen wir Affekte? Affektive Kommunikation im Traumprozess. Teil 1: Affekte und manifester Traum. *Forum der Psychoanalyse, 3*, 143-152.

Wagner, G. (1986). *Entwicklung eines automatischen Verfahrens zur Affektinterpretation.* Unveröffentlichte Diplomarbeit in der Fachrichtung Psychologie der Universität des Saarlandes.

Wagner, H.L., Mac Donald, C.J. & Manstead, A.S.R. (1986). Communication of individual emotions by spontaneous facial expressions. *Journal of Personality and Social Psychology*, *50*, 737-743.

Walden, T.A. (1991). Infant social referencing. In J. Garber & K.A. Dodge (Eds.), *The development of emotion regulation and dysregulation* (pp. 69-88). Cambridge: Cambridge University Press.

Wallbott, H. (1990). *Mimik im Kontext. Die Bedeutung verschiedener Informationskomponenten für das Erkennen von Emotionen.* Göttingen: Hogrefe.

Wallbott, H. (1993). Soziale Bedingungen von Ärger und Ärgerausdruck. In V. Hodapp & P. Schwenkmezger (Hrsg.), *Ärger und Ärgerausdruck* (S. 113-142). Bern: Huber.

Walsh, D.G. & Hewitt, J. (1985). Giving men the come-on: Effect of eye contact and smiling in bar environment. *Perceptual and Motor Skills*, *61*, 873-874.

Watzlawick, P., Beavin, J.H. & Jackson, D. (1969). *Menschliche Kommunikation.* Bern: Huber.

Weber, H. (1993). Ärgerausdruck, Ärgerbewältigung und subjektives Wohlbefinden. In V. Hodapp & P. Schwenkmezger (Hrsg.), *Ärger und Ärgerausdruck* (S. 253-275). Bern: Huber.

Wehrle, T. (1994). *Eine Methode zur psychologischen Modellierung und Simulation von autonomen Agenten.* Dissertation an der Phil. Fakultät I der Universität Zürich.

Weiner, B. (1982). The emotional consequences of causal attributions. In Clark, M.S. & Fiske, S.T. (Eds.), *Affect and cognition: The seventeenth Annual Carnegie Symposium on Cognition.* Hillsdale: N.J. Erlbaum, 185-209.

Weiner, B. (1985). An attributional theory of achievement motivation and emotion. *Psychological Review, 92*, 548-573.

Weiss, J. (1986). Unconscious guilt. In J. Weiss & H. Sampson (Eds.), *The psychoanalytic process.* New York: Guilford Press (pp. 43-76).

Weiss, J. (1990). The nature of the patient's problems and how in psychoanalysis the individual works to solve them. *Psychoanalytic Psychology*, *7*, 105-113.

Weiss, J., Sampson, H. & the Mount Zion Psychotherapy Research Group (1986). *The psychoanalytic process.* New York: Guilford Press.

Wicki, W. (1988). *Lächeln in der ersten Stunde einer psychoanalytischen Kurztherapie.* Unveröffentlichte Lizentiatsarbeit, Psychologisches Institut, Universität Zürich.

Wicki, W. (1988). Psychologie des Humors: Eine Übersicht. *Schweizerische Zeitschrift für Psychologie, 51*, 151-163.

Wicki, W., Bänninger-Huber, E. & Steiner, F. (1989). *Smiling as a process variable in psychotherapy research.* Paper presented at 3rd European Conference of the Society for Psychotherapy Research (SPR), Bern, September 1989.

Widmer, C. (1995). *Erzählte Schuldgefühle und ihre Entsprechung in der therapeutischen Interaktion: Eine Analyse von erzählten und auftretenden Beziehungsmustern anhand eines frames.* Dissertation an der Phil. Fakultät I der Universität Zürich.

Wittenborn, J.R. (1984). Observer ratings. In M. Hersen, L. Michelson, A.S. Bellack (Eds.), *Issues in psychotherapy research* (pp. 97-131). New York: Plenum).

Wojtenek, W. (1992). *Lächeln und Lachen im interkulturellen Vergleich.* Diplomarbeit an der Forschungsstelle für Humanethologie in der Max-Planck-Gesellschaft und am Institut für Zoologie II der Naturwissenschaftlichen Fakultät der Universität Erlangen-Nürnberg.

Wolff, P.H. (1963). Observations on the early development of smiling. In B.M. Foss (Ed.), *Determinants of infant behavior* (Vol. 2, pp. 113-134). New York: Wiley.

Wurmser, L. (1987). *Flucht vor dem Gewissen* (4. Aufl.). Berlin: Springer.

Zajonc, R.B. (1980). Feeling and thinking: Preferences need no inferences. *American Psychologist, 39*, 117-123.

Zajonc, R.B. (1984). On the primacy of affect. *American Psychologist, 39*, 117-123.

Zimmermann, E. (1988). *Mimische Indikatoren des FACS (Facial Action Coding System) als Mittel zur Bestimmung von Emotionen.* Unveröffentlichte Lizentiatsarbeit. Psychologisches Institut der Universität Zürich.

Zimmermann, E. (1992). *Lassen sich die Emotionen Freude und Trauer im spontanen mimischen Verhalten nachweisen?* Inauguraldissertation der Philosophisch-historischen Fakultät der Universität Bern.

Zivin, G. (1977). On becoming subtle: Age and social rank changes in the use of a facial gesture. *Child Development, 48*, 1314-1321.

Zivin, G. (1982). Watching the sands shift: Conceptualizing development of nonverbal mastery. In R.S. Feldman (Ed.), *Development of nonverbal behavior in children* (pp. 63-98). New York: Springer.

Zuckermann, M., Klorman, R., Larrance, D.T. & Spiegel, N.H. (1981). Facial, autonomic, and subjective components of emotion: The facial feedback hypothesis versus the externalizer-internalizer distinction. *Journal of Personality and Social Psychology, 41*, 929-944.

Sachregister